DIALÉTICA
E PSICOLOGIA DO
DESENVOLVIMENTO

C354d Castorina, José A.
 Dialética e psicologia do desenvolvimento : o pensamento de Piaget e Vygotsky / José A. Castorina, Ricardo J. Baquero ; tradução Fátima Murad. – Porto Alegre : Artmed, 2008.
 216 p. ; 23 cm.

 ISBN 978-85-363-1109-8

 1. Psicologia do Desenvolvimento. 2. Dialética. I. Baquero, Ricardo J. II. Título

CDU 159.922:162.6

Catalogação na publicação: Juliana Lagôas Coelho – CRB 10/1798

JOSÉ A. CASTORINA
RICARDO J. BAQUERO

Professores da Universidade de Buenos Aires

DIALÉTICA E PSICOLOGIA DO DESENVOLVIMENTO

O pensamento de PIAGET e VYGOTSKY

Tradução:
Fátima Murad

Consultoria, supervisão e revisão técnica desta edição:
Alessandra Pimentel

Mestre em Psicologia da Educação pela Pontifícia Universidade Católica de São Paulo.
Doutora em Educação pela Faculdade de Educação da Universidade de São Paulo.

2008

Obra originalmente publicada sob o título
Dialéctica y psicología del desarrollo – El pensamiento de Piaget y Vigotsky
© José A. Castorina & Ricardo J. Baquero, 2005
ISBN 950-518-832-3

Capa: *Gustavo Macri*

Preparação do original: *Juliana Monteiro dos Santos Almeida*

Leitura final: *Carla Rosa Araujo*

Supervisão editorial: *Mônica Ballejo Canto*

Editoração eletrônica: *Formato Artes Gráficas*

Reservados todos os direitos de publicação, em língua portuguesa, à
ARTMED® EDITORA S.A.
Av. Jerônimo de Ornelas, 670 - Santana
90040-340 Porto Alegre RS
Fone (51) 3027-7000 Fax (51) 3027-7070

É proibida a duplicação ou reprodução deste volume, no todo ou em parte, sob quaisquer formas ou por quaisquer meios (eletrônico, mecânico, gravação, fotocópia, distribuição na Web e outros), sem permissão expressa da Editora.

SÃO PAULO
Av. Angélica, 1091 - Higienópolis
01227-100 São Paulo SP
Fone (11) 3665-1100 Fax (11) 3667-1333

SAC 0800 703-3444

IMPRESSO NO BRASIL
PRINTED IN BRAZIL
Impresso sob demanda na Meta Brasil a pedido de Grupo A Educação.

*A Rolando García, por sua contribuição à renovação
do pensamento dialético na epistemologia construtivista*

J.A.C.

*A Angel Rivière, por sua sutileza e paixão
ao abordar o desenvolvimento humano, que
nos deixa pensando e nos obriga a pensar*

R.B.

SUMÁRIO

APRESENTAÇÃO 9

PRIMEIRA PARTE
A dialética na história do pensamento 15

SEGUNDA PARTE
A dialética em Piaget 33

1 A reconstrução histórica das idéias e o enfoque metodológico 35
2 A dialética do sujeito e do objeto antes da equilibração 44
3 A dialética do conhecimento nos anos de equilibração 54
4 As últimas teses: a dialética inferencial 62
5 Os contornos de uma dialética não-hegeliana 80

TERCEIRA PARTE
A dialética em Vygotsky 95

6 A história e a teoria psicológicas 97
7 Vygotsky e a ciência psicológica 107
8 O problema dos níveis e das unidades de análise no desenvolvimento 121
9 Dialética dos processos psicológicos 135

QUARTA PARTE
Dialética e explicação psicológica 149

10 Piaget e Vygotsky: uma comparação crítica 151

11 As explicações sistêmicas e a dialética do desenvolvimento 175

ALGUMAS CONCLUSÕES GERAIS 203

REFERÊNCIAS 207

APRESENTAÇÃO

Durante o século XX, a história da psicologia – em particular da psicologia do desenvolvimento cognitivo* – transcorreu em boa medida submetida ao referencial epistêmico da filosofia da cisão, herdada do pensamento moderno. A dissociação dos componentes da experiência humana com relação ao mundo, originada nesse pensamento, influenciou fortemente o modo de conceber a natureza dos fenômenos psíquicos – sobretudo os que se referem ao conhecimento – e o modo de pesquisá-los.

Assim, por exemplo, propuseram-se explicações do desenvolvimento cognitivo das crianças "por dentro", recorrendo à arquitetura natural do conhecimento, e "por fora", como marca dos estímulos ou dos "fatores sociais", ou se estabeleceu uma separação rígida entre uma psicologia que explica o desenvolvimento de habilidades naturais e uma psicologia compreensiva, apropriada para a inserção cultural da ação humana, retornando à clássica dicotomia entre ciências naturais e ciências sociais proposta por Weber e Dilthey.

Essa questão, que em princípio parece afetar apenas os pressupostos básicos das tradições de pesquisa, penetrou também, de forma mais ou menos evidente, na maneira de conceber "derivações práticas" desses pressupostos para âmbitos como os da educação, das práticas clínicas e das práticas psico-

---

* N. de R.T. Os autores utilizam "cognoscitivo" para referir-se não apenas a desenvolvimento, mas a outros conceitos como os de estruturas cognitivas e funcionamento psíquico. Consideramos mais adequado ao contexto brasileiro traduzir para "cognitivo". Porém, em alguns casos mantivemos a expressão "cognoscitivo", devido implicar explícita ação de conhecer, ou seja, o sujeito do conhecimento e sua atividade em situações de aquisição de conhecimento, mormente nas referências à obra de Piaget.

pedagógicas. Assim, as discussões sobre as unidades de análise adequadas para abordar o desenvolvimento em diferentes contextos – como o da escolaridade formal – ou sobre a direção ou a universalidade relativa dos processos de desenvolvimento, ou sobre o problema da diversidade, expressam de maneira nem sempre explícita a necessidade de responder às limitações das ferramentas teóricas e práticas subsidiárias das concepções cisionistas.

Contudo, foi se perfilando uma orientação que, ao questionar explicitamente essas posições na psicologia do desenvolvimento cognitivo, colocou-se em uma perspectiva relacional e sistêmica, capaz de integrar em um movimento de superação os componentes dissociados.

De fato, como se procurará demonstrar, Piaget e Vygotsky enfocam o processo de desenvolvimento como uma interação constitutiva entre o indivíduo e a sociedade, entre a interiorização e a atividade do indivíduo, ou entre o sujeito e o objeto do conhecimento. Bidell (1988) sugeriu que ambos os autores adotaram, se não um método particular de pesquisa, uma perspectiva metodológica dialética para examinar a complexidade do desenvolvimento, como também para elaborar a epistemologia genética, por um lado, e a psicologia dos processos psiquicológicos superiores, por outro[1].

No que se refere à busca de uma explicação para a formação dos processos cognitivos – um problema central ainda não resolvido na psicologia do desenvolvimento contemporânea – a perspectiva dialética parece crucial. O presente livro aponta, finalmente, para esse objetivo, uma linha argumentativa que apresenta as configurações da dialética adotada pelos dois pensadores, culminando na avaliação de suas contribuições para uma explicação sistêmica do desenvolvimento. Em outras palavras, a exposição que se segue pretende elucidar uma das condições imprescindíveis para formular uma teoria sistêmica – que evite o dualismo – de explicação da emergência de "novidades".

Esse objetivo determinou o modo como se procedeu para interpretar os textos de Piaget e de Vygotsky. Se uma leitura de leitor comenta textos para extrair deles os saberes que os conformam fielmente ao pensamento fonte, fizemos uma leitura de *autor*, isto é, uma leitura que tem como finalidade contribuir para o avanço dos conhecimentos, inclusive para além da letra textual, atendo-se ao seu espírito. "Os textos têm implicações que estão inseridas em redes de problemas que é necessário reconstruir se não quisermos nos limitar a reproduzir e a comentar a palavra dos mestres", afirma Bourdieu (1999, p.199). Procurou-se, então, interpretar o sentido das obras com base nas indagações dos autores, levando em conta igualmente a história posterior do conhecimento; interpretá-las a partir das questões que nos colocam hoje os temas e desafios surgidos da pesquisa empírica na psicologia do desenvolvimento e da reflexão teórica contemporânea. Com esse critério, examinaremos o alcance e o significado da dialética diante de problemas que são ou deveriam ser tratados pelas tradições de pesquisa inauguradas por Piaget e Vygotsky.

Este texto é organizado em quatro partes. A primeira é dedicada a rever sinteticamente, dentre os diversos usos do termo "dialética" registrados na história da filosofia, as versões que, direta ou indiretamente, influíram na obra dos autores de que tratamos. Apresentam-se principalmente, de um lado, as notas características dos pensamentos hegeliano e marxista, assim como as discussões centrais que permitem situar a influência desta perspectiva dialética na elaboração da obra psicológica de Vygotsky; de outro lado, identificam-se algumas peculiaridades da dialética do "real" em Kant e do racionalismo de Bachelard, relevantes para interpretar a estrutura da dialética na obra epistemológica de Piaget. Ao mesmo tempo, propõem-se certas diretrizes para utilizar adequadamente a dialética na psicologia do desenvolvimento e para vinculá-la à pesquisa empírica.

Na segunda parte, dividida em cinco capítulos, considera-se a dialética na obra de Piaget, seguindo dois níveis de análise: o metodológico e o das interações próprias da formação do conhecimento. A exposição da dialética em Piaget antecedendo a de Vygotsky responde a um critério: a ordem em que os autores foram lidos na história da psicologia. Embora os autores fossem contemporâneos, por razões ligadas à situação política da então União Soviética, a obra de Vygotsky foi conhecida parcial e tardiamente no mundo ocidental. No Capítulo 1, examina-se a dialética em Piaget como metodologia histórica, no sentido de uma aproximação das categorias empregadas pelas ciências tal como o autor as reconstrói em sua formação, e como oposições e sínteses. Além disso, a dialética é estudada como um método de indagação na própria elaboração da teoria psicogenética, o que inclui uma análise das dificuldades enfrentadas por Piaget para sustentá-lo no conjunto de sua obra.

No Capítulo 2, analisam-se os processos dialéticos de interação entre sujeito e objeto que, no final da década de 1960, constituíram a primeira formulação geral do construtivismo. Aqui se reafirma o significado epistemológico da ruptura com o dualismo sujeito-objeto, situando as interações em um mesmo plano, e também nas peculiaridades da ação cognoscitiva comparada com a práxis de Marx.

No Capítulo 3, aborda-se o modo como Piaget, no contexto de *A equilibração das estruturas cognitivas*, refina sua percepção dos processos dialéticos e reelabora explicitamente os estudos empíricos referentes aos processos de formação cognitiva. Em particular, expõem-se os aspectos dialéticos presentes em obras como *Estudos sobre a contradição* ou *Estudos sobre a generalização*, enfatizando as especificidades da contradição natural e da generalização construtiva no pensamento infantil.

A versão mais avançada da dialética, concebida como "processos inferenciais que correspondem a processos de equilibração" – elaborada em *As formas elementares da dialética* – é estudada no Capítulo 4 – caracterizam-se a interação sujeito-objeto, a integração de sistemas previamente independentes, a articulação progressiva de diferenciações e integrações e a retroação dos sistemas conceituais sobre as ações práticas. Ampliam-se as inferências dialéticas aos conhecimentos "de domínio", ensaia-se uma comparação com o pensamento de Marx e comenta-se o significado desta concepção para a discussão atual na psicologia do desenvolvimento.

Finalmente, no Capítulo 5 discute-se a estrutura da dialética, reexaminando as análises anteriores e vinculando-as às tradições do pensamento dialético estudadas no início do livro. Em particular, examina-se em que a negação dialética utilizada por Piaget se diferencia do enfoque hegeliano, e o lugar da contradição dentro do processo de equilibração cognitiva. Defende-se o caráter específico da configuração da dialética em função da natureza dos estudos psicogenéticos.

A terceira parte, que compreende quatro capítulos, trata da dialética na obra psicológica de Vygotsky e procura abordar os diversos usos atribuídos por esse autor à categoria em diferentes modelos e planos de seu trabalho, assim como as conseqüências de suas colocações em face da discussão psicológica contemporânea.

O Capítulo 6 discute três questões relacionadas. Por um lado, a diversidade de usos da idéia de dialética na obra vygotskiana. Por outro, certas fontes da concepção dialética de Vygotsky, com referência à tradição hegeliano-marxista e ao diálogo com as teses de Engels, assim como à expressão mais refinada de sua concepção, tendo como contraponto o diálogo com a obra de Spinoza. Em terceiro lugar, aborda-se a presença da concepção dialética vygotskiana no plano dos problemas epistemológicos suscitados a partir dos propósitos do autor para se construir a ciência psicológica.

O problema da construção de uma psicologia geral no programa vygotskiano é retomado de forma específica no Capítulo 7. Neste sentido, o capítulo trata com certo detalhe das conseqüências teóricas e dos pressupostos epistêmicos presentes no texto fundamental de Vygotsky: *O significado histórico da crise da psicologia*, em que aparece com clareza a mencionada crítica às concepções dualistas. O capítulo discute ainda a concepção de ciência na tradição marxista e sua repercussão na obra vygotskiana; em particular, considera o crucial lugar atribuído ao problema prático, tanto na obra de Vygotsky como em alguns usos atuais, e por isso destacam-se algumas derivações desta discussão básica sobre campos concretos de "aplicação", como o educativo.

O Capítulo 8 aborda o problema da delimitação de níveis e unidades de análise na explicação vygotskiana do desenvolvimento. Procura-se mostrar como as diferentes unidades de análise utilizadas para os diversos problemas abordados – desde os sistemas funcionais até a atividade ou o significado das palavras – expressam a concretude da crítica vygotskiana às concepções dualistas da abordagem dos problemas psicológicos específicos.

A concreção da perspectiva genética e dialética vygotskiana no tratamento do desenvolvimento dos conceitos é exposta com certo detalhe no Capítulo 9. Analisa-se ali, em particular, o caso da constituição das formas de pensamento pseudoconceitual e conceitual em sentido estrito, o que permite considerar a concepção vygotskiana do problema da direção do desenvolvimento e da continuidade ou descontinuidade entre suas formas "espontâneas" ou "induzidas". Consoante ao abordado, trata-se também do lugar crítico ocupado pelo problema da diversidade na explicação vygotskiana do desenvolvimento psicológico.

Finalmente, na quarta e última parte deste livro, relaciona-se a dialética com as tentativas de explicação genética nas obras de Piaget e Vygotsky, situando-as no contexto dos debates sobre os modelos de explicação pertinentes na psicologia do desenvolvimento. O Capítulo 10 compara criticamente a concepção dialética nos dois autores, salientando o viés não-hegeliano de um e as raízes mais hegeliano-marxistas do outro, no que se refere ao modo como abordaram o estudo do processo de desenvolvimento psicológico. E coloca também a questão da natureza da explicação genética, não claramente resolvida, nem por Piaget nem por Vygotsky. Revela-se ali a intervenção da dialética nos esboços de explicação propostos.

No Capítulo 11, discute-se o modelo positivista de explicação causal a respeito das reorganizações dos sistemas cognitivos e da emergência dos processos psicológicos mais avançados. Além disso, formulam-se as linhas gerais do referencial epistêmico da cisão que subjaz a essa explicação causal e à sua utilização hegemônica na psicologia do desenvolvimento do século passado. Em seguida, trata-se do aparecimento de certas correntes sistêmicas na biologia e na psicologia contemporâneas, situadas em um quadro epistêmico relacional. Nesse sentido, exploram-se as peculiaridades de um modelo epistêmico de explicação, e o papel que desempenham as dialéticas elaboradas por Piaget e por Vygotsky em sua construção.

O tema que decidimos abordar é, sem dúvida, complexo e árduo. A dialética em Piaget e em Vygotsky estava vinculada a tradições intelectuais diferentes, o que nos obrigou a realizar uma exegese dos problemas suscitados por uma e outra que poderia parecer um tanto quanto erudita. A esta justificativa pode-se acrescentar que, nestes autores, a dialética se presta a diversas dimensões da análise, que vão desde o nível metodológico até o correspondente à teoria psicológica, passando pelo tratamento epistemológico, e mesmo filosófico, que é preciso esclarecer.

Porém, a complexidade do tema não pode, a nosso ver, tirar a importância da defesa da dialética entre os termos duais próprios do desenvolvimento cognitivo – entre indivíduo e sociedade na internalização* vygotskiana, e entre sujeito e objeto no construtivismo piagetiano – como alternativa ao dualismo ontológico e epistemológico ainda vigentes na psicologia do desenvolvimento, por um lado, e à eliminação de toda dualidade proposta por certos contextualismos, por outro.

Para concluir, temos a expectativa de que o leitor exercite sua própria leitura de *autor*, examinando e reconstruindo de acordo com suas próprias necessidades ou seus próprios interesses o significado dos problemas abordados pelo texto. Esperamos que nossa intenção de contribuir para o diálogo e a reflexão crítica justifique esse trabalho de leitura e que reverta a esta a mesma intensidade da escrita.

NOTA

1 Por sua vez, é também francamente dialética a orientação da psicologia clínica e do desenvolvimento francesa própria da década de 1930 e de autores como Wallon e Politzer.

---

* N. de R.T. Embora, no orignal, os autores utilizem "interiorização", consideramos necessário traduzir como "internalização", haja visto que, no contexto brasileiro, este conceito já é consagrado e , além disso, está de acordo com a tradução realizada dos originais de Vygotsky em russo para a versão espanhola de suas *Obras escogidas* (1984). Cabe ressaltar também que a internalização, no sentido vygotskiano, é substancialmente distinta das ações de interiorizar a que Piaget se reporta ao discutir, por exemplo, o processo de acomodação das estruturas cognitivas.

Primeira Parte
A dialética na história do pensamento

A DIALÉTICA NA ANTIGUIDADE CLÁSSICA

O que significa estritamente "adotar uma posição dialética"? O que se pretende dizer quando se afirma que um pensamento é "dialético"? É possível identificar uma significação precisa e compartilhada do termo "dialética" no pensamento filosófico?

Pode-se encontrar, sem dúvida, uma ampla variedade de enfoques dialéticos na história da filosofia, mas sua reconstrução ultrapassa nosso propósito atual. Contudo, lembraremos sinteticamente apenas os aspectos que são relevantes para interpretar os usos e o significado que Piaget e Vygotsky atribuíram à dialética, visto que isso pode ajudar a situar estes autores nas tradições do pensamento dialético, como também para estabelecer a especificidade de cada um.

Na perspectiva exposta em *A república* e, mais tarde, em *O sofista*, a dialética platônica é, principalmente, o método próprio da filosofia. Em síntese, trata-se de um caminho caracterizado por uma ascensão gradual do imaginário e das crenças (a "doxa") ao conhecimento do inteligível (a "episteme"), ou da multiplicidade à unidade intelectual. Esta última é considerada ainda como o fundamento da diversidade empírica. De acordo com outra acepção, presente em *Parmênides*, a dialética é o exame das idéias racionais e das relações que elas mantêm entre si; uma ciência dos princípios baseada na unidade, que não se caracteriza por ser simples, mas por ser constituída pela relação entre o ser e o não-ser, a indiferenciação e a diferenciação, o uno e o múltiplo: "Se, portanto, o uno não é, não se imagina que nenhum dos outros seja ora uno, ora vários; pois, não se podendo imaginar o uno, imaginar a pluralidade é, de fato, totalmente impossível" (Platão, 1960, p.113). Poderíamos dizer que essa pressuposição mútua entre o uno e o múltiplo, ou entre algo e o outro, é precursora do pensamento hegeliano da unidade dos contrários.

Em segundo lugar, a dialética pode ser considerada como a arte da argumentação e da refutação que torna possível a coerência e a fundamentação dos pontos de vista. Já presente em Sócrates, ela não se limita, portanto, a um modo de debater para persuadir, como nos sofistas, mas se produz mediante o diálogo: o discípulo dá a definição solicitada pelo mestre, e este questiona suas aplicações concretas, ajudando-o a compreender a natureza do conceito. A discussão permite chegar à definição geral a partir das observações particulares; depois, a definição geral é modificada para dar lugar a outros casos. Trata-se de um ir e vir do particular ao geral e do geral ao particular, do abstrato ao concreto.

Aristóteles, por sua vez, considerou a dialética essencialmente como uma propedêutica ao raciocínio silogístico exposto em *Analíticos*. Pode ser interpretada como uma inferência que parte de premissas plausíveis e chega a uma conclusão também plausível. Suas premissas não são verdadeiras, e ela não é propriamente uma inferência demonstrativa, como o silogismo científico. Mais ainda: a inferência do provável deve ser substituída pelo silogismo dedutivo, que permite sustentar o conhecimento universal e necessário.

Posteriormente, nas disputas medievais, a dialética adquiriu o sentido de um intercâmbio coloquial que envolve a afirmação, a contradição, a distinção e a qualificação das teses.

A DIALÉTICA NO PENSAMENTO MODERNO

Muitos séculos depois, Kant sustentou o significado pejorativo, que prevaleceu inclusive na filosofia do século XVIII, mas suprimiu seu viés de arbitrariedade, fazendo da dialética "a lógica da aparência". A tentativa da razão de superar os limites estabelecidos pela experiência e sua pretensão de conhecer por si mesma o mundo, a alma e Deus criam inevitavelmente contradições ou antinomias, pelas quais uma afirmação (tese) e seu oposto (antítese) são igualmente verdadeiros ou falsos. No caso do mundo, por exemplo, as antinomias entre as proposições que afirmam sua finitude e sua infinitude ou sua temporalidade e sua eternidade decorrem da crença de que a totalidade do mundo pode ser objeto de conhecimento.

Contudo, a noção kantiana de unidade dos opostos, característica dos fenômenos reais, é uma contribuição central para uma dialética efetiva dos conhecimentos. Em *Crítica da razão pura*, Kant (1970, cap. III, livro 2) faz uma distinção importante entre, por um lado, a oposição lógica "algo se move e não se move" (A -A), na qual, simultaneamente, se afirma e se nega um predicado de uma coisa; e, por outro lado, a oposição real "algo sofre uma determinada força de impulsão da esquerda e uma força com a mesma impulsão da direita" (A e B), em que os predicados de uma coisa são opostos, mas não contraditórios. Além disso, no primeiro caso há uma oposição entre um aspecto positivo e outro negativo, enquanto que no segundo há oposição entre um aspecto positivo e outro também positivo. Nesse sentido, Kant (1970, p. 28) afirma que "os integrantes reais do fenômeno (*realitas phaenomenon*) podem estar em todo caso em conflito recíproco e, unidos no mesmo sujeito, aniquilar em um deles, totalmente ou em parte, as conseqüências do outro". É por isso que, para sustentar uma contradição real, seria preciso postular aspectos negativos no sensível ou nos dados empíricos, o que é rechaçado por esse pensador.

Como veremos mais adiante, esse caráter constitutivo da oposição na compreensão de certos fenômenos pode ser interessante para interpretar a dialética piagetiana e deverá ser diferenciado da unidade e da luta de contrários de raízes hegelianas.

Já Hegel (1966, p.32), em *Fenomenologia do espírito*, apresenta a dialética como uma imagem pantagruélica: "A manifestação é o nascer e o perecer que, por si mesmo, não nasce nem perece, mas é em si e constitui a realidade e o movimento da vida da verdade. O verdadeiro é, desse modo, o delírio dionisíaco, em que nenhum membro escapa à embriaguez, e visto que cada membro, ao dissociar-se, dissolve-se imediatamente por isso mesmo, esse delírio é, ao mesmo tempo, a quietude translúcida e simples". O ponto de partida do pensamento é o sentimento de uma consciência onipotente ou espírito subjetivo mais primitivo, cuja principal característica é a indiferenciação entre o cognoscente e o mundo. Mas a consciência envolve também uma atividade com o mundo, que dá lugar à apreensão de propriedades dos objetos que é negada por aquela indiferenciação. Essa atividade realiza um movimento de elaboração tanto das propriedades dos objetos como daquelas que são próprias da consciência. Além disso, produz-se uma série de conceitos que captam os objetos englobando seu estado anterior e a negação desse estado, que é uma potencialidade de transformações. Simultaneamente, ocorre um movimento semelhante de autoconsciência: o sentimento de uma consciência onipotente é negado por outras consciências; desse modo, tal oposição dá lugar, por sucessivas sínteses, a que o espírito subjetivo chegue a ser apenas uma parte da consciência coletiva (o "espírito objetivo"). A marcha do conhecimento científico e filosófico integra esse processo de objetivação, no sentido de que não se ocupa de um mundo "em si" nem de um mundo "para si" separados, e sim de sua relação dialética constitutiva. Ou seja, esse processo dever ser compreendido como um método de exposição do movimento dos conceitos, que volta a expressar o desenvolvimento do conhecimento do mundo e de si. Desse modo, a dialética não é somente a estrutura do processo da autoconsciência, mas um método que reproduz o movimento da "coisa", entendida como espírito.

Para Hegel, o filosofar deveria ser um pensamento conceitual especulativo, ocupado com as determinações que vão além do sujeito de uma proposição, chegando aos aspectos em que a coisa é isso ou aquilo. O movimento desse pensamento vai do sujeito aos predicados e destes retorna ao sujeito. Isto é, a cópula de uma proposição filosófica enuncia o movimento pelo qual o pensamento passa do sujeito ao predicado, para depois voltar a encontrar no primeiro a terra firme que perdeu. Esse movimento pode ser exemplificado na proposição "O real é universal" (Hegel, 1966). Essa proposição não apenas afirma que o real é o universal, como também o universal deve expressar a essência do real. Aqui, o real não é determinado como algo diferente de si mesmo, mas como o que é. E, na medida em que se mostra como o universal, é o verdadeiro sujeito do pensamento, o que significa que o pensamento retrocede a si mesmo. Assim, a especulação dialética não é senão uma reflexão do pensamento sobre si mesmo, um pensar sobre o ser de si mesmo.

Do ponto de vista de sua estrutura, a dialética hegeliana compreende três momentos. Primeiramente, o pensar como pensamento de algo em si mesmo, para si mesmo. Ao se pensar uma determinação, não se pensa em algo diferente daquilo a que pertence a determinação, isto é, em algo que não seja a própria determinação. Desse modo, a determinação deve ser pensada "em si mesma", quer dizer, determina-se como o que é.

Em segundo lugar, ao se pensar a determinação como o que é "em si mesma" deve-se considerá-la enquanto se refere a si mesma, distinguindo-se o determinante e o determinado. Assim, o determinado é ao mesmo tempo distinto de si mesmo. De outro modo, ao se pensar uma determinação em si mesma e por si mesma, ressalta-se sua unilateralidade, o que leva a pensar em seu oposto. Nesse sentido, o pensamento é impulsionado para a contradição que, em certo sentido, já está nele mesmo. O pensamento, nesse momento, deve ser considerado como um conjunto de determinações contraditórias. Segundo Hegel (1968, livro II, p.87), a identidade nada mais é que a determinação da simples imediação do ser, enquanto que a contradição é a raiz de todo movimento, é somente na medida em que uma coisa tem uma contradição em si mesma que se move, que tem uma impulsão e uma atividade. "Portanto, algo é vivente somente quando contém em si a contradição, e é justamente essa força de conter e sustentar em si a contradição".

Em terceiro e último lugar, o pensamento se produz no movimento de sua superação (*aufheben*); alcança por si mesmo a unidade daquilo que, na oposição da identidade e da não-identidade, como negação de si mesmo, tratava de expulsar. Hegel diz em *La ciencia de la lógica*: "A palavra *aufheben* (eliminar) tem um duplo sentido no idioma (alemão): designa a idéia de conservar, *manter*, e, ao mesmo tempo, a de fazer cessar, *pôr fim*. O próprio 'conservar' já inclui em si o aspecto negativo, na medida em que se retira algo de sua imediação e, portanto, de uma existência aberta às ações exteriores, a fim de mantê-lo. Desse modo, o que se eliminou é igualmente algo conservado, que apenas perdeu sua imediação, mas que nem por isso foi anulado" (Hegel, 1968, livro I, p.98). Em última instância, as determinações contraditórias são superadas em uma unidade, fundem-se em um novo *positum*, um novo conteúdo que não é deduzido dos outros momentos. Trata-se do si mesmo do pensamento que unifica as múltiplas determinações de seu devir (Gadamer, 2000). Nessa perspectiva, o que está em contradição é reduzido a um momento cuja unidade é sua verdade. Essa superação das contradições distingue-se da atividade do entendimento, dedicada precisamente a evitá-las. Na filosofia hegeliana, esse movimento da progressão do espírito finalmente se detém.

Apesar de sua aspiração idealista a uma integração conciliadora de todo o processo dialético na Idéia Absoluta, Hegel postulou que cada contribuição envolvia uma certa identidade dos termos confrontados. Na análise das proposições, consideramos ou uma identidade entre o sujeito e o predicado, ou uma diferença, mas não ambas. Porém, a diferença permanece implícita ao expressar-se a identidade do sujeito e do predicado, ou vice-versa; a identidade fica implícita ao expressar-se sua diferença. Assim, no prólogo de *Fenomenologia do espírito*, mostra-se o momento da identidade na proposição "Deus é o ser", mas se oculta a diferença de que o ser não é tudo o que é Deus. Isto é, que "Deus é o ser" e "Deus não é o ser". Portanto, a contradição é a unidade da identidade e a diferença entre o que supõem os conceitos envolvidos.

Em *Fenomenologia do espírito* reconstroem-se as etapas da auto-realização da "idéia divina" a partir da emergência da consciência de si, como distinta do outro, e prosseguindo por uma série de diferenciações para chegar finalmente à totalidade das realizações humanas, incluída a cultura. Dessa reconstrução, e com o propósito de exemplificar sua perspectiva dialética, mencionamos dois aspectos. O espírito humano original, com possibilidades infinitas, encontra objetos finitos que negam sua infinitude, o que dá lugar posteriormente à sua reintegração na consciência que o sujeito tem de si mesmo. Pode-se encontrar aqui uma passagem de um estado de indiferenciação para outro de diferenciação e integração, reconhecível tanto em Piaget como em Vygotsky, embora sob diferentes enfoques. Queremos mencionar particularmente que a formação da consciência a que aludimos inclui sua vinculação conflituosa aos objetos da cultura, que ela vai integrando em si mesma. Nesse sentido, adquire uma importância significativa a interação da consciência com a natureza transformada pelo trabalho e pela linguagem. Desse modo, Hegel considerou que as transformações mentais podem estar implicadas nas variações contingentes da natureza e vice-versa, inaugurando uma perspectiva que situa a subjetividade na natureza e, ao mesmo tempo, no contexto sociocultural (Bronckart, 2000). Esse enfoque relacional terá grande transcendência para o enfoque vygotskiano dos fenômenos psicológicos superiores.

A DIALÉTICA NOS FUNDADORES DO PENSAMENTO MARXISTA

A dialética hegeliana inspirou os fundadores do marxismo, mas à custa de "colocá-la de pé", como diz Marx no posfácio à segunda edição de *O capital*: "O fato de a dialética sofrer uma mistificação nas mãos de Hegel impediu, de algum modo, que esse filósofo fosse o primeiro a conseguir expor de modo amplo e consciente suas formas gerais de movimento. O que ocorre é que a dialética aparece invertida nele, de cabeça para baixo. É preciso apenas virá-la, ou melhor, colocá-la de pé, para descobrir sob a casca mística a semente racional" (Marx, 1971, Posfácio à segunda edição, p.XXIV).

A dialética de Hegel tem diferenças profundas em relação à de Marx: transcorre no terreno do espírito – o mundo é uma de suas manifestações – e consiste em um processo de autoconsciência, ao passo que, no pensamento marxista, ela se baseia na práxis social e nas relações econômicas. Mas, sobretudo, a dialética hegeliana supõe uma unidade originária. Trata-se da unificação idealista do sujeito e do objeto ou da tese metafísica de uma idéia indiferenciada, anterior ao desenvolvimento conceitual. Para que essa unidade alcance sua realização, é preciso a contradição. De modo metafórico, é como se o amor, como uma unidade anterior a seus componentes, existisse antes dos seres que se amam. Mas sabemos que o amor sempre foi dialético, e nesse sentido a contradição dos amantes é constitutiva dele e não um derivado de sua unidade originária (García Barceló, 1971). Além disso, o desenvolvimento dialético é, em boa medida, teleológico.[1] Entretanto, a mistificação hegeliana não impede que se reconheça a característica central de sua dialética: a unidade originária deve contudo ser negada, contradizendo-se para alcançar um outro nível do processo de realização positiva da consciência ou do pensamento. Para Marx, o núcleo racional da dialética hegeliana reside precisamente na contradição e na luta dos opostos como motor do processo histórico.

Portanto, Marx assumiu que a pesquisa dos processos econômicos e do próprio mundo social requer a unidade dos contrários. Essa característica foi essencial na nova dialética proveniente do exame científico da natureza do capital. Essa tarefa envolveu a recusa do idealismo hegeliano de uma unidade prévia às contradições, do caráter às vezes teleológico da dialética, assim como da dissolução das contradições no espírito absoluto. Em outras palavras, o autor de *O capital* afirmou que os fenômenos socioeconômicos incluem uma complexidade interna com tendências opostas que conformam sua identidade.

Por exemplo, enquanto produtos do trabalho social, as mercadorias têm duas propriedades: são valores de uso (satisfazem certas necessidades) e são valores de troca (são intercambiáveis por outros produtos). As duas propriedades estão intimamente vinculadas, já que, por exemplo, um produto que não pode ser vendido não efetivará seu valor de uso. Além disso, a relação entre o valor de uso e o de troca é conflituosa e, ainda que no capitalismo a segunda se imponha à primeira, para além desse sistema social é possível o predomínio da satisfação igualitária das necessidades sobre a acumulação.

Na teoria de Marx, é crucial que os opostos sejam propriamente antagônicos e que mude sua hegemonia durante o desenvolvimento dos fenômenos. Em termos gerais, a dialética se refere à dinâmica do desenvolvimento e da transformação das totalidades sociais, cujo aspecto motor são as contradições.

Gostaríamos de mencionar quatro aspectos do enfoque dialético presente em *O capital* que, como veremos depois, são relevantes para a análise do pensamento de Piaget e de Vygotsky.

Primeiramente, como já assinalamos, Marx se opôs à teleologia imanente do espiritual própria da dialética hegeliana e a substituiu por um compromisso metodológico com a pesquisa controlada dos processos sociais. Em sua obra, deu primazia a um conceito epistemológico de dialética, a ponto de usar o termo como sinônimo de "método científico". Entretanto, pode-se pensar, como Bhaskar, que esse método supõe, do ponto de vista epistemológico, um realismo científico ou, em todo caso, "um realismo crítico dialético não elaborado, que é o suporte metodológico *ausente* em sua obra" (Bhaskar, 1994, p.130). As relações entre o processo dialético e o mundo real são complexas no pensamento de Marx; pelo menos, não se afirma um tipo de realismo que converta o conhecimento em uma simples expressão de um mundo ontologicamente dialético. As idéias do autor parecem sugerir uma posição epistemológica realista crítica, no sentido de que as formulações produzidas pela ciência econômica ou suas explicações (o que Marx chama de "relações essenciais") não coincidem com os fenômenos que são sua manifestação e às vezes se opõem a eles. Mais ainda, uma ciência seria inútil se as aparências coincidissem com a essência, se aqueles fenômenos coincidissem com as relações essenciais que pretende captar. Pode-se dizer inclusive que os fenômenos (a manifestação dos processos explicativos) os expressam de modo invertido, como seu contrário (Marx, 1997). Contudo, Marx nunca apresentou argumentos filosóficos para sustentar um realismo crítico nem para diferenciá-lo de outras formas de realismo.

Em segundo lugar, e de um ponto de vista metodológico, Marx empregou um modo de derivação das categorias ao examinar a gênese da forma monetária do valor. A forma simples do valor é um ponto de partida lógico-histórico – e não axiomático – que dá lugar à forma desenvolvida do valor; depois, à forma total e, finalmente, à forma monetária. Trata-se de estudar as transições e as deficiências de cada forma de valor até chegar ao dinheiro. As conexões internas que levam de uma forma a outra são diferentes das conseqüências lógicas que derivam de axiomas, assim como do auto-engendramento hegeliano dos conceitos. Segundo Marx, trata-se de uma conseqüência histórico-necessária *sui generis* de uma "expressão ideal" da história real da constituição do dinheiro. E – o que é particularmente importante para nosso estudo – não interessam tanto as causas que levaram à substituição histórica de uma forma de valor por outra, até alcançar a forma monetária, e sim sua gênese interna elaborada pela conceituação. Além disso, esse processo de derivação genética ou dialética não é incompatível com a derivação matemática ou lógica, presente na ciência física de sua época. É o caso da comparação matemática entre mais-valia e taxa de lucro feita em *O capital*. Mais ainda, essa derivação pode ser vista como um momento do estudo genético-estrutural (Zeleny, 1974).

Em terceiro lugar, o tipo de explicação dos processos sociais em desenvolvimento distingue-se do enfoque galileano pertinente para a física moderna, que concebe a causalidade nos termos mecanicista e quantitativo. Esse tipo de relação causa-efeito, utilizado por Ricardo, é considerado insuficiente por Marx para dar conta dos processos de autodesenvolvimento que caracterizam o modo de produção capitalista. Os processos sociais não são equivalentes a um cristal nem a um relógio mecânico, mas sim a "um organismo submetido constantemente a processos de transformação". A dialética é um método que põe em relevo a gênese das mudanças reorganizadoras das totalidades sociais. Simultaneamente, ela pode ser concebida como um princípio explicativo da mudança social. Aqui se coloca a seguinte questão relevante: qual é o papel da unidade dos contrários na explicação do desenvolvimento de um sistema socioeconômico? Enquanto Ricardo destaca a diferença entre o valor de troca e o valor de uso, Marx chega a estabelecer sua oposição interna como unidade dos contrários, associando-a à sua concepção de autodesenvolvimento. Em outras palavras, a contradição é imanente à mercadoria e, no processo da produção mercantil, e portanto capitalista, adota diversas formas em cada etapa de seu desenvolvimento. Além disso, essa contradição imanente se expressa nos fenômenos do antagonismo social, em contradições relativamente externas. Por último, em um sentido figurado, as contradições são a principal causa (entendida como um momento ativo) de um todo em desenvolvimento, isto é, são em seu próprio devir (interação de diversas camadas de contradições, imanentes e externas) o caminho histórico da dissolução e recomposição de um sistema social (Zeleny, 1974).

Enfim, gostaríamos de assinalar que, segundo o enfoque de Marx, as mudanças provocadas dialeticamente na sociedade não são inelutáveis. Isto é, a unidade de contrários abre um leque de resoluções possíveis, sendo que nenhuma deverá ocorrer sem apelação. Em determinadas condições materiais ou de existência dos conflitos pode-se realizar um processo determinado de desenvolvimento dentro de uma totalidade social, mas em outras condições históricas poderia muito bem não se realizar. Nesse sentido, não há um destino de efetivação para algumas das possibilidades abertas pelas contradições dialéticas. Portanto, as transformações sociais não são provocadas pelo puro acaso nem se devem à pura determinação.

Engels, por sua vez, em *Dialética da natureza*, considerou escolasticamente que é possível formular a dialética mediante leis, e que estas abarcam a totalidade do real, desde a história até a natureza: "As leis da dialética se abstraem, portanto, da história da natureza e da história da sociedade humana. Essas leis nada mais são do que as leis mais gerais dessas duas fases do desenvolvimento histórico e do próprio pensamento. E reduzem-se fundamentalmente a três: lei da troca de quantidade e qualidade e vice-versa; lei da penetração dos contrários; e finalmente, lei da negação da negação" (Engels, 1961, p.41).

Em seu *Anti-Dühring* (1973), Engels expôs a tese da unidade e da luta dos contrários, contra a posição metafísica que rechaça a contradição: "tudo muda de raiz sempre que desejamos analisar as coisas em seu movimento, em sua transformação, em sua vida, em sua influência recíproca. Então cairemos imediatamente em um acúmulo de contradições. Já o movimento é por si uma contradição (...) E o surgimento contínuo, com a solução simultânea dessa contradição, é precisamente o que constitui o movimento" (Engels, 1973, p.100). Vale assinalar que Engels atribuiu as "leis dialéticas", componentes de seu materialismo dialético, à totalidade da matéria em movimento. Isso não foi assumido por Marx; é difícil afirmar que este último tenha identificado as leis do desenvolvimento econômico com as leis da matéria em movimento, ou que tenha estendido a dialética à natureza.

Lenin, por sua vez, concebeu a unidade dos contrários como igualdade da ação deste. É relevante, sobretudo, sua tese de que essa unidade era apenas temporária, condicional, enquanto que a luta ou antagonismo dos contrários mutuamente excludentes é absoluta. Tão absoluta como é o movimento ou o desenvolvimento (Lenin, 1963). Além disso, esse pensador concordava com a posição epistemológica de Engels, segundo a qual a dialética do desenvolvimento do pensamento refletia a dialética do mundo objetivo, em que se incluía basicamente a natureza. A teoria epistemológica do reflexo deu origem a uma série de dificuldades que se revelaram insuperáveis para a interpretação do conhecimento. Essa perspectiva, à qual retornaremos, teve influência na obra de Vygotsky.

ALGUMAS DISCUSSÕES NO PENSAMENTO MARXISTA DO SÉCULO XX

A história da dialética no pensamento de inspiração marxista do século XX caracterizou-se pela presença de múltiplas discussões. Algumas versaram sobre sua estrutura, a dinâmica de seus momentos e, inclusive, sobre a possibilidade de atribuir-lhe "leis". Outras discorreram sobre o campo de fenômenos que podem ser considerados como conteúdo do processo dialético: a práxis humana, a metodologia da pesquisa social e a própria natureza. As polêmicas envolveram questões epistemológicas, como o vínculo entre o conhecimento e a realidade, e o tipo de relação que se postula entre a filosofia e a ciência.

A esse respeito, podem ser mencionados muito brevemente certos pensadores influentes no panorama do marxismo anterior à década de 1980. Galvano Della Volpe (1965) limitou a dialética ao processo metodológico que se realiza em *O capital* e rechaçou a vigência de leis dialéticas objetivas. Isto é, de sua perspectiva, a unificação racional dos contrários tem lugar unicamente no processo de elaboração cognoscitiva da diversidade empírica. Mais ainda, ao situar as contradições na realidade e a unidade unicamente na razão não se produz uma síntese no movimento da realidade. Em poucas palavras, a dialética torna-se antinômica: é constituída por dois termos que não são conciliáveis, sem resolução ou "síntese".

Lucio Colletti, por sua vez, utilizou a distinção kantiana entre contradição e oposição real para reformular a dialética dos antagonismos sociais. Fundamentalmente, sua tese é que, se houvesse contradições reais, teria de haver negações reais, o que constitui um problema ontológico. Seria inclusive insustentável para o marxismo introduzir aquilo que é um traço do pensamento no real, que é radicalmente extramental. O esforço filosófico de Colletti (1982) levou a interpretar os antagonismos sociais como oposições reais.

Na década de 1970, Louis Althusser, de uma posição muito influente, contestou qualquer continuidade da dialética marxista com relação ao pensamento de Hegel, e proclamou uma "ruptura epistemológica" entre ambos (Althusser, 1968). De acordo com seu enfoque, a dialética não é simples, mas é "sobredeterminada", no sentido de que as contradições são inseparáveis da estrutura social e das condições formais de existência, incluindo as instâncias que elas governam. Essa estrutura afeta a contradição "no mais profundo do seu ser", convertendo-a em determinante e determinada. Desse modo, o demiurgo do movimento é a metamorfose estrutural da totalidade, e um de seus efeitos é a contradição.

Já Jean Paul Sartre, em sua *Crítica da razão dialética*, e de uma perspectiva vinculada indiretamente à tradição marxista, mas coincidente com a de outros intérpretes não ortodoxos da obra de Marx (Marcuse, 1994), assinalou que a dialética foi pensada originalmente nas relações dos homens com a matéria e entre eles mesmos (Sartre, 1979). A transferência do movimento da história humana para a natureza proposta por Engels obedece, segundo Sartre, a uma vontade de unificação, mas coloca muitas dificuldades; por exemplo, a crença de que as leis físico-químicas expressam leis dialéticas baseia-se em deduções que não se apóiam na própria prática das ciências e que são de natureza metafísica.

Rolando García (1971) questionou do ponto de vista epistemológico a atribuição da dialética à natureza, porque se baseia na teoria do realismo por reflexo, que é absolutamente insustentável. Para esse autor, converter a dialética do pensamento em um reflexo da dialética do mundo natural constitui uma inconseqüência inclusive com relação ao pensamento marxista. A objetividade é considerada ingenuamente como anterior ao próprio processo de conhecimento e não é construída, o que equivale a evitar sua dialetização. Ao contrário, uma versão conseqüente da dialética poderia tê-la estendido até a objetividade, concebendo esta última como resultado da própria história cognoscitiva. Por outro lado, ao atribuir à dialética do pensamento um estatuto ontológico na natureza, rechaça-se uma exigência que é própria do pensamento dialético: o desenvolvimento de seus momentos se realiza estritamente no próprio devir da práxis humana.

AS CRÍTICAS À DIALÉTICA

Entre os críticos mais conhecidos do pensamento dialético, é preciso mencionar Popper, um acérrimo inimigo de Hegel e do marxismo (Popper, 1967). Um dos questionamentos desse filósofo da ciência, que nos interessa aqui, reside em sustentar que os pensadores dialéticos trataram de maneira vaga e imprecisa as contradições. De acordo com essa interpretação, seu modo de falar leva-os a se equivocarem e a concluírem que as contradições não podem ser evitadas, e com isso rejeitam o princípio aristotélico de não-contradição. No caso de Hegel, a violação do princípio de não-contradição é elevada à categoria de conhecimento científico. Nas perspectivas dialéticas, segundo Popper, ignoram-se os êxitos mais importantes da ciência, baseados no respeito desse princípio.

Entretanto, pode-se assinalar que esse enfoque não distingue claramente a contradição dialética da contradição lógico-formal. A esse respeito, vale mencionar que Marx sempre recomendou evitar as inconsistências do pensamento e confundir a natureza das duas contradições. Considerou, sobretudo, que as contradições dialéticas são incontornáveis, já que são intrínsecas à natureza da mercadoria, e constituem o princípio de seu próprio desenvolvimento. Assim, é perfeitamente possível manejar essa contradição em um nível epistemológico e metodológico, inclusive ontológico, e ao mesmo tempo examinar uma argumentação exigindo o respeito do princípio de não-contradição aristotélico. Essa diferenciação está presente no enfoque piagetiano do conhecimento, como veremos no Capítulo 3.

Até o final do século passado, a crítica à dialética, tal como foi empregada na interpretação dos fatos sociais e da história, adquire tonalidades particulares nos pensadores vinculados em maior ou menor grau à tradição marxista. Nesses casos, questionam-se as características de apriorismo e de determinismo assumidas pelas interpretações dialéticas da vida social, e pretende-se acentuar o caráter aberto, incerto e criativo dos acontecimentos da sociedade. Contudo, Michel Foucault (1999) sustenta ocasionalmente que, ao analisar a constituição dos acontecimentos históricos, deve-se proceder primeiro à sua diferenciação e, em seguida, à formulação dos níveis e das redes a que pertencem. Para reconstruir os fios da genealogia dos acontecimentos, é preciso analisá-los como relações de poder, isto é, de lutas e estratégias. Desse ponto de vista, não há lugar para um "sentido" da história. A inteligibilidade dos enfrentamentos é alheia à dialética entendida como um esqueleto de contradições e superações, na tradição hegeliana. Essas formas são incapazes de captar o caráter aberto e imprevisível das modificações dos acontecimentos.

No mesmo espírito, Toni Negri (1992, p.43) propõe a substituição do pensamento da "mediação" pelo pensamento "constitutivo". Para ele, a especificidade, a inovação e a singularidade dos acontecimentos foram sistematizadas ou normalizadas na dialética, que os situou na ordem do devir: "A possibilidade é criação. O pensamento da mediação havia reduzido a criatividade à norma disciplinar, havia abandonado a possibilidade enquanto liberdade coletiva de produzir a novidade ontológica". Assim, para produzir e interpretar uma experiência de pensamento "constitutivo", própria do homem comum que cria história, é preciso questionar qualquer "mediação" que discipline a criatividade. Esses pensadores, diferentemente de nossa interpretação de Marx, rechaçam a unidade entre contingência e determinação, entre processo dialético e condições de produção.

A DIALÉTICA NO RACIONALISMO DE BACHELARD E GONSETH

Para as finalidades deste livro, é preciso considerar ainda as interpretações da dialética do conhecimento que não se inspiram essencialmente no pensamento de Hegel e/ou no de Marx, mas que provêm do estudo da constituição e das modificações do pensamento científico; particularmente, das ciências naturais e da matemática. Esses enfoques, como veremos, são afins ao pensamento de Piaget.

O caso mais significativo é a proposta dialética de Gaston Bachelard. Ele afirma basicamente que a racionalidade do pensamento científico é constituída pelos atos que "rompem" com os obstáculos epistemológicos. Estes últimos provêm de uma filosofia imaginária que se opõe à constituição do corpo teórico e experimental de uma ciência, e depois retorna insistentemente em sua história posterior, impedindo a revisão conceitual. Sem oferecer uma definição precisa de dialética, esse autor emprega o termo "dialetização" em *A atividade racionalista da psique contemporânea*, referindo-se à retificação e à deformação histórica dos conceitos e dos princípios de uma teoria científica, assim como a dinamização recíproca entre teoria e experimentação, entre o abstrato e o concreto. Em outras palavras, diante dos fracassos de sua atividade teórica ou experimental, os matemáticos e os físicos – mais cedo ou mais tarde – tratam de rever suas teorias, formular novas hipóteses, aprimorar suas experiências, controlar seus experimentos. Desse modo, a razão teórica ou númeno vai se impondo progressivamente ao imediatismo do mundo, na medida em que deriva da atividade dos cientistas (Bachelard, 1951).

Em *A filosofia do não*, Bachelard rejeita a dialética *a priori*, elaborada por Hegel, e defende uma ação polêmica da razão que surge da história das teorias científicas. No caso da negação, seus caracteres não se identificam com o primeiro momento da "negação da negação" pensada especulativamente. Ao contrário, a generalização dialética testemunha a reorganização de alguns episódios da ciência contemporânea: uma teoria ou um princípio nega outra teoria ou outro princípio, mas ao fazê-lo inclui o que nega. Mas essa negação expressa uma exterioridade com relação às afirmações negadas que, desse modo, são "margeadas" pelo conjunto teórico que as generaliza. Por exemplo, um princípio da relatividade é não-newtoniano ou um espaço é não-euclidiano, porém, a física relativista inclui a física newtoniana e a pangeometria inclui a geometria euclidiana.

Não se poderia dizer então que um termo "contém" seu contrário ou "é" seu oposto. Nessa perspectiva, não teria sentido afirmar que a física newtoniana "contém" a física einsteiniana como seu oposto. À dialética *a priori* de Hegel, na qual a liberdade do espírito é incondicional, contrapõe-se uma dialética *a posteriori*, instituída sobre a constituição das noções particulares do conhecimento científico. Assim, a geometria não-euclidiana produziu a dialetização da noção de paralela, já que "promoveu a razão polêmica à categoria de razão constituinte" (Bachelard, 1972, p.9).

O epistemólogo francês rechaçou terminantemente que a antítese seja a negação hegeliana da tese e que ambas se fundamentem na síntese. Na física contemporânea, a tese e a antítese não são contraditórias, mas complementares. "Uma filosofia do não que se dirija apenas a sistemas justapostos, a sistemas que mantêm entre si uma relação de complementaridade em um ponto muito preciso, cuida antes de tudo de jamais negar duas coisas ao mesmo tempo" (Bachelard, 1973, p.113). Trata-se, na realidade, de dois aspectos bem distintos, inconciliáveis quanto aos mesmos princípios de base, mas que acabam sendo complementares, e não contraditórios. Assim, na mecânica clássica, define-se a massa como o quociente da força pela aceleração, "colocando-se por definição como independente da velocidade, como absoluta no espaço e no tempo" (Bachelard, 1973, p.29). Com o surgimento da teoria da relatividade, postula-se que a massa é "uma função complicada da velocidade" (Bachelard, 1973, p.28). Ou seja, assiste-se a um processo de complicação de um conceito que, em sua simplicidade, parece dotado de um poder explicativo universal, mas que depois "se dialetiza", porque aparece uma nova variável. Aqui intervêm as negações externas mencionadas anteriormente, que convertem a física newtoniana em uma parte da física relativista, mais ampla. Nesse sentido, são teorias complementares.

Há ainda uma posição dialética crucial no pensamento de Bachelard, que se observa quando ele desloca as indagações filosóficas clássicas. De acordo com estas, era preciso eleger entre o ser e o pensamento, a razão e a experiência, o real e o conhecimento, de modo que um deles era considerado como o fundamento de seu dual. Ao contrário, um exame da história da ciência leva a sustentar a dissolução das duplas epistemológicas como sujeito-objeto, concreto-abstrato, dado-construído (Lecourt, 1970). Mais ainda, vai se impondo uma "filosofia dialogada", como resultado da posição aberta do cientista que recorre a uma posição e a outra alternativamente. Produz-se assim um deslocamento que equivale a colocar os problemas buscando uma relação dinâmica e constitutiva entre os termos:

    a) O pensamento científico é, antes de tudo, um diálogo entre o *a priori* e o *a posteriori*, no sentido de que a axiomatização não está separada, como se acreditava, dos fatos experimentais, e estes só são conhecidos graças às categorias que ultrapassam a experiência.

    b) Instaura-se uma relação dinâmica entre o dado e o construído, como se mostra em *Ensaio sobre o conhecimento aproximado*: "O dado é relativo à cultura, está necessariamente implicado em uma construção (...) É preciso que o dado seja recebido. Jamais se chegará a dissociar completamente a ordem do dado e o método de sua descrição (...) Há entre esses dois termos – que representam para nós a oposição mínima entre o espírito e o real – reações constantes que produzem ressonâncias recíprocas" (Bachelard, 1928, p.167). Nada é dado fora da construção ou, segundo sua frase célebre, "o real não se mostra, mas se demonstra".

c) A objetividade do objeto não está no início do conhecimento, mas é resultado das vicissitudes da história da atividade da razão teórica e da experimentação, mencionadas antes. Trata-se de um objeto secundário, sempre precedido de teorias, e que deve ser diferenciado do objeto-coisa de que falam tantos filósofos. Desse modo, o objeto do conhecimento científico não participa do dualismo entre sujeito e objeto: "Acima do sujeito, para além do objeto imediato, a ciência moderna fundamenta-se no projeto" (Bachelard, 1971, p.11).

Em uma linha semelhante a do racionalismo dialético de Bachelard, o "idoneísmo" de Gonseth expõe a posição de um grupo de filósofos e cientistas preocupados com os processos de relativização das teorias científicas, a deformação dos conceitos estabelecidos e a crise da metodologia da pesquisa.[2] A dialética do conhecimento científico se estabelece em um diálogo entre teoria e experiência, na abertura das hipóteses às mudanças experimentais. Desse modo, chega-se a constituir uma orientação metodológica para a ciência: uma tese se sustenta com a condição de não ser considerada intangível, de que possa ceder à experiência renovada: "O processo científico real não é um caminho de certezas em certezas; é uma marcha de evidências provisórias e sumárias em evidências provisórias e sumárias, de horizonte de realidade em horizonte de realidade" (*Dialética*, 1, p.32).

Embora em nenhum texto dessa corrente se defina estritamente o que é a dialética, adjetivam-se com ela os processos da mudança científica. Os juízos científicos que consigam ser coerentes com outros, adequados à informação experimental e eficazes para os fins perseguidos são dialéticos. Isto significa que são móveis, dinâmicos e idôneos para determinadas informações e necessidades. Em uma tal perspectiva, não há sombra nenhuma das leis hegelianas *a priori* que regem o ser, nem da contradição como motor do desenvolvimento do pensamento. De modo semelhante a Bachelard, a dialética para Gonseth é produto de uma reflexão sobre o trabalho histórico da ciência: "O processo dialético é essencialmente progresso e depuração de um conhecimento sob a pressão de uma experiência com a qual se confronta" (*Dialética*, 6, p.94). Em síntese, um conhecimento pode ser considerado como um ponto de partida desde que não seja proposto como intangível, que seja tratado conforme sua relação com os fins e que seja considerado como passível de revisão; segundo as palavras de Gonseth: "contanto que se possa ceder à pressão da experiência; de modo que os progressos desse conhecimento possam inscrever-se nos elementos fundamentais da instância provisoriamente em vigor, nas regras que instaura e na filosofia que as sustenta" (*Dialética*, 1, p.32). Toda disciplina que se curve a essas exigências poderá ser considerada como dialética.

Encontra-se também em Gonseth (1937) uma filosofia dialogada entre o *a priori* e o *a posteriori* dos fatos e a teorização, comentada antes; entre o concreto e o abstrato, no sentido de que as instituições são o resultado de uma abstração inconsciente e, de outra parte, o conhecimento jamais se detém apenas na abstração, deve apoiar-se na representação sensível; entre o sujeito e o objeto, já que um informa o outro ("Nem um e nem outro são coisas acabadas ou dadas. Eles estão em devir... Sua evolução está ligada ao desenvolvimento de todos os conhecimentos".

Esse exame – sem dúvida sintético e incompleto – das vicissitudes do termo "dialética" põe seriamente em dúvida a factibilidade de identificar um significado comum às diversas correntes que se proclamam dialéticas. Provavelmente, só se pode afirmar que o pensamento dialético trata do movimento e do dinamismo provocados por tensões – em muitos casos por oposições – que requerem uma superação. Este seria o mínimo denominador – talvez genérico e impreciso demais – compartilhado pelas diferentes concepções. Tanto o método que eleva o conhecimento às idéias em Platão e ao automovimento dos conceitos em Hegel, como as teses de Marx sobre a unidade dos contrários e as posições do marxismo posterior são modos de pensar o dinamismo do mundo material, dos fenômenos sociais ou da constituição de seu conhecimento. O mesmo se pode dizer sobre as versões vinculadas à história epistemológica de revisões e reconstruções dos conhecimentos científicos.

ALGUMAS PERGUNTAS E ALGUNS ESCLARECIMENTOS

Essa diversidade de significados na história do pensamento permite-nos formular algumas questões a respeito das obras de Vygotsky e de Piaget.

Em primeiro lugar, cabe indagar em que tradições filosóficas ou epistemológicas de pensamento dialético podem ser situadas a linguagem intelectual e o modo de analisar os problemas enfrentados por cada pensador. Em estreita conexão com o que foi dito antes, a dialética elaborada por esses autores seria uma ilustração da dialética filosófica ou uma "dialetização" adequada a cada matéria de pesquisa? Neste último caso, que problema de pesquisa permitiu a Piaget e a Vygotsky assumir um modo particular de pensamento dialético? E, mais precisamente, sobre que campo de conhecimento ou sobre quais processos psicológicos realizaram o estudo dialético? Isto é, trata-se de uma dialética como metodologia da pesquisa, como história da conformação da psicologia científica ou da gênese dos processos psicológicos?

Além disso, a elaboração do movimento histórico das idéias psicológicas ou a formação dos sistemas e funções psicológicas parecem adotar uma certa estruturação. Mas, será que se propõem leis para organizar o processo dialético ou essa dinâmica é muito mais aberta? Nossos autores utilizam um único modo de dialetizar os processos que estudam? Mais ainda: até que ponto esses pensadores tematizaram o pensamento dialético?

Em terceiro lugar, a perspectiva que emerge dos textos examinados parece crucial para elaborar um modelo de explicação capaz de superar as insuficiências do modelo clássico na psicologia do desenvolvimento, vinculado epistemologicamente ao positivismo lógico. De fato, as questões relacionadas à constituição de sistemas de conhecimento e funções psicológicas que podem ser qualificados de "inovadores" não são captadas por aquele modelo explicativo. Então, quais são as conseqüências do pensamento dialético de Piaget e Vygotsky para a elaboração de uma perspectiva de explicação sistêmica para a psicologia do desenvolvimento?

Gostaríamos de fazer uma advertência que é, ao mesmo tempo, uma proposta intelectual: tanto as características adotadas pela dialética nesses autores quanto suas conseqüências para examinar os problemas da psicologia do desenvolvimento devem ser analisadas com certas precauções epistemológicas. Por essa razão, interessa-nos recordar os pressupostos filosóficos do dualismo e do reducionismo, sobre os quais insistiremos ao longo desta obra.

De um lado, nem toda crítica ao dualismo significa adotar uma posição dialética. Assim, na linha de Valsiner (1998a)*, é preciso distinguir essa crítica à cisão entre indivíduo e sociedade ou entre sujeito e objeto da recusa manifestada por alguns representantes de uma perspectiva contextualista (Matusov, 1998). Nesse caso, elimina-se toda diferenciação ou oposição entre os dados considerados como termos do discurso, isto é, lugares em uma argumentação. Ao contrário, a posição dialética reconhece a dualidade dos termos que se opõem, dos que se sustentam mutuamente, integrando-se em uma totalização (digamos, "a unidade da identidade e da diferença", em sentido hegeliano).

---

* N. de R.T. Valsiner (1998a) propõe a distinção entre dualismo e dualidade. Enquanto no dualismo figura a separação prévia e excludente de dois pólos, em uma perspectiva dicotômica, a dualidade não é paradoxal à dialética, pelo contrário, consiste em uma necessária separação não-excludente dos termos que comportam uma unidade dialética.

De outro lado, nem toda evocação à "dialética" para interpretar os processos é aceitável sem objeção, nem garante a superação da cisão filosófica. Às vezes, inclusive, ignora-se que existe diferenciação ou oposição entre os termos, e reivindica-se a existência de "interação" entre eles. Desse modo, a linguagem dialética pode encobrir a indeterminação dos termos cuja separação foi rechaçada, quer se trate da pessoa em seu contexto ou do indivíduo na sociedade. Além disso, quando não se analisam as formas precisas que adotam as relações dialéticas quanto aos processos específicos em questão, é fácil convertê-las em atributos dos objetos ou em "entidades", como mostra Valsiner. Aqui, o referencial epistemológico continua sendo o *split**, apesar das declarações em contrário.

Quanto a nós, rechaçamos terminantemente qualquer pretensão – reiterada tantas vezes na "psicologia marxista" – de converter a posição dialética em estímulo para substituir os estudos empíricos do desenvolvimento cognitivo pela especulação filosófica ou na tentação de evitar o esclarecimento das dificuldades emergentes da pesquisa do desenvolvimento. Ao contrário, consideramos a dialética como um instrumento legítimo para pensar os problemas específicos da reorganização dos conhecimentos e a constituição dos processos psicológicos superiores. Nesse sentido, entendemos que nem todo problema de pesquisa do desenvolvimento requer um procedimento dialético, já que se formulam hipóteses que exigem verificação empírica ou se realizam análises acerca de consistência dos conceitos. Quanto à própria teorização das relações dialéticas e ao grau de adequação ao seu objeto, ambas devem revalidar seus títulos. Isto é, devem ser submetidas à avaliação e à eventual revisão. Assim, o estudo que se segue é orientado a uma interpretação da dialética que está intrinsecamente aberta à crítica e à reformulação.

NOTAS

1 Observa-se isto, por exemplo, na célebre metáfora do "engendramento", formulada em *Fenomenologia do espírito*: "O botão desaparece quando a flor se abre, e poderíamos dizer que aquele é refutado por esta, do mesmo modo que o fruto faz desaparecer a flor como um falso ser ali da planta, mostrando-se como a verdade desta, ao invés daquela" (Hegel, 1966, p. 8).
2 A revista *Dialectique*, editada em Zurique a partir de 1947, foi o órgão de expressão desse grupo.

---

* N. de R.T. No Capítulo 11 deste livro, os autores explanam acerca da filosofia do *split* ou da cisão; particularmente, a "estratégia do *split*", considerada por eles como "responsável pelo dualismo filosófico" (p.198).

SEGUNDA PARTE
A dialética em Piaget

Se considerarmos a multiplicidade das pesquisas empíricas e a elaboração epistemológica da obra piagetiana, é possível propor a presença de, pelo menos, dois níveis de análise da dialética do conhecimento nela presentes.

Por um lado, a epistemologia "interna" das ciências, isto é, a crítica feita aos modelos de aproximação à resolução dos problemas científicos ou aos métodos mais gerais de pesquisa (Piaget, 1967a). De fato, a reconstrução histórica das categorias e dos enfoques metodológicos empregados na biologia, nas disciplinas sociais e na psicologia do conhecimento foi interpretada explicitamente por Piaget como um processo dialético. Além disso, incluímos aqui, com certa liberdade, o processo dialético mediante o qual se configurou a maior parte da produção intelectual desse autor, sobre a qual ele próprio não tematizou.

Por outro lado, em seus estudos de epistemologia genética ou "derivada", realizados entre 1955 e início da década de 1970, Piaget postulou uma construção dialética do sujeito e do objeto na formação do conhecimento individual e na história da ciência. Posteriormente, a partir de seus estudos sobre o mecanismo funcional da aquisição dos conhecimentos, situou a dialética na equilibração dos sistemas de conhecimento. Apoiada nos trabalhos de pesquisa empírica, a categoria alcança então seu maior grau de elaboração teórica.

Os capítulos desta segunda parte tratam precisamente dessas questões.

1
A reconstrução histórica das idéias e o enfoque metodológico

Neste capítulo, como já antecipamos, apresenta-se, em primeiro lugar, o enfoque da dialética das idéias científicas que culmina na constituição do enfoque metodológico das "totalidades relacionais" nas disciplinas que Piaget pesquisou; em segundo lugar, explora-se a dialética em sua produção científica, até o método clínico de investigação; finalmente, formulam-se alguns comentários sobre certas inconseqüências de seu pensamento dialético.

DIALÉTICA E HISTÓRIA DAS IDÉIAS

Segundo Piaget (1967b, p.85), quando se examina a história das idéias biológicas, emerge "o caráter dialético da trajetória rumo à objetividade no conhecimento". Assim, a idéia de "auto-regulação ou totalidade relacional" dos processos biológicos pode ser considerada como resultado de uma evolução dos enfoques de pesquisa. Em vez de constituir um *télos* anterior ao próprio desenvolvimento das idéias, a totalidade definida na teoria biológica provém, segundo Piaget, de uma construção inacabada de conceitos. Nesse sentido, a objetividade do conceito de totalidade é produto da elaboração histórica e, portanto, um ponto de chegada relativo. De modo semelhante a Bachelard, o valor epistemológico da objetividade não reside, para nosso autor, em que já esteja dada antes do conhecimento. Sua natureza está no trabalhoso desdobramento de interações teórico-experimentais que vão reestruturando e relativizando os conceitos. A dinâmica desse processo é dialética.

A primeira posição identificada na história da biologia é a totalidade transcendente defendida pelo aristotelismo, e cuja influência foi significativa nos avatares da biologia vitalista. A esta se opôs historicamente o atomismo, que explica o todo da vida por elementos isoláveis. Por último, foram traçados os esboços de uma teoria das "totalidades relacionais", vinculada a mecanismos de auto-regulação. Isto vale para as concepções referentes tanto ao sistema genético como à evolução das espécies e ao organismo individual.

Em qualquer caso, Piaget considerou em termos dialéticos o movimento totalizador das idéias: no início, estas se referiam a traços psicomórficos, depois, voltaram-se com exclusividade aos traços físicos atomísticos e, posteriormente, constituíram sínteses superadoras das duas primeiras concepções. Por exemplo, a explicação do desenvolvimento do organismo por forças vitais e a explicação físico-química por elementos constitutivos são superadas – no plano genealógico – pelas explicações que recorrem à auto-organização ou à equilibração. Nesta última, renova-se a colocação dos problemas, já que, nos processos de auto-regulação, chega a integrar os processos físico-químicos às totalidades.

Piaget postulou um forte paralelismo entre a história das pesquisas biológicas e a história das perspectivas metodológicas na psicologia do conhecimento. Assim, o finalismo[1] anterior à teoria da evolução propriamente dita pode ser comparado com o estruturalismo da psicologia da *Gestalt*.[2] Nos dois casos, postulam-se estruturas ou organizações já dadas, independentemente de uma gênese. Do mesmo modo, o mutacionismo[3] – que reduziu a evolução à modificação ao acaso dos átomos da herança e à intervenção da seleção natural – foi vinculado ao associacionismo psicológico originado no século XVII e ao empirismo filosófico.[4] Nestes enfoques, procura-se dar conta das mudanças produzidas no desenvolvimento, seja interna ou externamente ao organismo, mas sem recorrer a uma estrutura. Seria algo como uma gênese sem estrutura. Ao contrário, a biologia da auto-regulação e a psicologia genética podem ser consideradas como uma superação das versões anteriores. O *tertium** consiste em postular o caráter inseparável da gênese e da estrutura, identificando, tanto na biologia quanto na psicologia da inteligência, estruturas orgânicas ou do conhecimento que são o produto e a condição da gênese. Esta se explica por um mecanismo de equilibração entre organismo e meio, entre sujeito e objeto. Deste modo, põe-se em relevo um caminho não-linear em direção à objetividade historicamente "construída" dos conhecimentos científicos. Trata-se da conquista progressiva de uma síntese nas teorias psicológicas e biológicas, um produto da articulação progressiva entre tese e antítese.

Nas ciências sociais, constata-se um processo semelhante em relação ao conceito de totalidade social. Por um lado, a tese rousseauniana de um indivíduo cuja natureza humana é anterior às relações sociais converte as instituições em um fenômeno derivado das propriedades "naturais". Por outro

---

* N. de R.T. Constituído de tese-antítese-síntese, sob a perspectiva hegeliana.

lado, o todo social de Durkheim impõe aos indivíduos uma série de propriedades que não estão neles, de modo que a explicação sociológica se baseia na história das totalidades individuais. Aqui, a consciência coletiva assume alguns traços da consciência individual e se sobrepõe aos indivíduos. Ao contrário, a sociologia concreta afirma que a sociedade é constituída por interações – desde a técnica até o direito – que apresentam alguma organização. Tais interações devem ser estudadas na conduta dos indivíduos por elas modificadas: "A relação social constitui uma totalidade em si mesma e produz novas características que transformam o indivíduo em sua estrutura mental" (Piaget, 1975, vol. III, p.173). Em outras palavras, essa totalidade não é uma somatória de indivíduos, nem uma realidade que se impõe a eles, "e sim um sistema de interações que modificam estes últimos" (Piaget, 1975, vol. III, p.174).

Em todas as disciplinas examinadas, pode-se ver a história de sua constituição como a adoção de um método relacional que envolve a superação das "intuições de totalidade" e das composições atomísticas. Esse método, de acordo com Piaget (1967c, p.1234) "consiste na construção de relações, sendo que cada uma delas já é totalizante, que culminarão em estruturas de conjunto". Para Piaget, "o método dialético – tese, antítese e síntese – é uma forma do método racional e, na sua forma generalizada, confunde-se com ele" (Piaget, 1967c, p.1235). Assim, procura-se estabelecer uma interação entre os elementos opostos, sustentar a totalização como um processo e, finalmente, assumir a recusa de qualquer conceituação estática. Neste sentido, toda conceituação estrutural ou toda conceituação genética – isto é, a totalização e a história – é negada em termos de sua síntese – o construtivismo relacional ou dialético – nas ciências biológicas, nas ciências sociais e na psicologia. Piaget utiliza aqui os termos tese, antítese e síntese (ou *tertium*) que foram atribuídos a Hegel pelos historiadores da filosofia. Nestas análises metodológicas, nosso autor mantém um espírito hegeliano em um sentido amplo, ao caracterizar uma certa oposição entre duas teorias iniciais e sua posterior superação por uma teoria integradora que conserva traços daquelas.

Piaget foi considerado, muitas vezes, um pensador não-dialético que defendia teses estruturalistas vinculadas ao racionalismo kantiano ou ainda às idéias de Durkheim, que o teria levado a pensar os sistemas intelectuais de modo continuísta e universalista (ver, por exemplo, Marková, 2003).

Contudo, no contexto do debate no pensamento francês dos anos de 1970, Piaget (1968) adotou claramente uma posição de recusa à postura estruturalista, pela qual as ciências humanas estudavam os sistemas "de signos" sem considerar seu modo de produção histórica. Para ele, a condição de possibilidade destas ciências residia em estabelecer leis de transformação das estruturas e em sustentar um laço constitutivo entre estruturas e função, entre gênese e história. Em oposição a Lévi-Strauss, defendeu em *O estruturalismo* que no conhecimento científico – em especial, nos estudos psicogenéticos – "uma gênese é a passagem de uma estrutura a outra; essa passagem explica a segunda e, ao mesmo tempo, o conhecimento das ambas as estruturas é necessário para compreender a passagem enquanto transformação" (Piaget, 1968, p.108). Pelo menos como posição de princípio, nosso autor defendeu a inseparabilidade metodológica das duas aproximações, um modo de enfocar uma das análises que remete à outra para produzir o conhecimento dos processos de transformação.

O MÉTODO DIALÉTICO NA PESQUISA PIAGETIANA

A análise do método pode ser estendida à própria produção intelectual de Piaget (1977), que afirmou ter utilizado uma dialética em sua obra de forma espontânea. Acreditamos que, ao definir os termos centrais de sua teoria, Piaget rechaçou firmemente o procedimento de elaboração típico da psicologia de seu tempo, que consistia em tratar as propriedades de modo rígido.

Ao isolar os termos de suas relações, os psicólogos se esquivavam do difícil problema de caracterizar as conexões entre os fenômenos;[5] Piaget, ao contrário, nas diferentes instâncias de sua obra, negou-se a separar os fenômenos que estudava e os conceitos que elaborava. Ao contrário, estudou os aspectos do conhecimento em suas relações constitutivas, caracterizando-as em sua interação recíproca. Quando abordava um problema teórico, tratava de articular a dicotomia ou heterogeneidade inicial entre as propriedades predicadas. Começava por introduzir um corte ou oposição entre traços ou propriedades do fenômeno cognoscitivo e, diante dos riscos de inconsistência que este comportava, procedia a vincular sistematicamente os dois termos.

É evidente o esforço de associar solidariamente, e de modo dinâmico, em uma unidade diferenciada, uma série de categorias. Entre essas categorias encontram-se a assimilação e a acomodação, o sujeito e o objeto do conhecimento, a abstração empírica e a abstração reflexionante, os aspectos estruturais e os funcionais, o conhecimento lógico e o físico, os aspectos estruturais e os aspectos de procedimento da resolução de problemas. Diante de situações problemáticas que incluíam os elementos heterogêneos ou opostos mencionados, o procedimento principal consistiu em integrá-los passo a passo durante a reconstrução do dinamismo da formação dos conhecimentos. Deste modo, a "unidade concreta das determinações" alcançada na pesquisa psicogenética distingue-se nitidamente das polaridades "metafísicas" ou absolutas, e de sua mescla eclética.

Assim, em uma obra precoce como *O critério moral na criança* (Piaget, 1995a), Piaget articula sistematicamente o egocentrismo cognitivo e as relações com a autoridade adulta, o juízo autônomo e as relações sociais de cooperação. No caso de *O nascimento da inteligência na criança* (Piaget, 1969), a argumentação vai esboçando uma relação constitutiva entre as categorias opostas de assimilação e acomodação para dar conta do processo cognoscitivo. Já em *A psicologia da inteligência* (Piaget, 1970a), ele esboça uma definição genética da inteligência que integra dinamicamente o caráter estrutural ou descontínuo da atividade e seu funcionamento contínuo mediante as diferentes estruturações.[6]

Nowinski (1967) destacou um traço metodológico que vai na mesma direção. As invariantes funcionais da acomodação e da assimilação não foram elaboradas por Piaget à margem da gênese concreta dos comportamentos cognoscitivos, já que suas formas ou "órgãos" variam ao longo do desenvolvimento. Aquelas invariantes não são abstrações vazias a que a pesquisa conduz por meio de generalizações. Mais do que isso, o método genético parece levar Piaget a uma busca das relações de assimilação e acomodação mais elementares, e a partir daí o alcance às novas modalidades.

No estudo teórico e empírico da formação da inteligência, cruzam-se e articulam-se a generalização dos dados de pesquisa com a dedução de suas características. Uma conseqüência interessante disso é que nem o conceito de assimilação, nem o de acomodação resultam de uma generalização empírica de dados, "mas eles formam uma construção teórica que distingue dois aspectos opostos no intercâmbio funcional entre o sujeito e o meio, com a cláusula de que um dos pólos não existe independentemente do outro". Estamos diante da unidade dinâmica dos contrários: "A assimilação é ao mesmo tempo acomodação, e vice-versa; a acomodação é impossível sem alguma variação do esquema de assimilação" (Nowinski, 1967, p.877). Essa referência mútua dos conceitos opostos – como a de acomodação à de assimilação ou da estrutura à de função – é uma das chaves que tornaram possível explicar a formação das estruturas de conhecimento inovadoras em relação às anteriores.

Em um de seus últimos trabalhos, escrito em colaboração com Inhelder, *Procedimentos e estruturas* (Inhelder e Piaget, 1979), utiliza-se o conceito de "unidade bipolar" ao estudar, durante uma pesquisa das estratégias de resolução de problemas nas crianças, a unidade dinâmica dos termos opostos; nesse caso, os procedimentos e as estruturas de conhecimento. "Qualquer conduta que tem um componente cognitivo possui igualmente um conjunto de características ou propriedades que podem ser chamadas de "bipolares", porque, embora pareçam antitéticas, são interdependentes. Um exemplo típico são os procedimentos e estruturas. Por um lado, qualquer construção matemática se baseia em estruturas. Usar estruturas ou inventá-las implica o uso de procedimentos que Polya (1945) chamou de "heurística". Por outro lado, qualquer estratégia utilizada por uma criança para resolver um problema de inteligência prática implica o uso de procedimentos que necessariamente requerem um conhecimento estrutural" (Inhelder e Piaget, 1979, p.19).

Segundo Bidell (1988), esse enfoque supera o método do isolamento das atividades intelectuais ao unir as estruturas e os procedimentos ao mesmo tempo em que reconhece suas oposições. Trata-se de um método de pensamento que é também plenamente aplicável às dualidades mencionadas antes, como assimilação e acomodação, sujeito e objeto, abstração empírica e abstração reflexionante. Do ponto de vista da articulação da unidade e da diferença, a unidade bipolar de Piaget é comparável ao conceito de unidade de análise de Vygotsky.

Finalmente, pode-se dialetizar a própria dinâmica do método clínico-crítico de obtenção de dados, um componente muito importante da pesquisa psicogenética. Embora Piaget tenha explicitado suas característics apenas esporadicamente, o desenvolvimento do interrogatório utilizado pelos psicólogos genéticos parece oferecer uma dialética do diálogo entre o pesquisador e o sujeito. Assim, uma das características centrais é que o "investigador orienta o andamento do interrogatório, guiado pelas respostas do sujeito" (Castorina, Lenzi e Fernández, 1985, p.86). Em outras palavras, as perguntas do entrevistador supõem alguma hipótese prévia sobre o significado das idéias das crianças, mas as respostas destas levam a pedir novas informações para confirmar aquela hipótese ou para reformulá-la. O emprego desse método envolve o movimento das idéias do sujeito e do pesquisador, finalmente centrado nas respostas infantis.

O próprio entrevistador deve reunir, por sua vez, duas propriedades, incompatíveis entre si: "saber observar, isto é, deixar a criança falar, não esgotar nada, não descartar nada e, ao mesmo tempo, saber buscar algo preciso, ter sempre uma hipótese de trabalho a comprovar" (Piaget, 1978a, p.17). O exame de uma série de protocolos, particularmente na fase exploratória de uma pesquisa de aquisição de noções infantis, revela uma incompatibilidade entre o pesquisador e o sujeito, que vai se desenvolvendo em sua unidade dinâmica durante o processo do interrogatório. A dialética desse processo aproxima-se da versão hegeliana da identidade na diferença, da unidade na oposição dos termos envolvidos.

Além disso, a interrogação clínica supõe uma inter-relação entre as situações propostas às crianças e o significado que estas lhes atribuem. Ou seja, as respostas dos sujeitos não são determinadas unilateralmente pela variação da situação experimental, mas sim por seu jogo interativo com o nível de conhecimento dos sujeitos. O método da dupla estimulação de Vygotsky (1993), que abordaremos na terceira parte, oferece uma dinâmica análoga entre as situações colocadas para o sujeito e sua interpretação. A perspectiva dialética adotada permite aos dois autores produzir dados e interpretar as respostas do sujeitos de um modo claramente distinto daquele empregado pela metodologia experimentalista, que isola rigidamente os fatores.

ALGUMAS LIMITAÇÕES

Piaget não foi conseqüente com a posição metodológica que presidiu sua reconstrução da história da ciência e que orientou sua elaboração dos problemas de pesquisa. Por um lado, em seus textos há certas expressões caracterizadas por uma ambigüidade que as aproxima de uma ontologia platônica. Por exemplo, a afirmação de que "existem estruturas elementares comuns a todos os seres humanos", que parece supor a existência de sistemas cognitivos fora de sua gênese na interação com o mundo. Semelhante reificação da organização da atividade deveria se dissolver em uma perspectiva construtivista sustentada (García, 2000).

Por outro lado, a metáfora do desenvolvimento da lógica natural como hierarquia escalonada de sistemas estruturais – utilizada principalmente em obras anteriores à teoria da equilibração – não foi feliz. Basicamente, mostrou os comportamentos cognoscitivos como derivados linearmente daqueles sistemas. Desse modo, o contexto das condições socioculturais e os diferentes domínios de conhecimento não afetavam de forma significativa as performances, mas eram externas à atividade lógica, diferentemente do que começou a se insinuar no final da obra piagetiana, com *Psicogênese e história da ciência*. Aqui, as representações sociais que "pré-significam os objetos" são constitutivas da equilibração enquanto "condições de contorno" para a atividade sistemática dos sujeitos.

Mais ainda, nas obras do período estrutural, a passagem de um sistema cognitivo a outro era produzida por uma tendência interna ao equilíbrio, em vez de estar vinculada a um processo construtivo que incluísse aquelas condições de desestabilização e de reorientação. A gênese dos sistemas de conhecimento é apresentada em certos textos como uma ordem lógica que atenua a dialética entre gênese e estrutura, entre as formas de conhecimento e suas condições de produção, o que, no mínimo, debilita significativamente sua aplicabilidade e seu alcance (Fischer e Bidell, 1998).

Nesse enfoque do desenvolvimento, a sucessão "observada" das fases corresponde a uma ordem mais ou menos inalterável das elaborações do sujeito de conhecimento. Postular essa fixidez dos períodos nas mudanças que ocorrem na atividade mental equivale a pôr um limite para pensar o conceito genuíno de desenvolvimento, que pretende ser justamente um instrumento para liberar aquela atividade um *télos* a que se dirige (Vonèche e De Paolis, 1990). Uma perspectiva mais consistentemente dialética conduz a aceitar a possibilidade de múltiplos caminhos de elaboração, segundo as interações do sistema de conhecimento com outros sistemas (Chapman, 1988a). Ao se postular uma ação aberta às interações com novos objetos e com condições contextuais, a dialética se torna mais plausível e relevante para pensar o desenvolvimento. A dialética imanente da reconstrução dos sistemas de pensamento daria lugar a uma interação do próprio sistema cognitivo com os contextos sociais que seriam suas "condições de contorno", e poderiam reorientar o desenvolvimento.

É muito provável que o imanentismo da razão, essa tendência da marcha dos conhecimentos em direção a estados ideais de equilíbrio, amplamente presente na obra piagetiana, tenha criado um obstáculo para uma tese da equilibração mais aberta aos intercâmbios com o mundo. Por isso, a própria teoria da equilibração ainda precisa ser reformulada para destacar de forma mais nítida o caráter não necessário (em sentido lógico) da formação das estruturas cognitivas a partir de outras anteriores, já esboçado na última formulação piagetiana.

É por isso que, ao rever criticamente as limitações na metodologia dialética ou a permanência das idéias anteriores ao enfoque propriamente interativo, é possível recuperar e ampliar a integração dialética entre gênese e estrutura. Mas, compete, sobretudo, aos herdeiros da tradição piagetiana assumir uma posição crítica para rever algumas teses do núcleo da tradição à luz dos desafios lançados pela pesquisa psicológica contemporânea. Isto é, devem elaborar a dialética entre a construção cognitiva e as intervenções do contexto social: dos sistemas semióticos que "orientam" a formação de certas aquisições matemáticas das crianças (Martí, 1996), das práticas institucionais constitutivas das "condições de contorno" que restringem a aquisição de saberes sociais (Castorina e Faigenbaum, 2002) e das condições da intervenção didática na reconstrução dos saberes disciplinares, que dão lugar ao que se denomina "gênese artificial" das idéias dos alunos (Lemoyne, 1996).

Nesse sentido, como imaginar uma interação construtiva dos sujeitos de conhecimento com o "objeto a ensinar" propostos pelo docente, de caráter sociocultural, e não meramente com os objetos da realidade física; um objeto que é proposto em uma situação didática que "estrutura parcialmente" a atividade cognitiva dos sujeitos? Em outras palavras, qual será o significado de uma dialética do conhecimento quando este se produz em condições inéditas para as pesquisas clássicas centradas na "gênese natural" dos conhecimentos?

Neste capítulo, apresentamos os aspectos dialéticos da reconstrução da história metodológica das ciências e da própria elaboração da obra científica piagetiana. Agora, trata-se de examinar a dialética da teoria do conhecimento nos termos da relação entre sujeito e objeto, anteriormente às obras em que se formulou uma explicação da gênese dos conhecimentos.

NOTAS

1 Na biologia pré-evolucionista, o finalismo supõe uma harmonia preestabelecida entre o organismo e o meio não alcançada de modo gradual. Em lugar de séries causais entre esses termos, afirma-se sua harmonia estabelecida de antemão. Por exemplo, existem órgãos visuais porque o olho é feito para ver. O vitalismo, unido ao finalismo, proporciona o princípio interno que se ajusta de modo hereditário a todas as situações do meio.

2 Com relação à teoria da *Gestalt*, as formas que se impõem à consciência são isomorfas às formas gestálticas nervosas. Mas essas formas já são dadas e se organizam segundo leis de equilíbrio que tolhem tanto o sujeito quanto o organismo, sem permitir atividade autêntica, nem qualquer desenvolvimento ou gênese.

3 No caso do mutacionismo, trata-se de explicar a evolução pelas mutações ao acaso que se produzem no material genético, pensado como um agregado de genes descontínuos, sem que intervenham fatores do meio externo. Estes atuam depois de produzida a gênese na seleção natural. Essa perspectiva ignorou as estruturações internas do material genético ou sua organização funcional que constituem uma condição de toda transmissão hereditária.

4 O associacionismo psicológico explica a modificação das conexões intelectuais pela imposição de variações na ordem dos estímulos. Essas modificações supõem a passividade do sujeito, que se limita a registrar aquela ordem, isto é, não há uma estrutura psicológica que dê significado aos estímulos. Essa perspectiva psicológica corresponde ao empirismo gnoseológico, para o qual existe uma leitura direta da experiência, sem reestruturação por parte do sujeito.

5 Segundo Hegel, esse método consistia em trabalhar abstratamente e em excluir a consideração dos opostos; Engels, por sua vez, qualificou-o como *Anti-Dühring* do "metafísico".

6 A dialética presente em *A psicologia da inteligência* é abordada por Lucien Goldmann (1947, p.16) deste modo: "De duas coisas uma; conseqüentemente, ou alguém se contentará com uma definição funcional, correndo o risco de abarcar a totalidade das estruturas cognitivas, ou escolherá como critério uma estrutura particular; mas a escolha permanece convencional e corre o risco de descuidar da continuidade real".

2
A dialética do sujeito e do objeto antes da equilibração

A RELAÇÃO SUJEITO-OBJETO NA BIOLOGIA E NA PSICOLOGIA

Na perspectiva piagetiana dos anos de 1950 e 1960, a epistemologia "derivada" ou genética pretendia dar conta da possibilidade do conhecimento em um sentido bastante distinto do almejado pela filosofia clássica. Tratava-se de indagar sobre o processo de crescente validade dos conhecimentos a partir da reconstrução da psicogênese e da história da ciência.

Porém, ao estudar a constituição de qualquer forma cognoscitiva, comprometia-se imediatamente a relação entre sujeito e objeto, o que colocava a seguinte pergunta central: qual é o papel desempenhado por cada um deles – sujeito e objeto – em uma ciência ou em um conhecimento em particular? (Piaget, 1967b; 1967c). Essa pergunta, para Piaget, prolonga a questão da adaptação da inteligência na biologia e na psicologia. Isso ocorre porque as relações entre sujeito e objeto alinham-se às que mantêm o organismo e o meio. Nos dois casos, propõe-se uma tríade fundamental, que resulta da história das perspectivas anteriores.

No final do século XVIII, encontramos a tese de que o meio se impõe ao organismo, em que tem lugar a "herança do adquirido" na perspectiva lamarckista. Posteriormente, postulou-se a hipótese de uma produção de mudanças genéticas no organismo de forma totalmente independente do meio. Essa posição foi típica do mutacionismo evolutivo, examinado no capítulo anterior do ponto de vista da epistemologia interna. Quanto à oposição rígida entre o organismo e o meio, Piaget vislumbra um *tertium* constituído por modelos que aspiram à totalidade relacional e que rompem com a dicotomia. Em *Biologia e conhecimento*, ele apresenta uma síntese um tanto quanto especulativa – embora apoiada em dados empíricos – da adaptação e da equilibração dos organismos e do meio (Piaget, 1967b).

As questões colocadas por Piaget à biologia de seu tempo, assim como sua crítica às insuficiências e contradições do neodarwinismo, ainda dominante, foram proféticas. Sua tese central é a auto-regulação dos processos biológicos e sua continuidade nos processos de formação das estruturas de conhecimento.[1] Seu enfoque biológico culminou com a hipótese – não verificada empiricamente – da fenocópia, segundo a qual se produz no plano genético uma reconstrução das variações inicialmente exógenas. Essa hipótese expressa a intenção de sustentar uma perspectiva holística e relacional para a evolução (Buscaglia, 1993).[2]

De acordo com a tese da continuidade funcional entre processos vitais e cognitivos, Piaget postulou uma correspondência entre as teorias biológicas referentes à adaptação organismo-meio ou à evolução e as teorias psicológicas da inteligência, fundamentalmente a tríade construída pelo inatismo da inteligência, o associacionismo condutivista e a perspectiva que afirma uma relação constitutiva entre a acomodação e a assimilação das situações cognoscitivas aos esquemas de ação. Particularmente, a síntese dialética operada na biologia da auto-regulação é associada à sua psicologia genética.

A CONCEPÇÃO REPRESENTACIONISTA DO CONHECIMENTO

A continuidade funcional entre processos vitais e cognitivos estende-se às concepções do conhecimento. A esse respeito, é fundamental mencionar a ruptura da epistemologia construtivista piagetiana com a cisão de sujeito e objeto herdada da filosofia moderna.

Poderíamos dizer que os filósofos modernos trataram de buscar a certeza examinando suas representações, independentemente do que representavam. Porém, ao mesmo tempo, se perguntaram como essas idéias correspondiam ao mundo. Uma parte significativa da atividade filosófica residia na busca de argumentos que justificaram a correspondência entre esses planos. Essa é a concepção que subjaz ao dualismo cartesiano de substância mental e substância material.

Pode-se considerar que esse marco epistemológico, em particular o empirismo, prolonga-se na versão neopositivista de ciência: na dissociação de sujeito e objeto, não apenas no âmbito das ciências naturais, mas também das ciências sociais; na contraposição entre a teoria e a leitura direta da experiência; no dualismo dos enunciados analíticos da matemática e nos enunciados sintéticos *a posteriori* das ciências empíricas, assim como na rígida distinção dos contextos de descoberta e justificativa. Hoje podemos falar com toda segurança de uma filosofia da cisão (*split*), que é comum à formulação das teses epistemológicas do racionalismo e do empirismo, incluído o enfoque neopositivista.

As teses epistemológicas "representacionistas" e o dualismo ontológico influíram de modo decisivo na constituição da psicologia contemporânea do desenvolvimento cognitivo.[3] Em particular, podemos destacar as tentativas de explicação do desenvolvimento que recorrem ou a fatores internos (por exemplo, os processos maturacionais), ou a fatores externos (a estimulação física ou as determinações sociais), ou a uma somatória de ambos. O tipo de explicação causal por uma associação de variáveis supõe essa distinção rígida entre o externo e o interno, o natural e o social.

Ao contrário, como sugere o racionalismo dialético de Bachelard (1951), a própria dinâmica da história da ciência teria dissolvido algumas duplas epistemológicas que cindiam o concreto do abstrato, a teoria da experiência ou o sujeito do objeto, interpretando-os fora de sua interação.

Em convergência com essa e outras críticas contemporâneas à filosofia moderna do conhecimento, Piaget entende que o referencial epistemológico contemplativo e "representacionista" dá lugar às alternativas empirista e racionalista nas teorias do conhecimento: o sujeito copia (reflete) o objeto exterior ou extrai o conhecimento de seu próprio conteúdo interno; o conhecimento se fundamenta na experiência ou na intuição de verdades *a priori*.

Piaget (1967c, p. 1244) considerou que essas concepções edificadas na cisão dos componentes do conhecimento deparavam-se com dificuldades instransponíveis ao tentar resolver os problemas da constituição de conceitos e teorias. "A posição dialética ou construtivista consiste, ao contrário, em seu próprio princípio, em considerar o conhecimento como vinculado a uma ação que modifica o objeto e que só o alcança mediante as transformações introduzidas por essa ação".

Em outras palavras, sujeito e objeto deviam ser colocados no mesmo plano, enquanto que se constroem integralmente em sua relação recíproca, a partir da ação significativa sobre o mundo que estrutura o "objeto cognoscível". O sujeito se prolonga por seus instrumentos no objeto e reage sobre ele enriquecendo-o com as propriedades provenientes de sua ação esquematizada. Esta explicação considera o desenvolvimento como um sistema que se auto-organiza ou como um processo de transformações de uma totalidade que articula constitutivamente os componentes.[4] Em vez de estarem cindidos, sujeito e objeto são mutuamente relativos em diversas escalas de construção ontogenética ou em diversas escalas de observação e interpretação teórica na história da ciência. Mais ainda, em alguns textos Piaget (1967c, p.1244) trata como sinônimos o enfoque construtivista e a dialética.

OS MÉTODOS GENÉTICO E HISTÓRICO-CRÍTICO

Retomando as idéias de Piaget para compreender a natureza da relação entre sujeito e objeto de conhecimento, é preciso adotar os métodos genético e histórico-crítico, os únicos apropriados para reconstruir a constituição dessa relação. Contudo, uma parcela importante dos filósofos do conhecimento considerou – e ainda considera – os êxitos do conhecimento de seu tempo – incluído o saber de senso comum – como se fosse definitivo. Ao identificar o conhecimento individual com o saber adulto disponível, a história da formação do conhecimento era irrelevante para analisá-lo epistemologicamente. Desse modo, esses filósofos confrontaram um sujeito estático com um objeto "já dado", situando-os em planos heterogêneos. E por isso buscaram a adequação entre conhecimento e mundo por meio da reprodução de um sobre outro ou por uma harmonia preestabelecida devido a um ato divino, algo como "os olhos de Deus", segundo Putnam (1975).

Em *As correntes da epistemologia científica contemporânea*, Piaget (1967c) apresenta a própria perspectiva dialética como uma instância muito peculiar da história das relações epistemológicas entre sujeito e objeto, como um momento em que suas fronteiras se dissiparam. Mas, desse ponto de vista, a oscilação entre os termos constitutivos dessa relação levou à parcialidade em certas concepções.

Por um lado, a dialética da natureza de Engels está centrada no objeto, "sem perceber que isso equivalia a projetar no objeto os processos inspirados pelas ações humanas" (1967c, p.1245). Ao contrário, a microfísica contemporânea mostra que a objetividade é um processo interativo, "uma objetividade construída e não deduzida *more dialectico*" (1967c, p.1245), graças aos intercâmbios entre o experimentador e a realidade. Essa posição se aproxima das críticas à dialética da natureza, comentadas anteriormente.

Por outro lado, o construtivismo idealista de Brunschvicg (1912) afirma uma atividade criadora da consciência na história da ciência: o devir da matemática e da física é radical porque há criações contínuas do sujeito. O objeto é reelaborado continuamente, mas permanece inacessível como tal. Embora o sujeito e o objeto sejam relativos nos níveis de elaboração, o sujeito aparece abstraído de suas bases biológicas ou da psicogênese de sua atividade. Apenas estas lhe teriam permitido vincular sua ação ao real, evitando o idealismo.

A esse respeito, vale a pena assinalar que, entre as condições de "enraizamento do sujeito" ao mundo, Piaget não se reporta particularmente, em *As correntes da epistemologia científica contemporânea*, às práticas sociais e às ideologias; condições que, no entanto, foram amplamente estudadas em seus escritos sociológicos (Piaget, 1995b). Tais condições são destacadas apenas no final de sua obra – basicamente em *Psicogênese e história da ciência* – onde se postula que as concepções do mundo emanadas da vida social modulam e limitam seriamente a formação do sistema teórico da ciência (Piaget e García, 1981).

CARACTERÍSTICAS DA INTERAÇÃO SUJEITO-OBJETO NAS FORMULAÇÕES ANTERIORES À DÉCADA DE 1970

Segundo Piaget, a posição dialética na epistemologia derivada caracteriza-se, em sentido estrito, por um movimento construtivo entre sujeitos e objetos situados em um mesmo plano, mas em diversas escalas de interação. As principais marcas desse movimento, mencionadas em *As correntes da epistemologia científica contemporânea*, são as seguintes:

a) As "superações internas", porque as construções históricas se estendem ao mesmo tempo em que se renovam ou se reorganizam, o que supõe a "aparição contínua de oposições a superar e de sínteses a realizar" (Piaget, 1967c, p.1260). Mas, a razão profunda do movimento dialético do conhecimento é a existência do objeto e o propósito de conquistá-lo na prática das ciências, e por isso ele "se modifica na medida dessa conquista [pelas atividades do sujeito], proporcionado os indicadores de uma aproximação crescente" (Piaget, 1967c, p.1260). Essa objetivação "para frente" – claramente distinguível de qualquer realismo do reflexo – envolve conflitos ou desequilíbrios que nascem das diferentes escalas de observação, da inadequação entre fatos e esquemas ou entre esquemas de conhecimento. Outra razão para a superação do saber reside em que o sujeito se distribui em diversas escalas (desde as atividades neurológicas até o pensamento abstrato), sendo que cada uma delas refere-se a um tipo de interação com o objeto. Esse sujeito "transforma-se à medida que modifica os objetos ou constrói novos instrumentos lógico-matemáticos" (Piaget, 1967c, p.1261).

b) Do que foi dito, pode-se inferir que, embora o objeto enquanto existente perdure além do conhecimento, "o objeto conhecido e o sujeito estão envolvidos em função de ações cada vez mais complexas exercidas sobre o real e das coordenações que elas supõem, em um duplo movimento de objetivação e interiorização" (Piaget, 1967c, p.1262). Aquela objetivação é a conquista do real e a interiorização é o processo de elaboração da ação prática nos termos de sua representação conceitual; este último, devido à ativação das abstrações formadoras dos sistemas de operações.

c) A objetivação e a interiorização que se realizam no processo do conhecimento científico produzem um duplo movimento: por um lado, uma conquista progressiva e inacabada do objeto (quando se formulam teorias sobre os fenômenos ou se abrem novos campos de experiências); por outro, uma reorganização reflexiva dos princípios do conhecimento científico (contrariamente às simples generalizações). Nesse texto, Piaget (1967c, p.1264) fala "do quádruplo aspecto da dialética": as objetivações e interiorizações, as progressões e as reorganizações, no desenvolvimento do saber; isto "confere ao círculo de sujeito e objeto um significado muito diferente do que nas doutrinas clássicas".

O enfoque dialético do fundador da epistemologia genética se aproximou da posição de Marx, em boa medida como resultado de seu encontro com Lucien Goldmann em 1950. No volume III de *Introdução à epistemologia genética*, cita um texto de *O capital* mencionado pelo filósofo francês (Goldmann, 1947) com o intuito de vincular o pensamento de Marx à sua concepção epistemológica. Apoiando-se nesse texto, Piaget afirma que a modificação mútua de sujeito e objeto do conhecimento, pelos processos de assimilação e acomodação, podia ser considerada efetivamente como próxima da tese de Marx acerca da relação mútua entre o trabalho coletivo e a natureza: "O trabalho é, em primeiro lugar, um processo entre o homem e a natureza, um processo em que o homem medeia, regula e controla seu metabolismo com a natureza (...) Ao operar por meio desse movimento sobre a natureza exterior e transformá-la, transforma ao mesmo tempo sua própria natureza" (Marx, *O capital*, tomo I, p.215, in Piaget, 1975, p.174).[5] A atividade coletiva ou práxis com a natureza é um círculo dialético que corresponde à ação epistemológica que estrutura a relação de cada indivíduo com o objeto de conhecimento.

Vale assinalar que a mesma citação de Marx é utilizada por Vygotsky (1995a, p.85) em *O problema do desenvolvimento das funções psicológicas superiores*, para testemunhar o tipo de domínio específico sobre a conduta envolvido na criação de estímulos artificiais, de novas conexões no cérebro. Trata-se da "transformação ativa da natureza do homem, que constitui a base de toda a história humana e pressupõe uma imprescindível mudança ativa da conduta do homem". Consiste em uma interpretação da dialética entre natureza e ação humana formulada sob um enfoque programático diferente do piagetiano. Enquanto neste se buscava resolver o problema propriamente epistemológico da relação entre sujeito e objeto, Vygotsky (1995a, p.85) tentou pôr em relevo o principal aspecto dos fenômenos psicológicos superiores. Nas suas palavras: "É o homem que, de fora, forma conexões no cérebro, dirige-o e, por meio dele, governa seu próprio corpo". Piaget interpreta o texto de Marx principalmente como uma dialética da teoria do conhecimento, e Vygotsky como uma dialética da adaptação ativa do homem ao mundo social.

Os comentários feitos pelo próprio Goldmann (1975) em *Marxismo e ciências humanas* esclarecem bastante o alcance da dialética da ação cognoscitiva em Piaget. Em *Primeira tese sobre Feuerbach*, Marx rompe com o pensamento dualista, elaborando uma perspectiva monista e dialética sobre o conhecimento: "O principal defeito de todo o materialismo anterior – incluindo o de Feuerbach – reside em que ele capta o objeto, a realidade, o mundo sensível apenas sob a forma de objeto ou de intuição, mas não como atividade humana concreta, como prática..." (Marx, 1968, p.665, in Goldmann, 1975, p.134). Ou seja, se adotamos o ponto de vista da percepção como intuição ou reflexo do mundo exterior, assumimos uma posição dualista, um modo de cindir o mundo e sua representação. Ao contrário, para Marx é preciso situar a percepção na prática humana ou associar o conhecimento sensorial à atividade social; esse vínculo deve ser constitutivo da própria percepção ou de toda intuição teórica do mundo.

Mas, de acordo com Goldmann, Piaget confirma essa presunção "antecipatória" da filosofia da práxis sem ter tido o menor contato com o pensamento de Marx. De fato, em suas indagações sobre as ilusões perceptivas, ele mostrou experimentalmente que qualquer descentração perceptiva procede de uma atividade de comparação e de coordenação das centrações. Essa atividade estruturante sobre o mundo perceptivo é sintetizada na expressão piagetiana segundo a qual não se percebe uma casa, mas sim uma casa onde se vai entrar. O próprio Piaget (1970b, p.203) considerou que suas idéias coincidiam com as objeções de Marx a Feuerbach, e chegou a citá-lo: "É preciso considerar a sensibilidade 'como atividade prática dos sentidos do homem'".

Contudo, há uma diferença na interpretação feita por Marx e por Piaget com relação ao alcance da práxis na produção de conhecimento. Para Marx, era uma atividade social sobre a natureza que gerava o conhecimento, mas ele mesmo não fez uma análise específica dessa geração. Ao contrário, Piaget examinou a ação individual a partir da qual os instrumentos de conhecimento conseguem significar o mundo em diferentes instâncias do desenvolvimento. Em outras palavras, apenas em sua atividade as crianças conseguem utilizar os instrumentos básicos de construção cognitiva: as abstrações, as generalizações e as comparações sistemáticas.

Esses instrumentos organizam as ações e permitem, assim, a modificação "significativa" do mundo. Primeiramente, dão lugar à conceituação da ação prática sobre os objetos, sem que ela seja tematizada ou tratada explicitamente. Mais tarde, essa conceituação possibilita as novas abstrações e generalizações que progressivamente refletem sobre as atividades conceituais anteriores. Em termos da dialética epistemológica, para compreender o mundo, as crianças devem adquirir os instrumentos que organizam suas ações e, desse modo, podem-se gerar os esquemas e os conceitos que assimilam as situações e os fatos. A ação não produz conhecimento por si mesma, mas é a fonte dos instrumentos mencionados que, por sua vez, organizam-na mediante esquemas conceituais e em diferentes níveis de formação. Disso decorre o *dictum* segundo o qual, para compreender o mundo, primeiro é necessário construir os instrumentos que tornem possível a assimilação cognitiva (García, 1996).

As teses dialéticas mencionadas nos pontos a, b e c com relação ao processo de conhecimento constituem a primeira formulação do construtivismo no programa da epistemologia genética, em resposta aos problemas da epistemologia interna e derivada das ciências. Essa formulação anterior à década de 1970 não dá lugar ainda a uma explicação do modo como se especifica a interação entre sujeito e objeto de conhecimento. Trata-se de uma elaboração dialética ainda um pouco genérica e insuficientemente apoiada em uma análise concreta de situações de formação de conhecimentos.

Apesar das dificuldades na elaboração da dialética, Piaget evitou as imagens fáceis, empregadas com freqüência no pensamento filosófico, para interpretar a interação entre sujeito e objeto. Por exemplo, a caracterização do conhecimento como um processo de ação e reação sugere uma certa relação mecânica entre os termos, o que é aceitável como representação da interação dialética. Em outro caso, a analogia entre a produção do conhecimento e a formação da água (H_2O) a partir de H e O deixa de fora as idas e vindas dos intercâmbios cognitivos na história do conhecimento científico e na psicogênese (García, 1987). O conjunto do enfoque dialético será reelaborado posteriormente por Piaget com base na pesquisa empírica dos aspectos funcionais do desenvolvimento dos conhecimentos. Essa pesquisa culminou na formulação da teoria dos mecanismos de equilibração, da qual trataremos no próximo capítulo.

AS INTERAÇÕES SUJEITO-OBJETO NO CONHECIMENTO SOCIAL

No Capítulo 1, comentamos a necessidade de ampliar a dialetização piagetiana de gênese e estrutura. Agora queremos assinalar uma exigência semelhante, do nosso ponto de vista, com relação às interações entre objeto e sujeito. Trata-se de renovar os estudos piagetianos voltados à formação dos sistemas inferenciais das crianças baseados naquelas interações. Para isso, é preciso tratar do conhecimento "de domínio", centrado na elaboração de hipóteses e "teorias" adequadas às peculiaridades de diferentes campos de entidades do mundo natural ou social. Consiste em assumir uma extensão não literal das idéias de Piaget para perceber a formação dos conhecimentos infantis sobre diferentes domínios, particularmente no caso daqueles que se referem às instituições sociais.

Qualquer aquisição conceitual baseia-se nas interações específicas do sujeito com o objeto de conhecimento, que devem ser esclarecidas. Assim, para o construtivismo piagetiano, a criança estrutura o objeto de conhecimento e este intervém no processo por ser a fonte dos "dados" constatáveis por parte da criança e por resistir firmemente às hipóteses infantis. Pode-se falar de uma "interação" entre ambos, no sentido metafórico, especialmente quando se trata do conhecimento da natureza.

Porém, no caso de certos conhecimentos sociais, é preciso acrescentar a isso o fato de que, quando os sujeitos convertem em objeto de conhecimento os atos institucionais (por exemplo, os atos de uma autoridade que são vividos na experiência direta), estes literalmente atuam sobre os sujeitos. Isto é, prescrevem-lhes "o que devem e o que não devem fazer" ou disciplinam seus corpos dando lugar a um imaginário institucional acerca da vigilância. Desse modo, as representações sociais transmitidas na instituição ou nas práticas de prescrição da autoridade escolar restringem – ao mesmo tempo em que limitam e possibilitam – a construção conceitual das noções referentes aos sistemas normativos (Lenzi e Castorina, 2000; Castorina e Faigenbaum, 2002). Pode-se afirmar que o compromisso com a instituição orienta a criança a pensar de certa maneira, e inclusive dificulta a modificação de suas crenças básicas, por exemplo, acerca do funcionamento da escola. Há diversos protocolos infantis referentes aos castigos escolares que dão testemunho dessa restrição derivada da peculiaridade da relação entre sujeito e objeto. Trata-se justamente de incorporar as condições de produção à própria produção, de dar conta de "como se constroem" as idéias em um contexto que condiciona essa elaboração.

Em razão dessa característica peculiar do conhecimento social, o compromisso valorativo com as instituições e o distanciamento epistêmico que as converte em objeto de conhecimento são incompatíveis. Contudo, para que haja distanciamento é preciso haver compromisso; sem os saberes da participação social não há conceitos. Nos termos de Giddens, a hermenêutica da vida dos agentes é imprescindível para uma hermenêutica "científica", e esta permite ressignificar a primeira (Giddens, 1997). Em outras palavras, para alcançar, por exemplo, a abstração sobre as ações da autoridade é preciso que exista uma inter-relação dinâmica entre a experiência vivida com a norma e a exigência de distanciar-se dela.

Essa articulação entre o sujeito social e o objeto social vale tanto para a produção científica nas ciências sociais como para a formação das idéias infantis. Nesse caso, para conceituar o sistema normativo, as crianças partem de seu saber em ato vinculado à sua vivência das normas, mas devem tomar alguma distância de sua valorização dos atos da autoridade (Ellias, 1983, Lenzi e Castorina, 2000) para avançar na conceituação. Em qualquer caso, pode-se falar de uma dialética do compromisso e do distanciamento na constituição nas noções sociais.

NOTAS

1 Essa tese piagetiana inspirou-se em diversas contribuições da teoria biológica, tais como a "paisagem epigenética" de Waddington (1975) e a "biologia de sistemas" de Von Bertalanffy (1968) ou Weiss (1970).
2 O enfoque piagetiano converge em alguns aspectos com outras teorias sistêmicas da evolução e do enfoque biológico do desenvolvimento psicológico, embora se diferencie, como veremos detalhadamente no Capítulo 11, em aspectos importantes: a hipótese da "autopoiesis" de Maturana e Varela (1987); a biologia construtivista de Lewontin (2000) e a perspectiva "sistêmica" contextualizada centrada nos sistemas biológicos em desenvolvimento. Todas elas caracterizam-se por conceber a interação entre organismo e meio e pela conseqüente pretensão de eliminar o dualismo das restrições internas *versus* a seleção externa, natureza *versus nurture*, organismo *versus* contexto (Oyama, 1999).
3 Segundo Merleau-Ponty (1949), o pensamento moderno ocultou as relações constitutivas dos sujeitos com o mundo e com os outros, deixando nas sombras as vivências vinculadas à ação e à existência corporal. Fundamentalmente, produziu-se uma separação entre os componentes da experiência e o mundo; primeiro, no pensamento de Descartes, entre sujeito e objeto, o conhecimento dirigido às próprias "idéias" e ao mundo externo. Uma tal desvinculação ou filosofia da cisão levou a uma escolha excludente entre os componentes, e deu origem ao dualismo ontológico de mente e corpo. Essa filosofia manifestou-se nos debates epistemológicos; por exemplo, entre o inatismo cartesiano e o empirismo de Locke. E foi adotada também pela pesquisa psicológica contemporânea do desenvolvimento, pela via do positivismo lógico, ao afirmar o indutivismo e a crença na observação pura ou as explicações lineares. Ver Capítulo 11.
4 No final deste livro, discutiremos qual seria o tipo de explicação adequado para uma perspectiva dialética e relacional sobre o desenvolvimento cognitivo.
5 Este texto provém da tradução de P. Scaron (Marx, 1999), que tem uma ligeira diferença com o texto utilizado por Goldmann e depois por Piaget, e que corresponde à tradução francesa de Kautsky, de 1912.

3
A dialética do conhecimento nos anos de equilibração

A EQUILIBRAÇÃO NAS ÚLTIMAS FORMULAÇÕES DE 1970 E 1980

Nos textos escritos durante a década de 1970 e início da década de 1980 – especialmente em *Psicogênese e história da ciência* (Piaget e García, 1981) – Piaget (1978b) se recoloca a questão básica do programa da epistemologia genética. Produz-se assim uma ampliação e um enriquecimento das hipóteses de *A equilibração das estruturas cognitivas*. Já em outra obra da mesma época, *Investigação sobre a contradição*, depois em *Pesquisas sobre a generalização* (Piaget, 1978c) e, sobretudo, em *As formas elementares da dialética* (Piaget, 1982), revisam-se e refinam-se as teses sobre a dialética, o que contribui para produzir uma formulação mais avançada da equilibração.

Piaget aperfeiçoa os contornos da dialética com base nas pesquisas empíricas dirigidas a pôr em relevo os processos de formação dos sistemas de conhecimento. Ou seja, examina suas peculiaridades nas interações entre esquemas de conhecimento e observáveis, e entre esquemas, durante a psicogênese de certos conhecimentos

Conforme assinala García (2000), existe uma diferença significativa entre essa concepção e a anterior. Nas obras que precedem *A equilibração das estruturas cognitivas* e *As formas elementares da dialética*, a categoria de dialética era examinada a propósito das questões centrais da epistemologia, da metodologia de pesquisa e da história da ciência, incluída a psicologia. Ao contrário, particularmente no último livro mencionado, a dialética é situada plenamente dentro da formulação de um modelo explicativo para o construtivismo. Ou seja, passa a ser formulada a partir das pesquisas sobre a construção dos conhecimentos infantis, no âmbito dos estudos sobre a equilibração dos sistemas de conhecimento. Basicamente, adquire contornos mais precisos como interpretação teórica dos resultados empíricos da indagação psicogenética.

Porém, na nossa opinião, há uma certa continuidade entre *As formas elementares da dialética* e os trabalhos anteriores. Por um lado, com a dialética "imanente ou metodológica" considerada antes, mediante o fato de que suas características surgem de uma reconstrução teórica das pesquisas empíricas que pode ser considerada completamente diferente de uma dialética especulativa ou filosófica. Por outro lado, esses estudos situam a dialética tanto no processo de equilibração cognitiva entre os sistemas de conhecimento, como entre o objeto e o sujeito de conhecimento. Nesse sentido, alinham-se às análises da "epistemologia derivada", referentes às relações entre sujeito e objeto de conhecimento, tratadas no capítulo anterior.

As obras desse período incluem situações experimentais dirigidas expressamente a estudar a vicissitudes das contradições e sua superação ou as inferências construtivas que levam a formas mais avançadas de conhecimento. Nesse sentido, o estudo da dialética corresponde a um nível epistemológico em que se reelaboram os dados provenientes da pesquisa psicogenética. Trata-se de uma formulação que, embora se apóie nesses dados, adquire sua própria densidade teórica e alcança um desenvolvimento que se distancia dos resultados empíricos.

AS CONTRADIÇÕES

Em *Investigações sobre a contradição*, as contradições dos conhecimentos infantis são analisadas tendo como referência a teoria mais geral da equilibração, na época ainda em processo de elaboração. Piaget introduz aqui a distinção entre contradição natural e contradição lógica. Esta última é definida como um enunciado sempre falso, por exemplo (p- não-p) que poderia ter sido evitado melhorando o procedimento de cálculo. Assim, a contradição lógica tem sentido dentro de um sistema hipotético-dedutivo de enunciados.

As contradições naturais, por sua vez, "são inevitáveis porque surgem em função de problemas que o sujeito devia se colocar sem poder resolvê-los previamente" (Piaget, 1978d, p.318). Ou seja, o sujeito não pode saber de antemão que uma ação *a* é compatível com uma ação *b*, mas que isto resulta do processo de elaboração cognitiva. Além disso, uma contradição lógica é corrigida revendo a inferência ou modificando as premissas, enquanto que uma contradição natural "é superada", no sentido de que o novo esquema construído amplia o campo de fenômenos assimiláveis (sua extensão) e relativiza as noções próprias do esquema menos avançado (sua compreensão).

Por exemplo, uma criança que tenta explicar o equilíbrio de uma balança, cujos pesos são deslocáveis sobre uma barra, pensa no fator peso separadamente e se vê envolvida em contradições. Para ela, a mesma ação pode levar a resultados diferentes, já que o mesmo peso pode fazer subir o peso, ainda que normalmente o faça baixar; ou uma ação e seu contrário não dão lugar a compensações completas: adicionando-se pesos a um prato que já contém outros, ele baixa; mas pode ocorrer o mesmo retirando-se alguns. Posteriormente, os sujeitos conseguem pensar em termos "do momento" dos pesos com relação ao centro, o que dá lugar a uma superação progressiva por relativização da compreensão do conceito de peso e por um incremento de sua extensão ou de sua referência (Piaget, 1978d, Capítulo 6)

Aqui nos permitimos afirmar que, independente da discussão que se seguirá sobre se a contradição "a la Piaget" é comparável ou não à contradição hegeliana revista por Marx, há nos dois casos uma clara distinção entre a contradição dialética e a contradição lógica. Vimos a distinção piagetiana entre contradição formal e contradição natural. Para Marx, a incompatibilidade ativa entre valor de uso e valor de troca não é uma contradição lógica que se encontra dentro da mercadoria, mas corresponde a um processo social e é reconstruída laboriosamente no pensamento científico. Somente se consideramos um ponto do tempo tem sentido contrapor dois enunciados, um que afirma uma propriedade de um sujeito e outro que a nega; se, ao contrário, consideramos um processo social de modo temporal, parecem plenas de sentido as contradições dialéticas, as oposições constitutivas das totalidades sociais. Na dialética, não se afirma e se nega a mesma propriedade para a mesma entidade ao mesmo tempo (Gómez, 1995).

Entre outras características das contradições naturais, gostaríamos de destacar as mais significativas para o nosso propósito:

a) A criança acredita que as mesmas ações podem conduzir a resultados diferentes. Um exemplo é o caso do equilíbrio da balança, já mencionado; outro, é a representação da rotação das letras em um espelho. Quando se pergunta como é a imagem da rotação das letras em um espelho, as crianças menores consideram que "todas as letras (simétricas e assimétricas) que se vêem no espelho estão (ou se põem) ao contrário". Esses sujeitos crêem que a modificação é material. Porém, a observação de que as letras simétricas não variaram leva-os a uma contradição com a lei que propõem. Esta só será eliminada quando puderem construir as operações espaciais: a imagem de todas as letras provém de uma rotação e diferenciam-se os deslocamentos que podem ser observados (assimétricos) e os que não podem (simétricos). Claramente, as afirmações se equilibram com as negações (Piaget, 1978d, Capítulo 7).

b) Além do caso já citado do equilíbrio da balança, há outros em que os sujeitos não podem alcançar uma compensação completa dos fatores em jogo em uma experiência. Assim, eles só conseguem produzir uma compensação incompleta entre os que acreditam que são classes disjuntas de objetos, quando interpretam as diferenças entre eles que, na realidade, são inobserváveis (Piaget, 1978d, Capítulo 1). As crianças são colocadas diante de uma série de objetos – por exemplo, discos – que apresentam uma diferença subliminar entre eles, salvo os extremos (A < G), cuja diferença é observável. Diante da contradição de que os discos são todos iguais, salvo os extremos, os sujeitos menores propõem classes de equivalência do tipo (A = B = C = D) < (D = E = F = G) para eliminá-la. Desse modo, as classes não resultam separadas completamente, o que provoca uma série de contradições. No caso mencionado, o elemento D pertence ao mesmo tempo às duas classes de equivalência. A contradição só é eliminada quando os sujeitos conseguem inferir da diferença entre A e G a seqüência de diferenças subliminares entre os demais objetos, cuja somatória dá a diferença observável.

c) Por último, há contradições estritamente inferenciais, particularmente vinculadas às falsas implicações. Uma situação típica se apresenta quando os sujeitos em certo nível pré-operatório de suas classificações consideram que as inclusões entre os conjuntos A e B são recíprocas. Na experiência, os sujeitos recebem 11 cubos de papelão, dos quais cinco são vermelhos, e mostra-se a eles que estes têm um guizo. Além disso, sugere-se que os outros "talvez tenham guizo". A afirmação de que os vermelhos têm guizo impregna muito mais nos sujeitos. Descobrir que há cubos sem guizo, enquanto que todos os vermelhos têm, leva-os a concluir que todos os cubos que não são vermelhos não têm guizo. Uma contradição possível afirmada pelos sujeitos consiste aqui em admitir – diante do "talvez tenham guizo" do experimentador – "que não se pode dizer nada dos cubos que não são vermelhos" e em afirmar – uma vez comprovado que há algum cubo não vermelho sem guizo – que "todos os que não são vermelhos não têm guizo". Ou seja, a negação (aqui a classe de cubos não vermelhos com guizo) não está construída; por isso, o que é válido para alguns (os cubos com guizo que são vermelhos) generaliza-se (todos os que têm guizo são vermelhos) como simetria da inclusão (Piaget, 1978d, Capítulo 8).

As contradições naturais descritas se explicam pelo caráter incompleto das compensações entre afirmações (atribuir uma propriedade a a uma classe A) e negações (atribuir $não$-a à classe complementar A', sendo B o universo do discurso ou em A + A' = B). Essa incompletude está vinculada ao caráter impregnante das expectativas do sujeito de conhecimento ou ao caráter positivo inicial de suas ações cognitivas. Em outras palavras, as afirmações são "imediatas" ou mais espontâneas, enquanto que as negações lógicas devem ser construídas laboriosamente. Em uma perspectiva estrutural, qualquer ação positiva é solidária de negações externas (por exemplo, as observações contrárias) e internas (por exemplo, uma propriedade envolve seu contrário no sistema). Portanto, as dificuldades em alcançar a articulação entre afirmações e negações são a causa das contradições próprias do pensamento natural.

Na pesquisa a propósito de *Aprendizagem e estruturas do conhecimento* de Inhelder, Bovet e Sinclair (1975), organizam-se situações de aprendizagens nas quais, mais cedo ou mais tarde, os sujeitos deviam enfrentar conflitos entre os esquemas envolvidos. Essa pesquisa experimental mostrou as vicissitudes do processo construtivo, desde os desequilíbrios entre esquemas de conhecimento, passando por sua tomada de consciência como conflitos, inclusive como contradições, até os processos de sua superação por novas coordenações. É o caso da aprendizagem e da aceleração provocada na aquisição dos sistemas de pensamento responsáveis pela longitude operatória a partir dos conflitos entre um esquema topológico de longitude e outro de correspondência termo a termo, ambos construídos pelas crianças de modo não simultâneo em seu desenvolvimento.

Essa é a tese central de Piaget válida para os trabalhos mencionados: "Sendo o pensamento natural essencialmente dialético em seu desenvolvimento enquanto sucessão de desequilíbrios e equilíbrios", as contradições desse pensamento "só podem depender desses mecanismos (...) são apenas a expressão, mas não a fonte causal, desses desequilíbrios" (Piaget, 1978d, p.343). Enquanto na interpretação hegeliano-marxista a contradição é a fonte do desenvolvimento, aqui é só um momento de um processo de conjunto, a equilibração, que é o que proporciona uma explicação da construção cognitiva.

DIFERENCIAÇÃO E INTEGRAÇÃO

Em *Pesquisas sobre a generalização*, de 1978, Piaget avança na análise dos processos construtivos examinados em *A equilibração das estruturas cognitivas* e em *Investigações sobre a contradição*. Em princípio, as indagações psicogenéticas mostram que as crianças fazem generalizações amplificadoras; por exemplo, afirmam que, se os ângulos de um quadrilátero somam 360 graus, sucederá o mesmo para os pentágonos e outras figuras. Aqui, os sujeitos estendem certas formas já constituídas a novos conteúdos. Algo muito diferente ocorre com as generalizações construtivas, já que a generalização construtiva "se apóia nas operações ou em seus produtos, é de natureza simultaneamente compreensiva e extensiva, culminando na produção de novas formas e, às vezes, de novos conteúdos (...) esses conteúdos não estão dados nas observações empíricas" (Piaget, 1978c, p.6).

Segundo Piaget, essa generalização atua a partir de dificuldades na assimilação cognitiva; por exemplo, quando a criança não pode dar conta de $n-m$ elementos dispondo apenas de um esquema inicial que permite dominar os números inteiros positivos e pode operar somente se m é menor que n. Ao final de um processo construtivo, o que era um obstáculo para a assimilação torna-se "uma transformação interna de um esquema estendido, mas com diferenciação do esquema inicial em subesquemas [conforme se disponha de m menor que n ou de n menor que m] e com reintegração destes em um sistema total que os coordene – grupo de inteiros positivos e negativos" (Piaget, 1978c, p.221).

Simultaneamente à diferenciação, produz-se uma integração progressiva das operações em um sistema que as coordena; nesse caso, um grupo aditivo de números inteiros. Vale mencionar aqui a vinculação da generalização construtiva com as abstrações reflexionantes, enquanto transposição de certas propriedades de um nível a outro com criação de novas relações (Piaget, 1979, vol. 2). O próprio Piaget considerou que esse reflexionamento (por exemplo, a passagem de uma série prática à sua representação conceitual) e a posterior reorganização dos conhecimentos (uma modificação em extensão e compreensão da seriação) era dialético. Isto é, equivalia à conservação das propriedades de um nível anterior em um posterior, ainda que profundamente renovadas. A abstração das novas propriedades (da seriação conceitual) não suprime mas conserva as anteriores (a seriação sensório-motora). Há aqui uma evidente analogia entre a "superação dialética" vigente na abstração reflexionante e a *aufheben* hegeliana, comentada no Capítulo 1. Além disso, as abstrações reflexionante e reflexionada estão intimamente associadas aos processos de generalização construtiva, já que constituem instrumentos construtivos. Elas procedem por diferenciação, ao separar um aspecto ou uma propriedade das ações para transferi-las a outro plano e integrá-las em uma nova totalidade.

Em *Pesquisas sobre a generalização* estuda-se também a formação do conjunto de partes ou dos raciocínios recorrenciais no pensamento matemático, assim como os conteúdos virtuais no pensamento físico. Embora o objetivo não seja pôr em relevo processos dialéticos, assiste-se a uma interação dinâmica entre diferenciações e integrações ou interpretam-se como dialéticos certos resultados empíricos paradoxais; por exemplo, "fazer com que a tematização (por parte dos sujeitos) do que ocorre em um nível inferior dependa do que está em vias de construção em um nível superior" (Piaget, 1978c, p.240).

Esse processo dialético, que Piaget chamará de "retroação sobre o anterior", fica evidente quando se indaga sobre a formação do raciocínio recorrencial. Na experiência, as crianças recebem um conjunto de elementos e devem formar duplas, tríades ou quádruplos, unindo os elementos com elásticos, de dois ou de três ou de quatro. Pede-se que estabeleçam o número de tríades ou de duplas, ou seja, que infiram que com n elementos pode-se formar $n - 1$ duplas ou, com três elementos, $n - 2$ tríades, etc. Os fatos mostrados pela pesquisa são indicativos de que as crianças passam da generalização construtiva dos resultados produzidos por seus atos à representação ou ao cálculo mental das coordenações necessárias. Finalmente, os sujeitos chegam à "razão" das regularidades produzidas, como critério das generalizações anteriores. A chave de um raciocínio recorrencial reside na passagem de n para $n + 1$, que dá razão para todos os números e, portanto, em uma ação retroativa para o anterior. Assim, os sujeitos que antes só tinham alcançado a lei $n - 1$ dos pares por constatação, só podem passar a $n - 2$ para os trios recentemente em um nível posterior. A partir desta conquista, inferem imediatamente a lei das $n - 3$ dos quádruplos. A tese principal é que esta última passagem assegura posteriormente a compreensão de $n - 2$ como sua razão ou tematização. Ou seja, cada sujeito interpreta *après-coup* tardiamente ou retroativamente $n - 2$ como a generalização de $n - 1$ (Piaget, 1978c, Capítulo III). Em outras palavras, no processo recorrente que vai de um número a outro, o sujeito tem necessidade de pensar no que se segue às suas constatações para poder explicá-las ou, o que dá no mesmo, sua inferência se faz necessária na medida em que implica dar razão ao anterior.

Um comentário sobre o significado desses avanços no estudo empírico da dialética. Podemos dizer que, do ponto de vista metodológico, o lugar da contradição na formação dos sistemas lógico-matemáticos pode ser estabelecido graças ao "método de aproximação dialética" empregado por Piaget e seus colegas para abordar os problemas do desenvolvimento cognitivo, assim como os processos de aprendizagem. Do ponto de vista da teoria explicativa do desenvolvimento cognitivo, a contradição não é auto-suficiente com relação ao desenvolvimento dos sistemas cognitivos, mas constitui um componente da teoria de sua equilibração. Quanto à diferenciação e à integração, como também à "retroação sobre o anterior", trata-se de processos que levam de um nível de conhecimento a outro mais avançado, e que serão teorizados depois, em *As formas elementares da dialética*, como "inferências", conforme veremos no próximo capítulo. Finalmente, assim como em outros textos certos contornos dialéticos do conhecimento tiveram origem na reconstrução da história da ciência, aqui foram formulados a partir de estudos sobre a psicogênese; isto é, em nenhum dos casos, os contornos são obtidos mediante a aplicação de uma dialética filosófica, mas sim por uma reelaboração de um material de pesquisa. O mesmo ocorre com o pensamento de Vygotsky, como se verá.

4
As últimas teses: a dialética inferencial

A "NECESSIDADE" DIALÉTICA

No capítulo anterior, apresentamos a dialética elaborada a partir de pesquisas empíricas nas obras que giram em torno da "teoria da equilibração", em termos de contradições, superação dialética e processos de diferenciação e integração. Agora, trata-se justamente de oferecer o enfoque mais original de Piaget, que mostra a dialética como o processo inferencial correspondente ao processo de equilibração.

No prefácio de *As formas elementares da dialética* (1982), Piaget justifica explicitamente o estudo dessa categoria pela exigência de desmistificar a interpretação que usualmente se fazia dela. Segundo tal interpretação, de raiz hegeliana, a dialética abarca *a priori* todo o pensamento. Ao assumir essa concepção dialética, costuma-se subordinar ou tirar o sentido epistemológico das inferências estudadas pela lógica formal. Ao contrário, segundo Piaget, se a dialética deve permitir interpretar a dinâmica do desenvolvimento cognitivo, é preciso tratar as inferências dedutivas como uma instância com sua própria legitimidade.

Piaget sustenta a alternância entre a construção de estruturas e as inferências dedutivas, próprias do pensamento estrutural. Estas se associam ao "método discursivo" de Kant que, a nosso ver, corresponde ao "conhecimento discursivo" ou analítico, centrado em estabelecer a validade das inferências com base na análise *a priori* de seus componentes, sem referência aos conteúdos do conhecimento. Recordemos que, para Kant, os juízos analíticos são aqueles cuja validade depende puramente dos conceitos que figuram ali ou, em outras palavras, que se fundamentam nas definições e nas leis da lógica (estas são necessárias para inferir o juízo das definições dos conceitos envolvidos nesse juízo).[1]

No que se refere à construção das estruturas, pode-se falar de um encadeamento de conhecimentos produtor de novidades que não se deduzem de premissas. O interesse principal da obra reside justamente em revelar um tipo peculiar de inferência – entendida como um conhecimento que deriva de outro – que as crianças fazem enquanto interagem com os objetos. Claramente, utiliza-se o termo "inferência" com relação ao processo de extrair um esquema de outro, um enunciado de outro, mas sem identificá-lo com sua forma conclusiva baseada em uma necessidade lógica. Tampouco se trata da inferência probabilística, a que Aristóteles se referia curiosamente com o termo "dialética", e que leva de uma amostra à sua generalização indutiva, que precisamente não agrega nada às premissas.

Há uma outra razão, ainda mais importante do ponto de vista epistemológico, para examinar cuidadosamente a dialética: o desafio que propõe ao construtivismo a exigência de explicar a novidade das relações cognitivas. E isto sem supor que as novas relações (por exemplo, uma operação lógica) estejam dadas por antecipação ou já conformadas em seus antecedentes. Nas palavras de Piaget (1982, p.10): "Como explicar que a construção de novas necessidades, no curso dos processos de equilibração, conduza a novos resultados cuja necessidade interna parece implicar que estavam pré-formadas ou predeterminadas nas situações anteriores?". A questão é como explicar derivações que levam a conhecimentos "necessários" sem que o pesquisador seja obrigado a considerá-los como já dados. Ou seja, como explicar a formação de um conhecimento que, para o sujeito, "não pode ser de outro modo" (por exemplo, uma conservação lógico-matemática) sem pressupor que já esteja contido em um saber anterior. Dessa maneira, o enfoque dialético se associa com a produção das novidades cognoscitivas e entra em discussão com as teses inatistas.[2] Em outras palavras, cada novo nível de conhecimento caracteriza-se por uma complexidade e uma organização lógica maior que a dos sistemas de conhecimento anteriores, embora estes em boa medida os restrinjam.

Talvez seja útil para interpretar o sentido da posição de Piaget uma analogia com a própria história da ciência oferecida por Kitchener (1986, p.93): uma teoria que sucede outra costuma envolver um incremento de complexidade ou das restrições que pode impor àquelas que, por sua vez, se seguiriam a ela. Dizer que uma teoria é necessária em relação a outra parece significar que ela é requerida em algum sentido pela primeira: "Dado o conhecimento anterior, somente essa ou outra teoria parecida seria possível". A segunda teoria não pode já estar contida nem teria sido antecipada ou prevista pela primeira: é uma criação autêntica. Contudo, de um ponto de vista retroativo, se olhamos para trás, a consideramos como "a única teoria que poderia ter sugerido". Piaget deve ter pensado nesse sentido quando falou de necessidade dialética.

É provável que Piaget pensasse na dialética como um processo que leva de um nível de conhecimento a outro, mais complexo que o primeiro, embora este ponha restrições à formação daquele. Porém, o nível mais avançado de conhecimento é mais necessário em razão das relações lógicas ou das operações envolvidas (isto é, do ponto de vista lógico) que o anterior (a conservação de conjunto, por exemplo comparada com as hipóteses de não-conservação). Entre esses níveis, existe tanto criação como vinculação "necessária" (no sentido de um encadeamento dialético). A "necessidade dialética" é, portanto, uma seqüência de níveis que leva de um a outro mais avançado, sem que exista pré-formação ou arbitrariedade, já que o decurso necessário é considerado tão somente *ex post facto*.

O debate epistemológico central é assim proposto nos termos do autor: "Será que a necessidade final consiste em levantar um véu que impedia alcançá-la desde o início, ou, uma vez já realizada, é acompanhada de um esforço retroativo que enriquece o que inicialmente era apenas a elaboração progressiva de novidades reais e produtivas?" (Piaget, 1982, p.10).

Em *Fazer e compreender*, afirma-se a última posição: a dialética reside justamente na oscilação entre a determinação do conhecimento anterior e a abertura para as novidades indeterminadas. Desse modo, a vivência de necessidade é observada "apenas em cada etapa e não por antecipação, pois é por meio dos instrumentos dedutivos construídos nessa etapa que a construção nova e imprevista aparece retrospectivamente como necessária" (Piaget, 1974, p.248).

Segundo as idéias formuladas em *As formas elementares da dialética*, a "necessidade" dialética será equivalente "ao processo inferencial próprio da equilibração": as relações significativas entre esquemas e conceitos são irredutíveis a relações discursivas porque "vinculam transformações entre si para engendrar outras" (Piaget, 1982, p.11).

UM ESTUDO EXPERIMENTAL

Do mesmo modo como apresentamos outros estudos relativos a esse período, expomos resumidamente uma das indagações do livro *As formas elementares da dialética*. Trata-se de um estudo tipicamente "piagetiano", visto que se refere a uma situação lógico-matemática a propósito da qual se constitui um sistema operacional e se mostra seu dinamismo dialético.

Propõe-se à criança, basicamente, que iguale dois ou três montes desiguais de objeto (por exemplo, de três, cinco e sete elementos, respectivamente) ou que desiguale montes iguais (por exemplo, de quatro elementos cada). Em um primeiro nível, os sujeitos tentam igualar (os montes de três e cinco elementos, por exemplo) tirando dois do segundo monte e acrescentando-os ao primeiro, e depois fazendo o movimento inverso, de modo que voltam à desigualdade.

A resolução correta do problema envolve compreender que toda adição de elementos a um monte implica a subtração desses elementos do outro monte. Essa implicação – uma implicação discursiva, dirá Piaget – será evidente para os sujeitos mais avançados. Contudo, para os sujeitos do nível inicial, a adição e a subtração constituem atos não-conectados entre si, pois não concebem que ao tirar dois do monte maior e acrescentá-los ao outro não se mantém a relação numérica. Inclusive, alguns sujeitos desse nível produzem falsas implicações, do seguinte tipo: diante de montes de quatro e seis elementos, acreditam que acrescentando aos dois montes quantidades iguais os igualarão.

Em um nível intermediário, as crianças começam a associar adições e subtrações, mas apenas para o caso em que possam recorrer à reserva de elementos (X) que permanece fora dos montes a serem modificados. Assim, recorrendo a essa reserva, podem igualar dois conjuntos Y maior que Z subtraindo de Y ou acrescentando em Z, em um começo de dialetização entre as operações.

Em um nível mais avançado, os sujeitos parecem resolver questões em que tinham fracassado até então: por um lado, que todo deslocamento de n elementos entre elementos de Y até Z, ou vice-versa, envolve uma diferença $2n$ se os conjuntos forem iguais no ponto de partida; de outro lado, se Y é maior que Z com uma diferença n, o deslocamento de nY em Z conserva a diferença, mas agora em sentido inverso. Essas duas implicações começam a ser interpretadas adequadamente. No primeiro caso, as crianças pensam em uma diferença um pouco maior que os objetos deslocados; no segundo caso, conseguem identificar a diferença por tateio.

Piaget se pergunta: O que falta para que esses sujeitos cheguem à síntese das operações aditivas e de subtração? Sem dúvida, estamos diante da constatação de que um acréscimo de um conjunto para outro envolve ao mesmo tempo "tirar" do conjunto de partida. Porém, as crianças ainda não conseguem conceber que há uma identidade de $(+n)$ e $(-n)$, isto é, a "identidade de contrários", no sentido de que "uma transformação seja ao mesmo tempo uma soma e uma subtração e, conseqüentemente, que $+n$ e $-n$ estejam encarnados nos mesmos elementos n simplesmente deslocados" (Piaget, 1982, p.52).

Finalmente, graças à dialetização das transformações, os sujeitos que alcançam um nível superior de conhecimento – por exemplo, ao igualar os conjuntos A/B/C – procedem imediatamente por compensação das diferenças. Os sujeitos já não procedem por tateio, mas sim com um plano prévio, segundo a descrição das diferenças (para montes de um, cinco e nove elementos, formam conjuntos de quatro, quatro e sete, e depois redistribuem formando três montes de cinco elementos). Percebem rapidamente que, ao fazer uma adição relativa, esta é de $2n$ e justificam a necessidade das compensações por essa duplicação, alcançando "a unidade de contrários" no sistema de transformações.

DIALÉTICA, PROCESSO INFERENCIAL E EQUILIBRAÇÃO

Nas conclusões de *As formas elementares da dialética*, Piaget formula mais amplamente a tese central da obra: a dialética é o processo inferencial que corresponde à equilibração dos conhecimentos, isto é, à passagem das formas de pensamento inarticuladas ou dos aspectos parciais de um fenômeno para as formas articuladas ou as totalidades estruturadas. Em vez de um conhecimento dado, um processo, ou seja, um acesso mediatizado de um ponto de partida até um resultado mais complexo, como se pode ver no estudo experimental anterior. Repetindo: trata-se de uma inferência construtiva enquanto passagem para um nível mais avançado de conhecimento.

Há uma diferença explícita entre esse tipo de derivação e a inferência propriamente discursiva no sentido kantiano, que envolve implicações lógicas ou processos dedutivos desde um sistema de premissas até sua conclusão, o que é próprio do pensamento comum e do conhecimento científico.

Rolando García (2000) esclareceu a tese piagetiana, mostrando que na fase estruturante (ou dialética) transforma-se um nível de conhecimento em outro. Este último é uma conclusão não derivada de uma implicação lógica ou de uma dedução. Assim, a passagem de um modo de articular significados a outro mais avançado se faz pela relativização das propriedades ou pela reorganização de subsistemas, que não poderiam ser consideradas estritamente como deduções.

Piaget situa a origem desse enfoque na introdução de *Para uma lógica das significações* (1989), ao distinguir as implicações estritamente lógicas entre proposições das implicações significantes entre ações (ou entre esquemas de ação). Estas últimas consistem em vinculações "entre o que a ação atribui aos objetos" e são muito anteriores à sua elaboração final em forma de enunciados. Mais ainda, constituem a autêntica fonte de sua conformação psicogenética. Em *As formas elementares da dialética*, Piaget postula as inferências desde as implicações significantes até as operações e as implicações de enunciados. As implicações significantes são a base para as inferências dialéticas tratadas nessa obra, enquanto as conexões entre as ações práticas das crianças se constituem antes da linguagem.

A DERIVAÇÃO DIALÉTICA EM PIAGET E EM MARX

Neste ponto, permitimo-nos evocar novamente o método de derivação dialética empregado por Marx, a fim de compará-lo com o piagetiano. Aquele método consiste em uma derivação diferente da dedução propriamente dita, e sua especificidade se revela na exposição da gênese da forma dinheiro a partir da forma mais simples do valor. Nesta, o valor de uma mercadoria, como o linho, se expressa por outra mercadoria de outra classe. Ou seja, há diferentes expressões simples de uma mesma mercadoria (seja em arroz ou em ferro, etc.). Assim, chega-se a uma série de expressões simples do valor de uma única mercadoria (Marx, 1971, Capítulo III).

Posteriormente, e no mesmo texto, Marx nos diz que quando um homem troca seu linho por muitas outras mercadorias, como o ferro ou arroz, muitos outros proprietários de mercadorias trocam as suas por linho e expressam os valores de suas mercadorias em uma mesma mercadoria, o linho. Desse modo, expressa-se uma relação inversa já contida na série anterior e obtém-se a forma geral do valor (Marx, 1971, Capítulo III). Finalmente, no que se refere à terceira forma do valor, aparece uma classe específica de mercadoria, em que junto à sua forma natural é vinculada a forma de equivalente geral que funciona como dinheiro. Ou seja, há uma mercadoria que funciona como equivalente geral das outras mercadorias e que conquistou historicamente seu lugar: o ouro.

Quanto a esse desenvolvimento das formas de valor, Marx (1971, Capítulo III) caracteriza-o como *necessário*, no sentido de que o dinheiro "cristalizado" é um produto necessário do processo de intercâmbio no qual diferentes produtos do trabalho equiparam-se materialmente, transformam-se em mercadorias. A ampliação e o aprofundamento histórico do intercâmbio desenvolvem a contraposição do valor de uso e do valor latente na própria natureza da mercadoria. A necessidade de expressar externamente essa contraposição para o tráfico conduz a uma forma autônoma do valor da mercadoria. Esse processo culmina finalmente no desdobramento da mercadoria em mercadoria e dinheiro.

Mas, o que significa para Marx "um produto necessário"? Antes de tudo, trata-se de uma necessidade claramente distinta da necessidade analítica kantiana, que corresponde à lógica dedutiva. Tampouco pode ser identificada com a necessidade imanente, própria da dialética hegeliana dos conceitos e das formas mentais. É uma necessidade "que dá lugar a formas novas", uma passagem (ou derivação) de uma forma a outra no mundo das categorias econômicas, considerada às vezes a partir da contradição "imediata" postulada entre o valor de uso e o valor de troca da mercadoria. Essa gênese conceitual do dinheiro é entendida como uma "expressão ideal" da dinâmica da realidade pesquisada ou como gênese propriamente "histórica". Apresentando-se as duas formulações conjuntamente, obtém-se uma conseqüência dialética e ao mesmo tempo uma necessidade "histórica". Em última instância, esse processo dialético de derivação pretende ser a expressão idealizada do movimento real, uma elaboração conceitual que leva à forma dinheiro da mercadoria. Uma tentativa de aproximar-se de sua compreensão enquanto uma novidade derivada de um processo de desenvolvimento (Zeleny, 1974).

Vale assinalar ainda que quando Marx elabora a derivação dialética, outorga a esta uma independência relativa ao movimento do pensamento com relação ao processo real. Ou seja, para avançar na interpretação do modo de produção capitalista, há uma atividade do pensamento que constrói formas específicas de movimento (por exemplo, a gênese das formas de valor) "que não são simplesmente paralelas às formas de movimento da realidade" (Zeleny, 1974, p.125).

Não pretendemos estabelecer aqui uma comparação rigorosa nem pontual entre a passagem dialética produzida pelo método de análise das categorias econômicas de Marx e a derivação inferencial postulada por Piaget para as mudanças no conhecimento infantil. Só queremos destacar, antes de tudo, o esforço comum por estabelecer um tipo de derivação que conduz a transformações genuínas, seja a novidade cognitiva na psicogênese e na história da ciência, seja a passagem para formas do valor mais desenvolvidas na economia do capitalismo, bem como tal derivação é irredutível à necessidade lógica; em todo caso, poderia ser uma "necessidade" interna própria da gênese das categorias ou dos saberes das crianças.

Seguindo essa linha de comparação, pode-se dizer que os estudos sobre o processo cognitivo das crianças têm alguma semelhança – ressalvadas as distâncias – com algumas teses metodológicas de Marx. Este reconhece explicitamente em seu trabalho teórico (Marx, 1971, Capítulo III) que as reorganizações do conhecimento científico do capitalismo consistem de uma fase estabilizada e de outra propriamente construtiva de seu desenvolvimento (a derivação dialética). Um de seus mais lúcidos comentaristas, Zeleny, identifica nessa obra um nível legítimo de derivação lógico-matemática e de utilização de um método formal semelhantes aos utilizados na ciência moderna para a análise das categorias da economia política (Zeleny, 1974).[3] Embora o nível discursivo seja obviamente característico em qualquer modo de conhecer científico, no caso de Marx é particularmente interessante e também problemático, porque faz parte da análise genético-estrutural do capital. A derivação lógico-matemática está subordinada à derivação dialética, que é própria da pesquisa do desenvolvimento e da gênese de formas determinadas (por exemplo, o dinheiro).

Em síntese, pode-se vislumbrar uma alternância da análise discursiva ou formal das categorias do conhecimento econômico e a reconstrução propriamente dialética de sua gênese. Mais ainda, isso significa que os estudos sobre um desenvolvimento genuíno de formas conceituais exigem tratar tanto das inferências propriamente formais como das derivações genéticas ou construtivas.

Piaget, por sua vez, argumenta em favor dessa alternância no estudo do desenvolvimento dos conhecimentos, com o propósito de explicar como os sujeitos chegam a formas de pensamento necessárias do ponto de vista lógico, sem se ver obrigado a admitir a tese de sua predeterminação.[4] É provável que essa alternância permita justificar o rigor lógico crescente do pensamento infantil sem que cada forma esteja contida nas anteriores.

AS MODALIDADES DA DIALÉTICA INFERENCIAL

Neste ponto, podemos sintetizar as modalidades da dialética tal como foram identificadas em *As formas elementares da dialética*, com base nos resultados de indagações referentes diretamente ao tema (Piaget, 1982; García, 2000), ampliando a exemplificação oferecida nesta obra:

1) A dialética entre o sujeito e o objeto é uma modalidade fundamental posta em relevo nas teses de Piaget (1967c, p.1982) que pertencem à sua epistemologia "derivada" (falamos desta no Capítulo 2). A propósito da aproximação inacabada entre sujeito e objeto no conhecimento da natureza, nessa perspectiva, toda nova conquista alcançada revela-se insuficiente diante de outros aspectos observáveis do objeto ou diante do desafio de problemas inesperados. Estamos diante da dialética entre a assimilação própria da ação organizadora sobre o objeto e a acomodação do instrumento de assimilação aos novos aspectos dos fenômenos.

Nessa mesma direção, pode-se afirmar que, para estruturar as experiências com os objetos, exige-se a reorganização das ações do sujeito. Ou seja, produz-se uma interação que modifica os termos envolvidos; daí a afirmação de que se constrói tanto o sujeito como o objeto de conhecimento.

Em *A equilibração das estruturas cognitivas* (1978b), postula-se uma dinâmica de funcionamento em que o sujeito toma consciência de seus atos através do que acredita constatar sobre os objetos, o que, por sua vez, depende da coordenação de seus esquemas. Esse tipo de interação é essencial ao processo de equilibração entre inferências e observáveis.

2) Produz-se um processo de articulação entre subsistemas ou transformações que até agora não estavam vinculados no desenvolvimento. Essa modalidade foi insistentemente destacada pelo autor em obras que antecederam *As formas elementares da dialética*.

Por um lado, na experiência mencionada de igualar ou diferenciar os montes nota-se que as transformações de adição e subtração aparecem independentes na atividade da criança para depois se articularem como "unidade de contrários". Por outro lado, muito particularmente no caso da gênese do número como fusão das seriações e das classificações, as classificações caracterizam-se por uma série de propriedades diferenciais entre as classes do sistema, e por isso requer-se a abstração dessas propriedades para obter as equivalências das classes A, A', etc. Essas classes mantêm agora sua ordem no sistema por enumeração. Além disso, as crianças procedem também a abstrair de uma seriação suas qualidades diferenciais, o que as conduz a uma equivalência generalizada. Daí as inclusões A < (A + A) < (A +A+ A).

"A abstração das qualidades implica assim, necessariamente, a fusão dos dois sistemas em um só, e esse sistema nada mais é que o sistema dos números naturais, o que revoga as limitações que pesam sobre os agrupamentos de classes e de relações" (Piaget, 1967d, p.409). Nos dois casos, intervém um processo de coordenação e de integração das transformações correspondentes, que inicialmente eram independentes.

3) Uma inferência crucial para o desenvolvimento cognitivo é a passagem da indiferenciação inicial (em termos relativos a um nível do conhecimento) das propriedades às suas diferenciações e, posteriormente, à sua integração. Trata-se do salto "adiante" a partir de um sistema débil por ser pouco diferenciado em suas relações, mas em cuja reestruturação posterior se produz uma nova totalidade.

Por exemplo, diante de um problema de inversão das relações adiante e atrás ou esquerda e direita, como no célebre caso das perspectivas de um bloco de objetos (Piaget, 1947), os sujeitos interpretam primeiro os outros pontos de vista a partir do próprio ponto de vista adotado na experiência; assim, o bloco de objetos visto do lado oposto é considerado idêntico ao que é visto de frente; ou seja, os pontos de vista permanecem indiferenciados. Posteriormente, conseguem compreender que as relações entre os objetos podem se alternar (uma montanha escura à esquerda é vista à direita do lado oposto). Os sujeitos conseguem elaborar um sistema de ações que incorpora a si mesmo os traços do sistema mais débil (centrado no próprio ponto de vista), o que significa uma diferenciação de pontos de vista (as diferentes perspectivas) e sua integração em uma nova totalidade (um sistema de perspectivas em que o ponto de vista atual é um dos possíveis).

Pode-se interpretar desse mesmo modo a formação dos números inteiros e do raciocínio recorrencial comentados antes a propósito de *Pesquisas sobre a generalização* (Piaget, 1978c), visto que mostram com clareza esse processo.

Neste ponto, gostaríamos de evocar um processo de importância epistemológica: a passagem a níveis diferentes de observação postulados por García a fim de explicitar e completar as formulações de Piaget. Como se sabe, este havia derrotado experimentalmente o empirismo, provando que não há observação pura, à margem da estruturação esquemática ou da expectativa teórica. Agora se pode entender que as "primeiras" diferenciações na psicogênese estavam associadas a constatações de fatos, e que um processo posterior de reflexão sobre estas deu lugar a novas diferenciações e integrações sobre as propriedades. Desse modo, fazem-se "observações" sobre um material produzido por comparação e generalização ou se produzem abstrações empíricas sobre traços ou propriedades construídos em níveis anteriores.

No caso da história da ciência ocorre o mesmo, já que os dados empíricos em que se apóiam os pesquisadores não são fatos dados na "realidade", mas o resultado de elaborações anteriores. Assim, quando Newton elabora sua teoria do movimento planetário, seus dados empíricos não são observáveis diretamente, mas sim pela elipse construída por Kepler, que se apoiou em suas observações sobre as posições de Marte. Como é sabido, Newton inferiu com base nessa evidência "histórica" a lei gravitacional (García, 2000).

Nas discussões epistemológicas costuma-se argumentar o seguinte: caso se sustente a tese da dependência de qualquer observação de uma teoria e, ao mesmo tempo, esta se verifica com esses fatos, é inevitável o círculo vicioso. Ao contrário, a dialética de diferenciações e integrações apenas esboçada aqui permite pensar em níveis relativos de teoria e de observação na constituição dos conhecimentos. Desse modo, rompe-se com aquela circularidade epistemológica.

4) Mediante a relativização, uma propriedade antes considerada pelo sujeito como absoluta ou isolada de outras chega a ser tratada como parte de um sistema em relação de interdependência com outras propriedades. A esse respeito, vale recordar as clássicas experiências sobre a seriação, nas quais as diferenças absolutas de tamanho entre objetos, "os que são grandes e os que são pequenos", acabam sendo consideradas pelas crianças em termos relativos, como partes de um sistema.

Essa modalidade foi tratada extensamente em diferentes obras. Em *Investigação sobre a contradição* (Piaget, 1978d), sustenta-se que a superação das contradições consiste em uma ampliação do referencial das noções e em uma relativização de suas propriedades. Por exemplo, na experiência já citada do equilíbrio de uma balança com pesos diferentes nos pratos móveis, há conflitos que se superam quando os sujeitos podem articular os pesos com as distâncias, deixando de considerar o peso como uma propriedade absoluta com relação ao problema levantado. Nesse sentido, a relativização da propriedade do peso na experiência consiste em vinculá-la ao fator posição. Mais ainda, as afirmações e as negações compensam-se de tal modo que as crianças conseguem compreender que um maior peso menos distante do centro da balança é equivalente a ser menos pesado e estar mais distante do centro.

5) De acordo com uma última modalidade, o processo de construção cognitiva é proativo e retroativo: a interdependência dos aspectos envol-

vidos em um processo construtivo dá lugar a um sistema mais avançado que o anterior, embora a construção como tal chegue a reorganizar este último. As passagens antes mencionadas acerca da formação do raciocínio por recorrência em *Pesquisas sobre a generalização* põem em evidência esse duplo movimento.

Além disso, no Capítulo III de *Fazer e compreender*, mostra-se a autonomia dos conhecimentos em ação antes que a conceituação dê conta de seu êxito, e também se põem em relevo os efeitos de retorno desta sobre aquela. Assim, estuda-se como os sujeitos conceituam os atos cujos resultados conseguem alcançar ao lhes pedir que movam uma bola a partir de uma primeira e utilizando outras como intermediárias, e que depois relatem o fato. Os sujeitos mais avançados conseguem ter êxito na transmissão mediada do movimento ao substituir suas próprias ações pelos objetos mediadores, e posteriormente chegam a uma conceituação dessa ação. Ou seja, conseguem explicar a transmissão pela passagem de um *élan* (impulso) pelas bolas fixas intermediárias. Porém, pode-se verificar que essa interpretação enriquece cognitivamente de modo retroativo o conhecimento em ato. O saber pelo qual passam as coisas influi sobre o fazer prático, "reforçando sua capacidades de previsão" e a possibilidade "de ocorrer, em face de uma situação determinada, um plano de utilização imediata (...) incrementando seu poder de coordenação imanente à ação" (Piaget, 1974, p.234).[5]

Finalmente, pode-se mencionar que nos processos de abstração reflexionante há uma elaboração de novas formas a partir dos níveis anteriores, e nesse sentido equivale a uma retroação sobre aqueles. Pode-se considerar que essa elaboração para adiante, que é ao mesmo tempo uma "reorganização" de estruturas anteriormente criadas é concordante em Piaget e em Hegel. Neste último, trata-se do processo de reflexão que presidiu o desenvolvimento do sujeito transcendental kantiano.

OS PROCESSOS INTRA, INTER E TRANS

Qualquer das modalidades anteriores, de 1 a 5, é considerada uma inferência dialética, já que os conhecimentos anteriores encadeiam-se com os sistemas de conhecimento obtidos, o que permite aos sujeitos chegar a certas conclusões "novas" em relação a seus pontos de partidas.

No posfácio de *As formas elementares da dialética*, Rolando García evoca as fases funcionais elaboradas ao relacionar sistematicamente a formação de conhecimentos infantis e científicos sobre física, matemática e geometria, e formuladas em *Psicogênese e história da ciência*. Essas fases, se é que entendemos bem, constituem uma tríade de processos destinada a substituir a tese, a antítese e a síntese que Piaget considerava típicas da dialética clássica: "essas tríades (muito mais flexíveis que as teses, antíteses e sínteses da dialética clássica, ainda que também se baseiem no papel dos desequilíbrios e de reequilibrações com rebaixamentos) nada mais são do que fases recortadas de um processo contínuo" (Piaget e García, 1981, p.128).

As três noções, denominadas intra, inter e trans, correspondem a certas constantes funcionais descobertas pela análise psicogenética: consideração dos elementos; depois, de sua transformação; e, finalmente, de seu modo de produção dentro de um sistema de conjunto. Em termos gerais, quando um sujeito enfoca um campo novo de fenômenos, assimila os dados a cada um de seus esquemas de ação, o que dá lugar a uma equilibração intra entre esquemas e observáveis sobre esse campo. Posteriormente, tais esquemas podem chegar a se coordenar e a se transformar de modo mais ou menos estável, no nível inter. Porém, nesse nível inter há uma proliferação de esquemas que ameaça a unidade do todo alcançado, enquanto que as diferenciações são contrapostas por tendências à integração. O novo equilíbrio requerido entre diferenciações e integrações dá lugar à elaboração de estruturas de conjunto. Nesse nível, é chamado de trans (Piaget e García, 1981, p.128).

Essa mesma seqüência é encontrada na história da ciência: "A saber, a relação entre os estados antes de entendê-los como resultados de uma transformação local e a descoberta de transformações antes de concebê-las como manifestações de uma estrutura total da qual resultam enquanto variações intrínsecas" (Piaget e García, 1981, p.211). A passagem da análise das propriedades internas de um objeto ao estabelecimento de relações entre os objetos e, finalmente, desse nível à produção de conexões sistemáticas entre essas relações é equivalente a uma síntese dialética.

Ao longo da seqüência de atividades cognitivas intra, inter e trans, revelam-se as modalidades de inferências construtivistas mencionadas antes. Tendo começado pelas análises intra-objetais ou pelo tratamento de propriedades isoladas de um fenômeno, os sujeitos elaboram uma relativização conceitual e procedem a diferenciar e integrar essas propriedades. Desse modo, atingem um nível de transformações, na etapa interobjetal. Posteriormente, uma nova relativização das propriedades lhes permite chegar à coordenação dos subsistemas, em um nível trans (García, 2000, Capítulo 5).

O exame dessa seqüência parece ser central para dar uma visão abrangente do processo de equilibração na psicogênese e na história da ciência, e para situar as inferências dialéticas. Entretanto, uma formulação mais detalhada dessas idéias escapa aos propósitos deste livro.

O POSSÍVEL E O NECESSÁRIO

Por último, permitimo-nos um breve comentário sobre outra obra da mesma época, *O possível e o necessário* (Piaget, 1983), plena de idéias originais, mas que permanece incompleta. Aqui Piaget retoma a temática da "novidade" do conhecimento, em termos de diferenciação e integração articuladas dialeticamente. Deste modo, o conhecimento é interpretado como a gênese de novas possibilidades (por exemplo, de transformações ou de faces de um objeto) e a formação de novas estruturas, com a conseqüente consciência das relações necessárias. A formação das relações necessárias é estudada em um contexto de formação dos possíveis.

Um estudo típico da formação de novos possíveis encontra-se no Capítulo III, onde se mostra às crianças uma série de objetos, como triângulos ou figuras irregulares, dos quais algumas partes estão ocultas debaixo de algum dispositivo, e se pergunta a elas o que há debaixo do dispositivo, como o objeto continua além das partes visíveis, como termina, se há outras formas possíveis e se estas são ilimitadas. Os sujeitos passam da idéia de que existe uma única maneira de representar a parte oculta, idêntica à parte visível; depois, pensam que existem múltiplas possibilidades, mas que ainda são limitadas por aquelas que são concretamente imagináveis; por último, sujeitos adolescentes reconhecem que se poderiam imaginar possibilidades ilimitadas de configuração.

A principal conclusão a respeito da gênese do possível e do necessário é que "tanto o possível como o necessário são produtos da atividade do sujeito" (Piaget, 1983. vol. 1, p.182) e que "as possibilidades expressam as diferenciações e as necessidades, as integrações; a gênese das operações deve ser buscada em sua união" (Piaget, 1983. vol. 2, p.170). Há uma evolução paralela das possibilidades e das necessidades, mesmo antes dos sistemas propriamente operatórios, a partir de necessidades locais ou "pré-necessidades" e de sua abertura a novos possíveis.

Em qualquer fase de construção intelectual, surgem novos contextos de possibilidades ("toda composição necessária sugere outros possíveis"), e na fase dedutiva produzem-se "inter-relações necessárias entre as novas possibilidades". Esse desenvolvimento apresenta uma seqüência: em uma fase de "pré-necessidade" a criança reconhece apenas uma possibilidade singular como válida; depois, há "co-necessidades limitadas", e algumas necessidades implicam outras, embora dentro de um conjunto limitado de possibilidades; finalmente, há "co-necessidades ilimitadas", e todas as possibilidades são reconhecidas como necessárias. As inter-relações entre os possíveis não são anteriores ao processo construtivo, e sim o resultado relativo a contextos em que se pode afirmar sua necessidade.

Finalmente, vale mencionar que o necessário, o possível e o real, do ponto de vista dos sujeitos em desenvolvimento, coordenam-se progressivamente. Ou seja, as operações (com a necessariedade de seus vínculos lógicos) podem ser consideradas como o resultado da formação dos possíveis (da variação das transformações). Mais ainda, o que os sujeitos entendem como possível, como necessário e como real pode ser interpretado como resultado de um processo construtivo. No início, o real é reconhecido pelos sujeitos como a única possibilidade que, como tal, é "necessária" (uma "pré-necessidade"). Mais tarde, o real é uma possibilidade entre outras, o que não a faz ser tratada como necessária, a menos que exclua as outras possibilidades. Desse modo, o necessário para os sujeitos não pode ser extraído diretamente do real, mas surge das construções dos possíveis e de suas inter-relações efetuadas pelo sujeito. Ou seja, as três modalidades mencionadas são inicialmente indiferenciadas entre si, mas vão se constituindo como distintas e em seguida voltam a se coordenar. Para concluir, sua construção é finalizada por uma inferência dialética que procede por diferenciação e integração.

AS MODALIDADES INFERENCIAIS E OS CONHECIMENTOS "DE DOMÍNIO"

Por último, permitimo-nos comentar brevemente o significado de algumas modalidades inferenciais para a pesquisa psicológica atual. Particularmente, as coordenações entre sistemas independentes, as diferenciações e integrações e as relativizações podem ser encontradas em diversos estudos sobre conhecimentos "de domínio", dentro e fora do programa piagetiano.

Na última versão do programa piagetiano, foram postuladas inferências dialéticas que davam origem a sistemas lógico-matemáticos, ou sua atribuição a fenômenos físicos como explicações. Tais sistemas seriam considerados na linguagem da psicologia cognitiva como sistemas de "domínio geral". Ao contrário, a questão que hoje preocupa os psicólogos cognitivos é a conformação de conhecimentos específicos, como mencionamos anteriormente; assim, as indagações referentes ao desenvolvimento cognitivo tratam da reorganização de sistemas conceituais ou "teorias" em campos específicos, como a biologia, a física, os fenômenos mentais ou as instituições sociais.

Ao nosso ver, o processo dialético de construção postulado por Piaget pode "atravessar" a formação de sistemas conceituais em diferentes campos de conhecimento, ou seja, pode constituir-se no processo de formação de qualquer um deles. Alguns de seus aspectos foram assinalados, às vezes parcialmente, pelos pesquisadores da mudança conceitual.

É o caso do estudo de Susan Carey sobre a reorganização conceitual das idéias das crianças sobre os seres vivos, que põe em relevo processos de coordenação de concepções independentes. Assim, as plantas e os animais eram, para as crianças de 4 anos, entidades ontologicamente separadas, já que as primeiras eram classes naturais sem conduta, enquanto que os segundos eram classes naturais com comportamento. Por volta dos 10 anos, produz-se uma coalescência, uma junção por um processo inferencial que coordena as entidades independentes em um tipo ontológico comum: os seres vivos. Esse processo nas crianças parece similar para Carey, salvo as diferenças, à articulação feita por Galileu dos movimentos violento e natural, que estão nitidamente separados em Aristóteles. Outro tipo de mudança conceitual, segundo a mesma autora, reside em um processo de diferenciação conceitual entre seres "mortos" e "inanimados" a partir da indiferenciação inicial entre seres "não-vivos" e "inanimados". Essa diferenciação, posteriormente rearticulada nas crianças maiores, corresponde no domínio da física à diferenciação entre "calor" e "temperatura". Entretanto, Carey (1985) nem sempre situou os processos de diferenciação e de coalescência dentro de um mesmo movimento articulador, em um sentido estritamente dialético.

Mais recentemente, Inagaki e Hatano constaram que as crianças pequenas vão diferenciando o conceito de coisas vivas, que aplicam somente a animais e plantas, que se desenvolvem, comem e respiram, a partir do conceito indiferenciado de vivente, ativo e existente. Mais tarde, as crianças reelaboram seus conceitos, atribuindo um papel às partes internas do organismo e às substâncias que se movem em redor do corpo. Essas características permitem caracterizar os seres viventes de modo tal que incluem entidades que não comem, não respiram nem tomam água. Os conceitos de animal e planta diferenciam-se progressivamente da noção indiferenciada inicial, chegando a articular-se em uma estrutura de propriedades como a herança e a separação entre família biológica e família social (Inagaki e Hatano, 1996).

Carey (1999) postula inclusive, de maneira próxima à versão piagetiana da relativização das propriedades, processos que levam as crianças a conceber as propriedades como algo simples à sua estruturação relacional.

Mas, curiosamente, é mais raro que os pesquisadores da mudança conceitual tenham utilizado a dialética de forma explícita para caracterizar essa dinâmica inferencial.

De nossa parte, ao reconstruir a formação das idéias infantis sobre a autoridade política, encontramos certos níveis conceituais: primeiro, a hipótese do benfeitor moral, segundo o qual o presidente cumpre uma função global, sobretudo por meio do discurso, orientada a melhorar o país e a intervir sobre as emergências sociais. Para os sujeitos do primeiro nível de desenvolvimento, é inerente ao presidente "fazer o Bem para todos" e não cabe outra possibilidade.

Em uma versão intermediária, a do benfeitor institucional, o presidente faz o Bem para a sociedade por meio de certas normas, supervisiona a atividade de outros e põe "ponto final" às leis e à sua aplicação; nenhuma norma limita suas atividades. Finalmente, para algumas poucas crianças mais adiantadas, com pouco mais de 12 anos, o presidente já não deve fazer o Bem, como uma virtude inerente à sua posição de autoridade, mas como resultado do contrato que o une à sociedade. Sua atividade é regulada por normas, é parte de um sistema político, embora não possa atuar contra o bem comum. Essa construção parte de uma indiferenciação conceitual entre moral e política, para passar no nível intermediário a um certo grau de diferenciação da atividade política e moral. Essa diferenciação se fortalece no terceiro nível, já que o governo é determinado em suas atribuições e em seu funcionamento pelo corpo normativo. Simultaneamente, produz-se um começo de integração, mas apenas um começo, na medida em que os sujeitos consideram que certos princípios morais devem ser estimados no momento de elaborar as leis. Além disso, a autoridade tem limites morais: o presidente é obedecido pelos cidadãos enquanto cumpre com o bem comum a todos que representa. Uma gênese conceitual – na qual intervém a transmissão escolar – pode ser comparada criticamente, pelo menos em alguns aspectos, à própria história da ciência política (Castorina e Aisenberg, 1989).

Pelo visto, as inferências dialéticas não se limitam à constituição dos sistemas lógicos ou matemáticos. Aparentemente, poderiam ser adequados em princípio para a constituição dos sistemas conceituais de "domínio" no conhecimento dos processos biológicos ou físicos, como também para a formação de hipóteses sobre a autoridade ou os sistemas de escrita (Ferreiro, 1986). Nesse sentido, tais inferências são "livres de domínio", já que se realizam na formação de conhecimentos em diferentes domínios conceituais.

PARA UMA INTERPRETAÇÃO RENOVADA DO DESENVOLVIMENTO COGNITIVO

Piaget e García anteciparam que as inferências se realizam na formação de conhecimentos em diferentes domínios conceituais; de outra perspectiva: "Do ponto de vista geral, a sucessão de intra, inter e trans, que encontramos em todos os domínios e em todos os níveis, é a expressão das condições das leis de assimilação e de equilibração que se impõem a toda ação cognoscitiva" (Piaget e García, 1981, p.128).

Em nossa opinião, a hipótese da dialética inferencial se fortaleceria caso se conseguisse acumular prova empírica suficiente sobre os processos que se realizam em diferentes domínios de conhecimento. Desse modo, a dialética poderia ser um instrumento fértil para pensar o desenvolvimento cognitivo como uma ampliação e renovação do programa piagetiano ou ainda fora dele, de outras perspectivas. Além disso, poderia contribuir para formular uma teoria do desenvolvimento que unificasse os cursos das aquisições em diferentes domínios, porque faria parte de um processo explicativo de conjunto.

O enfoque representando por *As formas elementares da dialética* e, em menor grau, por outras obras da época, parecia abrir um caminho para recolocar questões cruciais na interpretação do desenvolvimento cognitivo. Entre outras: a relação entre a necessidade e a novidade; a continuidade do processo de mudança e a descontinuidade dos sistemas; a construção proativa e retroativa de conceitos; a articulação entre as condições prévias da aquisição de um sistema e uma certa indeterminação da passagem de um sistema a outro; neste último caso, rechaçando a passagem de um sistema de pensamento a outro como se fosse uma necessidade lógica. Contudo, essa problemática dialética passou quase despercebida para discípulos e críticos de Piaget, por razões que poderiam estar ligadas ao momento tardio em que foi tematizada por nosso autor e à dificuldade em reformular na época a teoria da equilibração. Provavelmente, na década de 1980 e até o final do século passado, a hegemonia do cognitivismo na psicologia do conhecimento, com sua perspectiva filosófica dualista, influiu no escasso interesse pela dialética no mundo da pesquisa psicológica, mesmo nos continuadores da escola de Genebra.

No campo epistemológico e filosófico, a categoria de dialética continuou sendo associada com freqüência à dialética filosófica exposta em forma de vulgata em muitos textos "marxistas". E nas fileiras do pensamento pós-moderno chegou a ser vinculada a um dos grandes relatos da história e da sociedade, que impunha *a priori* um destino de realização social, cujo triste fim conhecemos. Pelas razões apontadas, que não são as únicas, praticamente não se produziram pesquisas empíricas dirigidas a mostrar de maneira explícita a fertilidade desse enfoque para a psicologia do desenvolvimento cognitivo.

Há bons motivos para considerar que o avanço no estudo das inferências dialéticas poderia ter intervindo na reinterpretação da equilibração cognitiva. Isso teria ajudado a dissipar, em boa medida, a acusação freqüente de logicismo e predeterminação do desenvolvimento dos sistemas lógicos, facilitada pelas afirmações do próprio Piaget. Esse construtivismo renovado faria com que os níveis de conhecimentos mais avançados dependessem dos que os precederam e, sobretudo, seria capaz de tornar a novidade estritamente inteligível. No final deste livro, insistiremos no significado para a psicologia do desenvolvimento da dialética baseada na reelaboração dos resultados de indagações empíricas.

NOTAS

1 "Since this merely formal logic abstracts from all content of knowledge, whether pure or empirical, and deals solely with the form of thought in general (that is, of discursive knowledge), it can comprehend the canon of reason in its analytic portion. For the form of reason possesses its established rules, which can be discovered *a priori*, simply analyzing the actions of reason into their components, without our requiring to take account of the special nature of the knowledge involved". Kant, E. (1956) *Critique of pure reason*, trad. Kemp Smith, Londres: Macmillan, p. 176.*
2 Nessa época, Piaget discute com Fodor. Segundo a tese deste autor, não se pode produzir uma lógica mais avançada a partir de uma lógica mais débil, já que esta a supõe. Não haveria nenhuma maneira de sustentar a "novidade" produtiva caso se acreditasse que a aprendizagem dá lugar a uma autêntica formulação de hipóteses. Toda aprendizagem de hipóteses pressupõe as hipóteses que vão ser aprendidas. Uma das conseqüências desta posição é que as capacidades lógicas que os seres humanos deveriam construir têm de ser inatas, isto é, devem estar "disponíveis" no início do desenvolvimento cognitivo (J. Fodor, "Fixação de crenças e aquisição de conhecimentos", in N. Chomsky e J. Piaget, *Teorias da linguagem. Teorias da aprendizagem*, Barcelona: Crítica, 1979).
3 Os procedimentos utilizados por Marx, por exemplo, para estabelecer a relação entre a taxa de lucro e a mais-valia no volume III de *O capital* foram considerados do ponto de vista da lógica matemática contemporânea. Tentou-se vincular a derivação matemática às pesquisas lógicas de Frege ou Russell, segundo Zeleny, procurando-se estabelecer as relações entre a derivação e as conseqüências lógicas e a derivação e as conseqüências dialéticas (Zeleny, 1974).
4 O estudo piagetiano das derivações infantis tem para nós um interesse adicional porque destaca a especificidade de seu programa epistemológico com relação ao projeto vygotskiano de uma psicologia dos processos psicológicos superiores. Ou seja, a reconstrução das interações significativas do sujeito com o mundo a ser conhecido, que dão lugar à formação dos sistemas não contidos nos anteriores, cada um dos quais envolve algum tipo de inferência lógica.
5 É interessante assinalar que um dos aspectos centrais da formação de conceitos científicos, segundo Vygotsky (particularmente em *Pensamento e linguagem*) é sua possibilidade de influir retroativamente sobre os conceitos cotidianos, modificando-os.

---

* N. de R.T. "A partir simplesmente da lógica formal e abstrata de todo o conteúdo do conhecimento, seja puro ou empírico, e objetivando somente a forma do pensamento em geral (isto é, do conhecimento discursivo), é possível compreender o cânone da razão em sua porção analítica. Para a forma da razão possuir regras estabelecidas, que podem ser descobertas *a priori*, analisa-se apenas as ações da razão em seus componentes, sem ter que dar conta da natureza especial do conhecimento envolvido". Kant E. (1956). *Crítica da razão pura*, trad. Kemp Smith, Londres; MacMillan, p. 176.

5
Os contornos de uma dialética não-hegeliana

No início deste livro, formulamos algumas perguntas aos textos de Piaget e Vygotsky, a partir da história filosófica da dialética, às quais procuramos responder examinando os textos desses pensadores. Uma delas resume grande parte do que foi discutido nestas páginas: existe uma legalidade dialética para o campo de indagação de que se ocuparam Piaget e Vygotsky? Ou seja, a dialética apresenta alguma estrutura reconhecível em suas obras? Será que se trata, mais particularmente, de uma dialética baseada na contradição, cabendo esperar a forma tese-antítese-síntese? Neste capítulo, procuraremos integrar essas questões em relação ao pensamento de Piaget.

PIAGET E AS LEIS GERAIS DA DIALÉTICA

A dialética de Piaget não parece ajustar-se estritamente às chamadas leis da dialética, inspiradas em Hegel e codificadas por Engels em *Dialética da natureza*, para quem eram as mais gerais da história natural e da história social: a inversão da quantidade em qualidade e vice-versa, o antagonismo dos contrários, a negação da negação. De acordo com a posição adotada por Piaget, não se pode postular que essas leis definam qualquer processo que se considere "dialético" nem que os processos de construção dos conhecimentos se atenham estritamente a essas leis. Na realidade, Piaget nunca falou de leis dialéticas nos inúmeros textos referentes a essa temática.

Além disso, os contornos que adotam os processos dialéticos do conhecimento destacados nos capítulos anteriores provêm de uma hipotetização baseada em indagações empíricas e não de uma análise *a priori*. Não há razão, portanto, para supor que esses processos "devem" seguir certas leis, particularmente aquelas formuladas por Engels.[1] E ainda, se fosse plausível falar de algo como "leis" dialéticas, isso não suporia seu funcionamento automático, independentemente da ação humana, nem que seu campo cobrisse os desenvolvimentos do conhecimento, da prática social e da natureza. Vale lembrar aqui as críticas mencionadas à ontologização da dialética para rechaçar qualquer semelhança com as "leis gerais" aplicáveis a todos os fenômenos.

Em segundo lugar, há claramente um parentesco com as modalidades da dialética da tradição filosófica, já que o autor fala reiteradas vezes de "unidade de contrários", "superação dialética", "síntese dialética", "contradições reais". Contudo, pelo menos para algumas dessas formas, fica suficientemente estabelecida sua distância da versão clássica, em particular de raiz hegeliana. Assim, por exemplo, e a propósito da experiência dos montes apresentada no capítulo anterior, Piaget (1982, p.52) comenta sobre o significado de atribuir aos sujeitos a obtenção da identidade dos contrários desse modo: "Se empregamos o vocabulário de Hegel, não diremos como ele, ou pelo menos como alguns de seus intérpretes, que todo conceito "contém" seu contrário enquanto pré-formado ou predeterminado (...) Sustentaremos de modo mais dinâmico que cada ação geradora de conceitos ou operações implica seu contrário". Ou seja, contrariamente a uma certa interpretação da expressão hegeliana, não se pode dizer que todo conceito "seja" idêntico ao seu contrário nem que o promova à margem da genuína atividade do sujeito que o produz. Um conceito não dá lugar por si mesmo ao seu contrário na psicogênese; tampouco, como diria Bachelard para o conhecimento científico, as teorias antigas evoluem para as novas. Do ponto de vista piagetiano, não tem sentido postular que a operação direta "é" a operação inversa ou que esta provém da primeira. Só se pode afirmar que todo conceito ou operação implica seu contrário ou uma nova possibilidade que ainda não faz parte de um sistema de relações necessárias (em sentido lógico): a possibilidade de sua operação inversa, que deve ser construída pelo sujeito.

UMA INTERPRETAÇÃO DA SÍNTESE

Quanto ao conceito de síntese dialética, mencionamos várias vezes no Capítulo 1 que a conformação histórica das teorias científicas na biologia e nas ciências sociais envolve um *tertium* ou "síntese". Isto significa que uma teoria superadora inclui os aspectos enfatizados pelas teorias opostas (por exemplo, o individualismo e o objetivismo sociológicos), mas os reformula (por exemplo, o relacionismo sociológico)

Queremos assinalar aqui que grande parte da tradição interpretativa da dialética de Hegel, aceita por Piaget, Bachelard e muitos pensadores marxistas, apresenta sua estrutura por meio da tríade "tese", "antítese" e "síntese". Contudo, o filósofo alemão nunca usou essa linguagem para referir-se ao seu método e, além disso, essa caracterização contribui para simplificá-lo demais, se não para estereotipá-lo, desdenhando a riqueza extraordinária de muitas de suas análises (Sisto, 1998).

Mas, quando Piaget e outros pensadores recorreram a essa figura triádica, captaram um aspecto substancial do pensamento hegeliano: a síntese conserva aspectos dos opostos, mas, principalmente, supera-os, enriquecendo-os ou inovando com relação a eles. Sem dúvida, como já foi esclarecido, isto não significa que a tese seja negada em sentido hegeliano pela antítese, que a tese "se converta em sua antítese".

Piaget (1967d, p.410) entretanto, dava a essa figura um sentido mais maleável – por exemplo, nos estudos clássicos sobre a psicogênese do número natural a partir dos agrupamentos de classes e relações – que atribuiu a Hegel. No caso da formalização dessa gênese psicológica, mostrou-se que o número "não se deduz dos agrupamentos, mas se constrói por uma síntese em um sentido quase-hegeliano". O "quase-hegeliano" talvez tenha a ver com o fato de que os agrupamentos de classes e de relações não se opõem nem se negam em nenhum sentido, sem que isso impeça que, ao se eliminarem os postulados limitativos de cada um, fundam-se em um sistema "superador".

Por último, Piaget (1967e, p.595) defendeu um tipo de síntese na constituição da teoria matemática, onde uma construção parece contradizer outras elaborações anteriores, embora acabe por englobá-las em um sistema de conjunto. Seria o caso das geometrias não-euclidianas com relação à geometria euclidiana, que se incluem em uma pangeometria. Esse modo de entender a negação, característica da filosofia do "não" de Bachelard, diferencia-se da negação utilizada por Hegel, o que será explicado alguns parágrafos adiante.

AS CONTRADIÇÕES NA DIALÉTICA PIAGETIANA

Resta considerar o significado das contradições. Como vimos acima, as contradições "naturais" não se confundem em Piaget com as contradições lógicas, e cumprem um papel relevante na explicação do desenvolvimento psicogenético. Nas pesquisas apresentadas em *Investigações sobre a contradição*, as contradições não constituem um fato necessário do pensamento, no sentido de surgirem de uma dinâmica interna dos conceitos, de sua autogeração, como na visão hegeliana. Segundo os dados da pesquisa psicogenética, as contradições parecem depender de condições factuais, isto é, de que os esquemas de conhecimento se choquem com os observáveis ou de que haja uma coordenação insuficiente das ações. Portanto, resultam das interações entre o sujeito e o objeto de conhecimento ou das relações entre os próprios esquemas em determinadas situações cognoscitivas, aquelas que envolvem um grau de desequilíbrio.

Por outro lado, como já mencionamos no Capítulo 3, as contradições não são o motor do desenvolvimento cognitivo, como o considera grande parte da tradição marxista. Mais do que isso, elas constituem uma das instâncias do processo de equilibração de um sistema cognitivo, provocadas especificamente pelos desequilíbrios (ou a falta de compensação) entre afirmações e negações. Os desequilíbrios "desempenham apenas uma função desencadeante, já que sua fecundidade se mede pela possibilidade de superá-los, em outras palavras, de sair deles" (Piaget, 1978b, p.15). O fato de que esta função seja desencadeante do processo construtivo não diminui em nada seu papel essencial, porque a tomada de consciência das contradições cognitivas parece ser uma condição para o processo de reequilibração. Ou seja, sem os conflitos não se põem em prática os instrumentos de generalização construtiva e de abstração reflexionante que dão lugar às "superações".[2]

Esse aspecto da dialética piagetiana é um dos temas da discussão contemporânea sobre os mecanismos do desenvolvimento das idéias, assim como dos ensaios educativos para promover a mudança conceitual nos alunos. Diversos estudos sobre mudança conceitual atribuem um lugar de destaque aos conflitos cognitivos, ainda que seu significado e seu alcance para a aprendizagem tenham sido fortemente questionados a partir de certas indagações empíricas (Posner, 1982; Carretero, 1996). Até mesmo a intervenção das contradições associadas às perturbações dos sistemas de representações é reconhecida, ainda que com restrições, por psicólogos muito distantes da perspectiva piagetiana, como Carey (1999) ou Baillargeon (2000).

No caso de Carey (1999, p.306) citamos sua tese do processo de diferenciação progressiva da noção infantil de ser vivo a partir da noção global e indiferenciada das propriedades do ser vivo, ativo e real. Assim, uma menina de 4 anos diz: "É engraçado: as estátuas não estão vivas, mas podemos vê-las". Indagada sobre por que achava isso "engraçado", respondeu: "Bom. Meu avô morreu, e podemos mostrar isso porque não podemos vê-lo". Não há aqui distinções mais ou menos precisas entre as propriedades de estar morto, não ser real ou ser não-existente ou inativo, que afetam o pensamento sobre as propriedades da estátua. Para a menina, as estátuas não são reais, no sentido de que são representações, e tampouco são ativas. Então, como é possível que elas sejam existentes e estejam presentes? Como se vê, a contradição provém da indiferenciação das propriedades de estar morto e ser inanimado. Para a autora, essa inconsistência é uma motivação para que os sujeitos elaborem uma teoria que diferencie o conceito de morto do conceito de não-vivo. Porém, esse desequilíbrio não explica a formação do sistema conceitual diferenciado e progressivamente integrado.

Do nosso ponto de vista, a ausência de articulação entre as propriedades é a base das contradições "naturais" de que falava Piaget. Além disso, a passagem dessa indiferenciação à sua diferenciação é compatível com a tese piagetiana da intervenção da contradição natural nessa transformação. É igualmente aceitável a conclusão de Carey de que a contradição não é suficiente para explicar a mudança das teorias infantis. Contudo, na própria versão piagetiana, a contradição é um tipo de desequilíbrio cognitivo que faz parte de um processo mais amplo de equilibração, o qual inclui atividades de reequilibração, como a abstração reflexionante, a generalização construtiva e a tematização. O valor das contradições, como se disse, depende desse processo de conjunto. No mais, coloca-se uma questão central à qual voltaremos no final do livro: qual a relação que a contradição mantém com uma explicação do desenvolvimento dos conhecimentos? Além disso, como situar os processos dialéticos em uma explicação sistêmica da novidade cognoscitiva?

Mas, o próprio Piaget, ao resenhar as modalidades da inferência dialética, não inclui a contradição natural, obviamente porque esta não é uma inferência construtiva, e sim seu detonador ou condição de possibilidade. Em todo caso, não há motivos para considerar que, nesse enfoque, a contradição seja mais importante do ponto de vista epistemológico do que as inferências mencionadas ao estudar a construção cognitiva.

O LUGAR SUBORDINADO DA CONTRADIÇÃO

O pensador marxista Lucien Sève (1999) nega que o pensamento piagetiano seja autenticamente dialético, em particular porque a contradição não aparece como seu "núcleo duro". Sève assinala que a contradição formulada por Piaget não é dialética na medida em que os termos dessa contradição não se opõem antagonicamente e envolvendo sua identidade. Seria o caso da afirmação piagetiana de que "...a ação X será vivida como contraditória com a ação Y se esta impedir que X se realize, ou vice-versa" (Piaget, 1967c, p.1269), aplicável, por exemplo, ao movimento de um objeto que se afasta de um ponto enquanto outro objeto se aproxima dele. Ou seja, a contradição "a la Piaget" seria apenas uma oposição, de modo algum equiparável a uma contradição propriamente dialética.

Como conseqüência disso, segundo Sève, a "negatividade" não tem uma presença relevante dentro dos aspectos positivos do conhecimento. De fato, como mostramos, a origem de uma contradição natural reside nas dificuldades dos sujeitos para considerar os múltiplos aspectos de um fenômeno, de conceber os aspectos negativos necessários para pensar os problemas lógico-matemáticos. Nas conclusões de *Investigações sobre a contradição*, Piaget diz que uma das razões das contradições reside no descuido das negações, que só ao final relativo de um processo construtivo chegam a ser solidárias (em sua consistência) com as ações que se dirigem a um objetivo positivo. Entre muitos outros exemplos, lembramos que, para pensar a aproximação a um objetivo, é preciso compreender o afastamento simultâneo do ponto de partida, que um trajeto envolve o outro.

É evidente, então, que a contradição piagetiana não consiste no "trabalho efetivo da negação" presente na afirmação, como na concepção de raiz hegeliana. Ao contrário, a carência (do negativo) daria lugar a uma desequilibração do jogo das afirmações, de onde se originariam as contradições. Não há esse trabalho do negativo da própria afirmação, justamente porque opera apenas quando se constrói, não está dado na afirmação nem "trabalha" (sua articulação com o positivo) por si mesmo antes de ser elaborado ativamente pelo sujeito. Nas palavras de Piaget (1982, p.195): "É preciso considerar também a negação como resultante de uma construção, sem imaginá-la pré-formada em toda ação ou em todo pensamento, o que de fato seria antidialético".

Em outras palavras, para Piaget só existe "unidade de contrários" quando se articulam uma ação direta e a compreensão da ação contrária ou sua negação, mas esta última resulta de uma laboriosa construção. A este respeito, Lucien Sève tem razão quando diz que um caso como o mencionado – o do movimento em direção a um objetivo – nada mais é do que uma oposição sem contradição. Uma oposição que Kant chamou de "contradição real", porque não envolve a identidade dos contrários, no sentido forte da versão hegeliana. E, para Sève (1999, p.125) esta última seria uma condição necessária para que se pudesse falar da "contradição dialética tomada em seu sentido verdadeiro".

Como se não bastasse o que foi dito até aqui, Sève assinala a diferença decisiva entre a tese hegeliana, segundo a qual "o que move o mundo é a contradição", e a tese piagetiana, segundo a qual a contradição cognitiva é a expressão do processo de equilibração do conhecimento. De nossa parte mostramos que para Piaget é justamente a ausência de articulação entre os contrários que dá lugar às contradições, como "ausência de equilíbrio entre afirmações e negações".

Mas, por que seria inaceitável falar de contradição dialética no sentido piagetiano? Segundo Sève, a contradição deve ser interpretada como "unidade de contrários" com o conseqüente "trabalho do negativo" (por exemplo, a contradição entre a identidade e a diferença). Naturalmente, essa interpretação da dialética supõe o expurgo feito por Marx ao finalismo idealista próprio da versão hegeliana da dialética, exemplificada na formação da flor a partir do botão em *Fenomenologia do espírito* (Hegel, 1966). Para o pensador francês, o enfoque resultante é o único modo legítimo de caracterizar a dialética, e por isso é um abuso de linguagem falar de dialética no pensamento de Piaget. Em sua opinião, pode-se considerar que Piaget equivocou-se ao recorrer às expressões "superações", "contradições" ou "unidade de contrários".

A nosso ver, a diversidade de enfoques dialéticos apresentada na introdução deste livro, assim como o significado teórico peculiar que os termos adquirem nos textos piagetianos, não responde apenas a diferentes ontologias e filosofias do conhecimento. Como já foi dito, Bachelard (1973, Capítulo 6) reconstrói em *A filosofia do não* as transformações sofridas pelos conceitos em um campo específico do conhecimento científico, em termos da "dialetização" dos princípios da física clássica ou dos axiomas da geometria. Os traços dessa dialética (por exemplo, a negação "externa", que veremos mais adiante) pretendem traduzir epistemologicamente a marcha do processo histórico da ciência ao invés de elaborar-se *a priori*. A menos que um teórico da dialética como Sève considere que deve haver certos aspectos únicos para defini-la, que sejam válidos para a análise de qualquer fenômeno. Se fosse assim, voltaríamos à dialética puramente filosófica, questionada por Piaget e por Bachelard ao examinar a história epistemológica da ciência, e também por Vygotsky na fundamentação epistemológica da psicologia geral.

A perspectiva piagetiana da contradição natural ou da "unidade dos contrários" provavelmente se ajusta à problemática suscitada, em particular para a reconstrução do modo como se formaram os sistemas lógico-matemáticos, organizadores do conhecimento geométrico e mesmo físico, na psicogênese e na história da ciência. Não há dúvida de que a formação da lógica e da matemática é o grande problema para Piaget; inclusive, as inferências dialéticas são próprias da equilibração dos sistemas lógico-matemáticos. Ao estudar a constituição de sistemas caracterizados pela articulação de afirmações e negações ou pela composição de transformações (*Os principais problemas da epistemologia da matemática*), considera-os como "sínteses" provenientes de uma história de construção (Piaget, 1967e). No caso da "síntese" construtiva do número natural, esta provém de uma abstração que elimina as limitações de sistemas lógicos anteriores. Para examinar esta constituição, não há interesse algum recorrer à contradição hegeliana, ainda que se possam encontrar desequilíbrios ou perturbações, assim como crises, na história da matemática ou dos sistemas (as contradições naturais) e superações ou reequilibrações.

De resto, não pretendemos que o enfoque dialético de Piaget seja pertinente com relação a outras questões, como aquelas referentes à dinâmica da constituição da criança como ator social ou à formação das funções psicológicas superiores estudadas por Vygotsky. É preciso verificar inclusive sua legitimidade para a formação dos sistemas conceituais "de domínio" referentes à sociedade ou à natureza, como também para a aprendizagem escolar dos esquemas específicos em matemática. Para concluir, seria errôneo exigir uma escolha entre o enfoque piagetiano da contradição e o hegeliano, mesmo eliminando deste último o misticismo e o finalismo, como fez Marx.

A OPOSIÇÃO REAL

Para avançar um pouco mais nessa direção da dialética não-hegeliana piagetiana, utilizamos – com certa liberdade – a categoria de "oposição real" de Kant, já mencionada na introdução deste livro. Como dissemos, essa acepção já não corresponde ao uso pejorativo das anfibologias da razão. Por sua vez, Apostel (1967) emprega essa categoria explicitamente em sua análise da dialética do conhecimento, o que mereceu um comentário elogioso de Piaget (*O estruturalismo*). Kant formula a oposição real em diversos textos; em particular, no artigo "Tentativa de introduzir na sabedoria do universo o conceito de magnitudes negativas" (*Opúsculos de filosofia natural*). Ali se afirma: "Uma coisa se opõe a outra. Essa oposição é dupla: ou lógica, em virtude da contradição, ou real, isto é, sem contradição" (Kant, 1992, p.171). Esse parágrafo diferencia claramente a contradição lógica de A e -A da oposição real entre duas forças contrárias ou duas "realidades", cujo resultado se anula (um barco movido pelo vento e ao mesmo tempo empurrado pelas ondas em sentido contrário ou 3 - 3 = 0). A esse respeito, já assinalamos que em *Investigações sobre a contradição* há considerações que vão em uma linha mais ou menos semelhante à tese de Kant. Por exemplo, afirma-se que toda ação é solidária a alguma negação (que ir até um ponto de chegada em um movimento articula-se com o afastamento do ponto de partida) (Piaget, 1978d, p.339). A análise da gênese dos sistemas de conhecimento em Piaget põe em relevo essas características: por um lado, o movimento de retorno é uma ação prática que nega outra; e o mesmo ocorre quanto à operação inversa em matemática. Essas negações não têm sentido se não se apoiarem na positividade.

Além disso, para Kant o poder do negativo não reside na contradição lógica nem na ausência do positivo, e sim no fato de muitas positividades repartirem o que há: "Sempre que existe um fundamento positivo mas a conseqüência é zero, existe uma oposição real, isto é, esse fundamento positivo está em conexão com outro fundamento positivo, que é a negatividade do primeiro". No mesmo texto, Kant (1992, p.177) diz que "se requer um princípio tão real para suprimir algo que existe quanto para produzi-lo se não existe". Ou seja, quando algo que já é deixa de ser, é preciso um fundamento positivo para isso. A negação aqui não tem efetividade real se não se apoiar no positivo, e sustenta, ao contrário, que se o negativo tem alguma eficácia é pela disposição entre as realidades em uma situação. Assim, podemos abordar com esse espírito duas operações matemáticas, duas propriedades ou duas forças físicas que, em sua positividade, são negações de outras, tal como as considera Piaget.[3]

Nesse sentido, pode-se considerar como "oposições reais" a oscilação entre as propriedades corpuscular e ondulatória na teoria física da luz, a formação de negações operacionais efetivas (-) que se articulavam com as ações diretas, no conhecimento matemático, ou as trajetórias direta e inversa no grupo de deslocamento espacial. Nesses casos, a oposição entre os termos dá lugar a uma "síntese" no sistema que as inclui.

O SIGNIFICADO EPISTEMOLÓGICO DAS NEGAÇÕES

Em *Os principais problemas da epistemologia da matemática* (1967e) e em *O estruturalismo* (1968), Piaget considera que o significado epistemológico dessas negações é próximo ao que é atribuído por Bachelard (1973, p.115) ao examinar a história da ciência em *A filosofia do não*. O epistemólogo francês sustenta, a propósito das teorias físicas corpuscular e ondulatória, entre outros casos da história científica, que sendo teorias inconciliáveis pode-se integrá-las: "São antes de tudo opostas e depois coordenadas mediante uma atividade da filosofia do não". Afirma também que a síntese lógica de duas teorias originalmente inconciliá-veis é possível "modificando convenientemente as regras do raciocínio elementar que parecem solidárias com uma estrutura invariável do espírito" (p.117).

Isso significa que se em uma teoria se afirma A e em outra não-A, é possível englobá-las em uma totalidade caso se debilite o raciocínio clássico. Uma teoria (tese) não é a negação hegeliana da outra (antítese): trata-se de dois aspectos opostos, inconciliáveis, mas não contraditórios; ao contrário, eles são "complementares". Tais teorias se conservam na síntese ao manter seu valor epistêmico para um setor bem determinado do conhecimento ou da realidade. Bachelard mostra a geometria não-euclidiana opondo-se à geometria euclidiana, a reta não-arquimediana opondo-se à reta arquimediana e, no caso da matemática, as álgebras não-comutativas às álgebras comutativas. Conforme foi dito antes, a síntese consiste em uma construção que permite passar de uma teoria T a outra não-T por transformação e por sua inclusão em um sistema mais amplo. Esse movimento pode ser resumido do seguinte modo: "A negação deve permanecer em contato com a formação primeira. Deve permitir uma generalização dialética. A generalização 'pelo não' deve incluir o que ela nega. De fato, todo desenvolvimento do pensamento científico há um século provém dessas generalizações dialéticas" (Bachelard, 1973, p.114).

Essa peculiaridade da negação dialética é um testemunho de nossa conjectura referente à especificidade de seus traços quando é elaborada apoiando-se nos estudos "empíricos", seja da psicogênese ou da história da ciência. Neste último caso, trata-se de um genuíno laboratório epistemológico para reconstruir a razão dialética nos processos de conhecimento. O próprio Bachelard (1973, p.119) sugere: "Uma vez mais, a razão deve obedecer à ciência; a geometria, a física, a aritmética são ciências; a doutrina tradicional de uma razão absoluta e imutável nada mais é que uma filosofia. E é uma filosofia ultrapassada".

Os estudos psicogenéticos mostram ainda que as generalizações construtivas são compatíveis com aquele tipo de generalização produzida pela "atividade do não", no sentido de Bachelard. Em *Pesquisas sobre a generalização*, a atividade do sujeito, particularmente no caso das generalizações construtivas denominadas "completivas", vai na mesma direção que a generalização "pelo não". Ou seja, quando os sujeitos conseguem integrar uma estrutura mais pobre em outra mais rica, construíram esta última sobre a anterior baseados em novas operações com relação às primeiras. É isto que Piaget salienta no terceiro capítulo de tal obra, ao examinar o processo mediante o qual as crianças chegam à combinatória do "conjunto de partes" a partir do agrupamento de classes separadas, distinguindo subsistemas e elaborando outros novos por meio da construção de negações. Para elaborar a combinatória das partes, as crianças integram as propriedades anteriores ou, melhor dizendo, produzem diferenciações com integrações em um sistema mais rico em compreensão (forma) e em extensão (conteúdo). Nota-se claramente que essa generalização construtiva é dialética pelo jogo de diferenciações que se produzem por reflexão sobre as propriedades das partições e por comparações que dão lugar a integrações superadoras.

Pode-se responder então à pergunta referente à estrutura dessa dialética dos processos cognitivos. No essencial, os aspectos destacados anteriormente justificam a tese de uma dialética não-hegeliana no pensamento de Piaget: a unidade dos contrários guarda algumas analogias com a oposição real de Kant; a natureza das contradições naturais e seu papel no conhecimento são diferentes da versão hegeliana; o mesmo ocorre com a construção das negações, mais próxima à perspectiva da filosofia do não de Bachelard.

LÓGICA E DIALÉTICA

Finalmente, há outra questão vinculada ao pensamento de Hegel (1999): as relações entre dialética e lógica. O filósofo de Jena havia subestimado a lógica formal e a matemática, que considerava como um produto do entendimento que separa artificialmente os componentes dos processos. Seu caráter "adialético" as convertia em inferiores com relação ao conhecimento referente ao desenvolvimento das idéias. Longe disso, Piaget outorga a mesma relevância epistêmica ao pensamento dialético e ao pensamento discursivo, sem estabelecer uma hierarquia epistêmica em sua racionalidade. Como mostramos, a lógica discursiva e a dialética construtiva são fases imprescindíveis do processo de equilibração dos conhecimentos.

Mas, pode-se recolocar um velho problema: é possível formular uma lógica dialética? A esse respeito, deve-se descartar de antemão que Piaget aceitasse uma "lógica dialética" tal como foi pensada no marxismo ortodoxo. Ou seja, uma disciplina dedicada ao estudo do movimento dos conceitos, dos juízos e dos raciocínios, aos quais se aplicariam as leis dialéticas (negação da negação, salto qualitativo, a unidade e a luta dos contrários). Nesse sentido, o objetivo da lógica dialética seria expressar a dinâmica do mundo nas formas do pensamento. Suas leis regeriam os passos do pensamento orientado à captura daquela dinâmica, e assim ele superaria as limitações da lógica formal, capaz apenas de pensar os momentos estáticos dos processos. Pelo que foi argumentado antes, contrariamente à teoria do reflexo, essa versão seria inaceitável na perspectiva piagetiana.

Contudo, ainda se mantém uma pergunta: a dialética pode ser formalizada em algum sentido? Nas discussões que se realizaram no Centro de Epistemologia Genética em 1961 (resumidas na introdução de *A filiação das estruturas*, 1963, e mencionadas em *Os principais problemas da epistemologia da matemática*, 1967e) havia duas perspectivas opostas. Para alguns participantes, era necessário formular uma lógica dialética que atribuísse um papel significativo ao célebre princípio da contradição, mas reconheciam não dispor de um procedimento de axiomatização que o tornasse possível. Para outros, as lógicas disponíveis eram suficientemente amplas e diversificadas para incorporá-lo sem que fosse necessário "armar outra lógica" pertinente para as questões do desenvolvimento. Em uma tentativa de síntese, o lógico polonês Gresniewski considerou que, quando um formalismo se modifica desse modo, ele sofre um processo dialético. Em outras palavras, o processo de superação que ocorre na história dos sistemas formais é equivalente a uma dialética da lógica.

É possível associar essa discussão também à exigência de distinguir os processos estruturantes dos sistemas que são seu resultado relativo. A tentativa frustrada do pensamento marxista dos anos de 1960 e 1970 de formalizar a própria dialética expressava, em algum sentido, a dificuldade para alcançar uma clara distinção e articulação entre aqueles níveis de análise. Segundo García (1998), Piaget tratou sobretudo de estabelecer rigorosamente aque-la distinção entre estruturação construtiva e estrutura, entre as características do processo reorganizador dos sistemas de conhecimento e a forma dos próprios sistemas; por isso formulou o *dictum* de que "não existe uma lógica dialética, e sim uma dialética da lógica". À primeira vista, a questão é melhor interpretada quando se considera a alternância de fases de construção e fases de estabilização nas estruturas constituídas: "Somente a construção das estruturas é dialética, não as estruturas em si. Uma vez constituídas, as estruturas dão lugar apenas a transformações dedutivas" (García, 1998, p.62).

A questão da formalização de determinados aspectos do próprio processo dialético foi recolocada na lógica contemporânea a partir da chamada lógica paraconsistente. Basicamente, empreenderam-se esforços para construir sistemas lógicos que incluíssem proposições contraditórias, entre outras razões, para dar conta dos contextos vagos e dos paradoxos semânticos, assim como em determinados domínios científicos, como a mecânica quântica. Por exemplo, em certas interpretações da mecânica quântica ou nos paradoxos da auto-referência, como a do "mentiroso". A esse respeito, requer-se a determinação do conjunto das inferências válidas (Palau, 2002).

Trata-se de teorias formais que admitem certo tipo de contradições sem que por isso qualquer enunciado seja verdadeiro. Significa que a teoria se trivializa, no sentido de que nela se pode demonstrar qualquer proposição (Palau, 2002, p.160). Dentro dessa concepção, Newton da Costa formulou um sistema de lógica proposicional paraconsistente que formaliza alguns aspectos da dialética de Hegel e de Marx, em particular no que se refere à elucidação do princípio da unidade dos opostos, de acordo com uma certa interpretação desse princípio e em certas condições. Figuram entre estas últimas não admitir como válido o princípio de não-contradição e o de Duns Escoto (isto é, que de uma contradição deriva-se qualquer proposição), mantendo as leis lógicas que são compatíveis com as formulações da nãotrivialidade. Consegue-se isto introduzindo um tipo de negação lógica débil, chamada de *negação concreta* que tem a peculiaridade de que, dada uma proposição e sua negação concreta, ambas podem ser verdadeiras, ambas podem ser falsas, ou uma verdadeira e a outra falsa. Embora um sistema assim constituído não signifique uma formalização do conjunto dos processos dialéticos, pelo menos considera a factibilidade de um sistema formal para alguns de seus aspectos.

A importância desses desenvolvimentos reside, por um lado, em poder dar conta da especificidade das inferências próprias daqueles campos onde se admitem contradições. Do ponto de vista da discussão teórica, a formulação de lógicas paraconsistentes contribui para uma reconsideração do significado do pluralismo dos sistemas lógicos. Estes últimos podem ser interpretados como modelos que prescrevem como raciocinar dentro de um domínio particular de conhecimento (Palau, 2002, p.183-193).

Em resumo, procuramos caracterizar os contornos da dialética e sua estrutura tal como interpretamos os textos piagetianos considerados aqui. Desse modo, quisemos mostrar a continuidade e a descontinuidade das idéias de Piaget com a tradição filosófica, desde Kant e Hegel, passando por Marx e culminando na perspectiva de Bachelard. Em todos os casos, o característico da proximidade e da distância com os autores mencionados teve a ver com o esforço sustentado para adequar o caráter da estruturação dialética à "matéria" em desenvolvimento, seja a história das idéias, a metodologia de pesquisa ou a construção dos sistemas lógico-matemáticos nos sujeitos. Queremos destacar, finalmente, que no Capítulo 10 tentaremos fazer uma comparação desses modos de pensar a dialética com os que serão apresentados nos próximos capítulos a propósito da obra de Vygotsky.

NOTAS

1 Isto não significa desconhecer o significado ou diminuir o interesse dos estudos dialéticos realizados pela filosofia hegeliana ou marxista.
2 De resto, vários estudos que estenderam o programa piagetiano original a outros campos mostraram sua intervenção na reorganização dos conhecimentos. Podemos mencionar, entre muitos outros, a formação da lecto-escrita nas crianças (Ferreiro, 1986) ou a formação de algumas noções sociais, como a autoridade política (por exemplo, Castorina e Aisenberg, 1989).
3 Para C. Fernández Liria (1998), pode-se estender a oposição real aos fenômenos sociais, como parecem sugerir as reflexões althusserianas sobre os conflitos dessa natureza. Assim, o fracasso do proletariado contra o resultado vitorioso de sua luta, tal como se esperava em função de uma correlação determinada entre o capital e o

trabalho, equivale a uma intervenção que "anula" um efeito esperado. Segundo essa idéia, as oposições são "reais" porque supõem forças positivas cujo enfrentamento não provém de uma contradição lógica, nem da ausência do positivo. Contudo, é razoável seguir nesse ponto Laclau e Mouffe (1985), quando criticam o programa de Colletti (1982), que tentou converter os antagonismos sociais em oposições reais. Nesse sentido, o choque de forças não é uma boa metáfora para pensar aquele antagonismo de setores da sociedade; é difícil encontrar um núcleo significativo compartilhado. Além disso, que as oposições reais (entre uma força e outra contrária) e os antagonismo sociais compartilhem o fato de serem extra-lógicos (não serem contradições lógicas) não permite inferir que têm algo mais em comum que autorize a fundar a especificidade dos antagonismos sociais. Essa especificidade não se esclarece quando é interpretada com a mesma categoria utilizada para os fenômenos físicos e – acrescentamos de nossa parte – para as operações matemáticas (no caso piagetiano).

TERCEIRA PARTE
A dialética em Vygotsky

Nesta terceira parte, apresentaremos o lugar, os usos e os matizes que adotou a categoria de dialética na obra psicológica de Vygotsky. Assim como na análise da obra piagetiana empreendida na segunda parte, procura-se mostrar como no desenvolvimento de uma abordagem psicológica original existe uma maneira particular de interpretar o caráter dialético dos processos de explicação psicológica. Esse desenvolvimento provavelmente outorga aos dois autores – como se afirmou – um lugar privilegiado na crítica às concepções dualistas em psicologia.

De todo modo, é preciso esclarecer que o tratamento que se dará aos trabalhos vygotskianos não tem a intenção de um "paralelo" ou contraponto com a análise realizada da obra piagetiana. Obedece a uma escolha de alternativas na exposição dos temas e, principalmente, à atenção, ao caráter original das duas perspectivas; de fato, tal originalidade não permite contrapor uma obra à outra, a não ser com o risco de encontrar semelhanças ou diferenças superficiais e de perder o sentido que as acepções dos dois autores assumiam em função da constelação de problemas que abordavam e da atmosfera intelectual a que pertenciam.

Com esta finalidade, é necessário então analisar parte das fontes teóricas do próprio Vygotsky, assim como os âmbitos ou problemas cujo tratamento encara com uma perspectiva dialética.

Nesta parte, analisa-se, em primeiro lugar, a incidência de autores cruciais – ou de suas "vozes" – na maneira como Vygotsky interpreta os processos dialéticos tanto no terreno filosófico como no psicológico.

Em segundo lugar, consideram-se as teses vygotskianas com relação à maneira de interpretar o estado da ciência psicológica de sua época e os problemas suscitados pela construção de uma psicologia geral, tema que, como se verá, está estreitamente vinculado à sua concepção dialética.

Nos dois últimos capítulos, analisam-se com certo detalhamento alguns pontos que se julgam críticos para compreender a dinâmica de uma abordagem dialética na explicação psicológica dentro do referencial vygotskiano. Para isto, pondera-se o problema crítico da definição de níveis e unidades de análise na explicação do desenvolvimento. Finalmente, mostra-se de que maneira a abordagem de problemas específicos na explicação psicológica na obra vygotskiana – como o desenvolvimento conceitual – permite ilustrar e ver em cena a complexidade dessa perspectiva, assim como suas implicações para o desenvolvimento de uma concepção não-dualista e para o tratamento do árduo problema da diversidade.

6
A história e a teoria psicológicas

A DIALÉTICA E OS PROBLEMAS DA CONSTRUÇÃO DE UMA PSICOLOGIA

A obra de Vygotsky, por sua manifesta filiação à tradição hegeliano-marxista e por sua escolha, também deliberada, de desenvolver um projeto de psicologia marxista, expressa em inúmeros aspectos a necessidade de dialogar com as concepções ou os pressupostos "dialéticos". É possível que na reflexão vygotskiana, tanto sobre a história do pensamento psicológico como do próprio objeto psicológico, se encontre um uso relativamente original do pensamento dialético, mais que uma elaboração abstrata original sobre esse pensamento.

Assim, fiel até o fim ao seu desígnio, Vygotsky tratou essencialmente dos problemas da construção de uma ciência psicológica, empregando o que entendia como concepção dialética. De fato, a própria concepção dialética obrigava, a seu ver, a cuidadosa elaboração de um referencial conceitual e explicativo específico, ligado ao objeto e ao campo de problemas a explicar. Jamais consistiria – ainda que essa tentativa fosse usual, inútil e muitas vezes agradável – na suposta dedução de conseqüências para um campo disciplinar específico de uma teoria geral ou de um conjunto de princípios explicativos gerais.

A originalidade de suas formulações residiria então, em todo caso, na maneira de delimitar e formular os problemas de uma ciência psicológica. Isto pode ser visto nos enunciados vygotskianos sobre três problemas fundamentais que mostram, ao mesmo tempo, a presença de sua concepção dialética.

1. O dialético é uma característica da história do próprio pensamento psicológico. Em *O significado histórico da crise da psicologia*, Vygotsky procura mostrar, por exemplo, que se pode conceber o desenvolvimento

do pensamento psicológico, da disciplina psicológica, como uma evolução ou um progresso dialético. A construção de uma psicologia geral, como se verá, enlaçava-se com um processo de desenvolvimento da própria disciplina onde era preciso colaborar. Isto implicava, como remate do desenvolvimento do pensamento psicológico, a construção de um programa não-dicotomizante nas abordagens explicativas – por exemplo, entre formulações objetivistas e subjetivistas –, nem reducionista, que conservasse como tensões internas, com pesos relativos nos sistemas de conjunto, os elementos que se costumava erigir em princípios explicativos redutivos, com um caráter "ideológico".

2. Uma abordagem dialética implicava em Vygotsky a necessidade de uma abordagem genética, evolutiva ou histórica, como método explicativo central em psicologia. Nesse sentido, o dialético pode se expressar, então, como método de abordagem e explicação em psicologia. O próprio método encarna uma concepção dialética de explicação em correspondência com a dialética do objeto que se estuda. A tarefa crucial em psicologia consistia, a seu ver, na necessidade de construir em forma conjunta o objeto e o método de abordagem; ambos deviam ser objeto do trabalho investigativo, caso se pretendesse uma autêntica ruptura com a psicologia tradicional (Vygotsky, 1995a).

3. O dialético se expressa, por sua vez, na necessidade de formular uma delimitação adequada de unidades de análise na explicação psicológica, onde parecem concretizar-se, por sua vez, os problemas analisados; em parte, a propósito do que ocorreu no plano da história da psicologia. Em última instância, o caráter não-dualista e não-redutivo da explicação psicológica deveria expressar-se na cuidadosa delimitação do recorte com que ela opera e em uma fidelidade radical ao seu caráter irredutível.

Esses três aspectos expressariam, em diferentes momentos e partes da obra vygotskiana, a concretização de um modo de construção psicológica que pode ser lido – como se propõe no presente trabalho e na linha do que foi desenvolvido por diferentes críticos ou continuadores desta tradição – como uma abordagem dialética.

Van der Veer, remetendo-se a Piaget e Vygotsky, assinalou que é possível e necessário delimitar, no tratamento dos "cientistas verdadeiramente importantes", o nível de análise de sua produção que se submete a exame. A seu ver, é possível discriminar os níveis epistemológico, metodológico, o dos métodos, instrumentos e técnicas específicas de um quarto e último nível, onde se avaliaria a coerência entre os três níveis enunciados e a conseqüência – em sua dupla acepção de desprendimentos dos antecedentes e de sujeição ao proposto – da obra ou da pesquisa efetiva do autor (Van der Veer, 2000). No caso de Vygotsky, embora as reflexões sobre os problemas epistemológicos da ciência psicológica tenham sido de importância crucial, as considerações sobre o problema da dialética sugeriam, não tanto um ponto de vista original na própria discussão filosófica, mas uma maneira de interpretar o que uma abordagem dialética implicava para a análise da história da psicologia e para o delineamento da investigação contemporânea, conforme mencionamos.

HEGEL, SPINOZA E AS FONTES DA DIALÉTICA VYGOTSKIANA

Pelo que foi dito, vale recordar – como faz acertadamente Bronckart (2000) – que a filiação intelectual marxista de Vygotsky é permeada, desde sua origem, por problemas críticos que figuravam na obra de Spinoza e no âmbito hegeliano. Assim, em seu modo de conceber uma explicação psicológica de tipo genético e em estreita relação com sua concepção da dialética, as teses monistas pesarão mais do que a concepção marxista, e se valorizará substancialmente o lugar da produção cultural, da mediação e da linguagem, em conformidade com as tradições spinoziana e hegeliana (Bronckart, 2000; Kozulin, 1994).

A perspectiva dialética, na visão de Bronckart, tentava resolver os problemas da relação entre as teses monistas e a interação entre os atributos da matéria extensa e do pensamento. Ambos, na concepção spinoziana, reivindicavam autonomia, e com isso o restabelecimento de sua relação se tornava um problema crítico. Bronckart (2000) constata que um modo de resolução proposto por Piaget – embora sem uma filiação literal com a obra de Spinoza – é um tipo de isomorfismo entre os sistemas de implicação e os sistemas causais, como se verá na parte final do livro. Contudo, o monismo piagetiano originário provinha, como se sabe, mais de sua fonte bergsoniana do que das teses spinozianas ou marxistas.

O percurso vygotskiano se assemelharia mais à pista hegeliano-marxista, mas retendo como tensão constitutiva da concepção spinoziana dois elementos fundamentais: a necessidade de um enfoque não-dualista – isto é, que não implicasse em cisões – que, simultaneamente, captasse a gênese ou as formas de concreção do psíquico humano. Ou seja, aquilo que se configurará depois na discussão esmerada de Vygotsky com a *Gestalt*; por exemplo, acerca de como se pode explicar a tensa continuidade e descontinuidade nos processos de desenvolvimento ou constituição psicológica. Na discussão psicológica, irá aparecer como polêmica com certas teses mecanicistas, que reduzem a explicação psicológica a um mecanismo único que, cumulativa e linearmente, impulsionaria o desenvolvimento (teses semelhantes às posições condutivistas) e, por outro lado, com as teses vitalistas, sempre que apelam à introdução de um fator estranho ao próprio processo evolutivo para explicar a descontinuidade.

A perspectiva dialética seria chamada a suprir o hiato das teses dualistas, enquanto que o método ou a explicação genética – como se verá – procurariam dar conta – em convergência com a posição piagetiana – da "complexidade e da interpenetração dos níveis do funcionamento mental e também do reconhecimento da natureza dialética do desenvolvimento psicológico" (Bronckart, 2000, p.139).

É importante reter que as teses de Spinoza devem ter causado um impacto central e persistente na obra vygotskiana, mesmo quando aparecem retraduzidas parcialmente segundo a tradição hegeliano-marxista; é notável, nesse sentido, a recorrência das citações de Spinoza na obra de Vygotsky. Certa concepção de um monismo "natural" – embora faça alusão a uma realidade material e não a uma natureza "biológica" – e o princípio generativo da *natura naturans*, assim como o impedimento a um acesso imediato aos próprios processos generativos; e, portanto, o acesso apenas à *natura naturata* parece subjazer às suas formulações.[1]

Como ressalta Bronckart (2000, p.119) a quem nos alinhamos neste ponto, nas inquietações vygotskianas mencionadas em *O significado histórico da crise da psicologia* pode-se perceber o peso da noção spinoziana de discretização da matéria extensa, concebida como produto do entendimento humano; por exemplo, "a introdução do tempo, o emprego do número e de instrumentos de medição são os resultados desse uso de instrumentos abstratos mediante o qual os seres humanos apreendem de uma maneira determina-da e finita o objeto infinito sobre o qual se indagam". Para Spinoza, o ser humano só pode ser considerado como um aspecto particular da *natura naturata*, composto por certos elementos incluídos nos dois atributos da *natura naturans*: matéria extensa e pensamento. Por isso, "na concepção spinoziana, a humanidade é apenas um acidente, um produto secundário da atividade total da matéria, mas um produto em cujo interior aparecem as marcas da matéria extensa e as marcas do pensamento em ação" (Bronckart, 2000, p.119).

Segundo Bronckart, Vygotsky encontraria certo tratamento do problema suscitado no idealismo objetivo spinoziano e no modo de relação da *natura naturans* e da *natura naturata* nas teses hegelianas. A dialética no sentido hegeliano seria, em primeiro lugar, "o processo mediante o qual a mente, como um potencial ilimitado, depara-se com objetos limitados diferentes dela que a negam, e então se reorganiza em uma síntese superior que retém o momento da negação" (Bronckart, 2000, p.120). Além disso, Hegel atribui "uma importância decisiva ao encontro conflituoso dos objetos culturais com sua reabsorção na consciência; para tanto, concede uma importância capital à interação com a parte da natureza construída pelo trabalho e pela linguagem humanos" (Bronckart, 2000, p.120-121), o que se alinha às preocupações vygotskianas. Marx e Engels, segundo a velha e conhecida formulação recordada por Bronckart, teriam posto Hegel de pé ou, no nosso caso, Spinoza: "O caminho de Vygotsky estava portanto traçado: o objetivo era demonstrar de que modo o social irrompe no psíquico e, depois, de que modo o psíquico interage com o corporal" (Bronckart, 2000, p.121).

Por último, nesta introdução rápida e um pouco enviesada, é necessário recordar, como veremos em seguida, o peso decisivo que terá na obra vygotskiana seu trabalho estreito com a problemática artística, lingüística e semiológica em geral. O problema da mediação semiótica e a necessidade de analisar com cuidado o papel constitutivo dos mediadores culturais semióticos no psiquismo e na consciência se revelarão desde o início em suas preocupações epistemológicas e, posteriormente, na formulação de suas teses psicológicas.

A CONCEPÇÃO DE DIALÉTICA E AS VOZES DE MARX E ENGELS

Nem sempre é fácil reconstruir os pressupostos subjacentes a uma formulação, em relação à discussão filosófica de base sobre a concepção dialética. Contudo, no âmbito do presente trabalho, interessa particularmente considerar a maneira como opera a explicação, na obra vygotskiana, analisando na medida do possível as vozes de Hegel, Marx, Engels, etc., focalizando nas formulações que acabam tendo impacto no referencial elaborado, ou, se preferirem, em nossa agenda atual. Nesse sentido, é provável que muitos textos vygotskianos insinuem acordos com teses opináveis de uma perspectiva atual, mas que não têm uma relação direta ou necessária com os enunciados, concretamente elaborados, visto que em muitos casos foram ressignificados em um programa original.

Neste item, abordaremos o primeiro ponto, isto é, como se expressa uma concepção dialética no plano da construção teórica psicológica; sobretudo, à luz dos usos que Vygotsky (1991a) faz dela na análise de *O significado histórico da crise da psicologia*.

Como já dissemos, nos usos que Vygotsky outorga à categoria dialética, parece primar a intenção de contar com um referencial teórico-metodológico que sirva de ferramenta para o desenvolvimento de uma ciência psicológica. Sua conhecida e citada alusão ao projeto que faltava, e ao qual pretendia se dedicar – desenvolver "O Capital da psicologia" – expressa essa relação com o marco filosófico do materialismo dialético. Ou seja, o projeto de elaborar "O

Capital da psicologia" consistia no desenvolvimento de um corpo conceitual específico, orientado por premissas filosóficas e metodológicas, e não em uma mera tradução de conceitos de outras disciplinas, nem de um simples *desideratum* obtido por dedução das mesmas premissas. Daí a irônica alusão aos que pretendiam desenvolver um suposto programa psicológico marxista com base em "citações de Marx" e não mediante uma apropriação efetiva de seu método, adotando posições "verbalistas" ou "escolásticas".

Desse modo, o problema da dialética, no programa vygotskiano, aparece fundamentalmente associado ao desenvolvimento de uma "psicologia geral": "A dialética abarca a natureza, o pensamento, a história: é a ciência mais geral, universal ao máximo. Essa teoria do materialismo psicológico ou dialética da psicologia é o que considero como psicologia geral. Para criar essas teorias intermediárias – ou metodologias ou ciências gerais – será necessário desvelar a essência do grupo de fenômenos correspondentes, as leis sobre suas variações, suas características qualitativas e quantitativas, sua causalidade; criar as categorias e os conceitos que lhes são próprios, criar seu *O capital*" (Vygotsky, 1991a, p.389).

Encontramos condensados aqui vários aspectos da concepção vygotskiana e, fundamentalmente, de seu uso das conceituações de Engels. Em primeiro lugar, expressa-se uma idéia central de *O significado histórico da crise da psicologia*: deve mediar como ponte entre os sistemas filosóficos e as ciências, em seus campos particulares, uma espécie de ciência geral: "Proponho, então, a seguinte tese: a análise da crise da psicologia testemunha indiscutivelmente que nenhum sistema filosófico pode dominar diretamente a psicologia como ciência sem a ajuda da metodologia, isto é, sem criar uma ciência geral; que a única aplicação legítima do marxismo na psicologia seria a criação de uma psicologia geral, cujos conceitos fossem formulados em dependência direta da dialética geral, porque essa psicologia seria nada mais que a dialética da psicologia" (Vygotsky, 1991a, p.388).

Aparentemente, estariam subscritas também as idéias de Engels sobre: 1) a extensão possível da dialética ao conjunto das ciências, incluídas as naturais, para além da relação clara que ela mantinha com a história e as ciências naturais na obra marxista; 2) a idéia da dialética como ciência geral ou universal que capta as leis mais gerais do movimento e 3) derivada da segunda ou ligada a ela, a idéia crucial, como se verá, de que as leis da dialética foram e devem ser extraídas da natureza do real, e não impostas ao real. Vale dizer, na verdade, seguindo atentamente o terceiro critério, não implica a rigor assumir que as "leis da dialética" são extensíveis ao plano das ciências naturais enquanto atributo dos processos, e sim, em todo caso, a pertinência de um modo de construção teórica análogo ao desenvolvido por Marx e utilizado agora a propósito da ciência psicológica. Felizmente, sem dúvida, o projeto vygotskiano não consistiu na tentativa grosseira de encontrar exemplos de processos ou "leis" dialéticos, de saltos qualitativos, de negações, sob a presunção apriorística de que estes deviam se expressar em cada fenômeno ou processo; ao contrário, Vygotsky considerou a necessidade de atender a certos aspectos de uma forma dialética, de construir uma teoria com relação a uma prática disciplinar concreta. Ou seja, a concepção dialética não expressava, como mostra Bidell (1988), uma teoria psicológica *a priori* ou uma tradução das categorias de uma concepção dialética, e sim a tentativa de captar em sua complexidade, assim como em sua essência e legalidade, o objeto de um campo disciplinar específico. Em todo caso, importam as leis que regulam os objetos ou os processos psicológicos, e não as leis próprias da dialética. Como se destacou, isto não elimina nem pretende afirmar uma advertência crítica de Vygotsky às formulações de Engels, mas, ao contrário, como essas formulações foram lidas, ressignificadas ou ainda parcialmente ignoradas no desenvolvimento da obra vygotskiana. Quer dizer, expressa uma tensão clara que situa Vygotsky na contramão de muitos cientistas e intelectuais marxistas: a de conceber a dialética, por um lado, como um referencial metodológico, um discurso cujo objeto seria a tematização das próprias formas de produção de conhecimento, de progresso conceitual, etc., e, por outro, como um conjunto de leis que são extraídas do real ou o descrevem (cf. Bhaskar, 1994; Badiou, 1987; Althusser, 1987). Assim, o outro pólo da tensão seria designado por entender as leis da dialética em um sentido ainda mais abrangente, como leis do ser, em outras palavras, leis que regem e regulam o mundo empírico, os fenômenos, entre os quais se encontra, justamente, a produção de conhecimentos. Esse uso, de certo modo polivalente, que se encontraria na obra de Vygotsky talvez seja subsidiário da mesma polivalência presente na obra de Engels, em sua tentativa de estender do campo social ao conjunto do mundo natural a presença das leis da dialética (Engels, 1961, p.1973). Na verdade, e em sentido estrito, essa "polivalência", como se verá, expressaria na concepção de Marx e Engels uma unidade – efetivamente, uma unidade dialética – das relações entre o ser e o pensar, entre a matéria e a consciência. O problema anterior remete ao da origem da própria concepção materialista dialética. As teses marxistas – estendidas, desenvolvidas ou "malversadas" por Engels – procuram mostrar que, embora uma fonte evidente resida nos enunciados hegelianos, as leis mais gerais do movimento – que é uma maneira de conceber, como se viu, a própria dialética – são abstraídas do real, do conhecimento que a própria ciência produziu sobre o real: refletem o real no plano do pensamento. Nesse sentido, encontramos na obra de Engels uma das tentativas mais sistemáticas de explicitar as leis da dialética e, como dito, de confirmar a idéia de sua extensão ao mundo real. Como expusemos na primeira parte, em alguns escritos, como aqueles compilados em *Dialética da natureza*, Engels enuncia três leis fundamentais do movimento do real: "As leis da dialética são abstraídas, portanto, da história da natureza e da história da sociedade humana. Essas leis, de fato, são especificamente as leis mais gerais dessas duas fases do desenvolvimento histórico e do próprio pensamento. E se reduzem, no fundamental, a três: a lei da troca de quantidade em qualidade e vice-versa; a lei da penetração dos contrários; a lei da negação da negação" (Engels, 1961, p.41).

Em outros textos, as duas leis às quais outorga um papel central são a da transformação da quantidade em qualidade e a da negação da negação. Na verdade, em seu *Anti-Dühring* – em particular na exposição que faz a propósito da primeira lei – Engels (1973, p.100) começa por expor a idéia de unidade e luta dos contrários ou lei de contradição: "Enquanto consideramos as coisas como estáticas e inertes, cada uma por si, uma ao lado da outra e sucessivamente, não descobrimos nelas nenhuma contradição. Vamos nos deparar com determinadas propriedades, em parte comuns, em parte diferentes e até contraditórias entre si, mas que, nesse caso, não contêm nenhuma contradição por estarem distribuídas em objetos diversos. Até onde chega essa zona de pesquisa, podemos desenvolver-nos com o modelo especulativo, vulgar, da metafísica. Entretanto, tudo muda de figura tão logo nos dispomos a analisar as coisas em seu movimento, em sua transformação, em sua vida, em sua influência recíproca. E então, cairemos imediatamente em um acúmulo de contradições. O próprio movimento já é por si uma contradição (...) e o surgimento contínuo e a solução simultânea dessa contradição são, precisamente, o que constitui o movimento".

A presença da contradição no plano do real exemplifica o que foi dito acima acerca de uma concepção da dialética que resvala deliberadamente de um referencial ou de uma concepção metodológica para uma descrição de leis que regem o real. Desse modo, Engels entende em *Anti-Dühring* que a "contradição (...) reside objetivamente nas coisas e nos fenômenos e que é também uma potência efetiva" (Engels, 1973, p.101). Isso implica, esclarece Engels, que se pode analisar sua presença tanto no plano da mecânica como no da vida orgânica e, ainda, seu desenvolvimento no plano do "mundo do pensamento", engrenado à própria noção de progresso: "tampouco no mundo do pensamento estamos livres de contradições; por exemplo, a contradição entre a capacidade de conhecimento do homem, interiormente ilimitada, e sua existência real, apenas em homens exteriormente limitados e com conhecimento limitado e finito, resolve-se na sucessão, ao menos para nós praticamente infinita, das gerações, em um progresso ilimitado" (Engels, 1973, p.101).

Na primeira parte, mencionamos a opinião de Bhaskar a respeito da complexa relação entre dialética e realidade na obra de Marx. Na verdade, o próprio Engels interpreta essa complexidade em sua discussão com Dühring: é do decurso do desenvolvimento do conhecimento científico do real que se extraem as leis da dialética, e não da mera constituição de um *a priori* teórico. Nesse sentido, a análise dos processos de acumulação do capital traria uma espécie de prova de veracidade da lei hegeliana de troca de quantidade em qualidade.

Essa dupla face da dialética constitui no pensamento de Engels seu caráter unitário e, ao mesmo tempo, diferenciado, o que na *Dialética da natureza* é chamado de "dialética subjetiva" e "dialética objetiva"; a primeira, relativa aos processos de pensamento e a segunda, à descrição ou explicação dos fenômenos empíricos do mundo: "A chamada dialética 'objetiva' domina toda natureza, e a chamada 'dialética subjetiva', todo pensamento dialético; o que se manifesta em toda natureza não é senão o reflexo do movimento através de contradições, e são justamente essas contradições que, em sua luta permanente na qual sempre acaba desaparecendo um no outro que o contradiz ou elevando-se a uma forma superior, condicionam a vida da natureza" (Engels, 1961, p.178).

Assim, a dialética discursiva, própria das formas de pensamento, é um reflexo ativo, conceitual, das leis que regulam o real. Isso implicará, tanto nas teses de Engels como no que Vygotsky desenvolverá, por exemplo, em *O significado histórico da crise da psicologia*, que se compreenda a necessidade de estudar especificamente as relações das teses gerais ou das leis gerais do movimento nos campos particulares abordados. O ponto de partida obrigatório seria então o de conceber o movimento – do real, das idéias ou do pensamento sobre o real –, o que exige um enquadre de caráter histórico. As concreções históricas das diversas formas de pensamento sobre o real, assim como o acompanhamento do movimento do próprio real, significam esse processo de conhecimento. Nesse sentido, Engels (1961, p.202) afirma – e depois Vygotsky recupera – que "as leis naturais eternas vão se convertendo cada vez mais em leis históricas".[2]

Uma síntese da concepção da dialética expressada em *O significado histórico...*, que posteriormente se encontrará em boa parte da obra psicológica vygotskiana, reside, sem dúvida, em tomar o dialético como um modo de abordagem, como um marco epistemológico que orienta a pesquisa específica em um campo específico. Ou seja, supõe-se a necessidade de fazer uma abordagem de tipo histórico ou genético e de compreender os fenômenos psicológicos – seja na história da psicologia, seja no programa concreto de uma psicologia geral – como a síntese – ou, pelo menos, a expressão – de elementos em tensão irredutíveis entre si.

O último ponto é central e corresponde ao modo como Vygotsky elabora a descrição e a explicação na psicologia. Como se verá no próximo capítulo, estas se expressam tanto em sua concepção geral do desenvolvimento ontogenético – como tensão entre uma linha de desenvolvimento natural e outra histórica ou cultural – como na do funcionamento do pensamento verbal e das tensões irredutíveis entre os regimes de sentidos idiossincráticos ou pessoais e os de significação pública ou social das palavras.

NOTAS

1 Como se recordará, Spinoza entende por *natura naturans* os atributos de uma essência eterna e infinita, que é em si e por si concebida, isto é, o próprio Deus. A *natura naturans* é, assim, o princípio criador da *natura naturata*, entendida como tudo o que deriva da natureza de Deus, de cada um de seus atributos e de todas as formas de seus atributos, enquanto sem Deus não podem ser nem ser concebidos.

2 Como vimos nos Capítulos 1 e 5, esse posicionamento acerca da extensão que se deve dar à dialética da natureza não será compartilhado por Piaget. Para além do contraponto com a posição piagetiana, o assunto está ligado às polêmicas da década de 1960 entre os teóricos marxistas acerca de relação existente entre materialismo histórico e materialismo dialético; o primeiro, considerado como uma nova disciplina, uma ciência da história, a partir da qual foi possível justamente delimitar o corpo conceitual da filosofia marxista, entendida como materialismo dialético (cf. Althusser, 1987; Badiou, 1987).

7
Vygotsky e a ciência psicológica

O PROBLEMA DA CIÊNCIA PSICOLÓGICA

Para além desse contraponto ou uso mais ou menos literal ou explícito, como vimos no capítulo anterior, de alguns enunciados da obra de Marx e Engels, Vygotsky põe em cena o que considera como uma concepção dialética que traz como resultado, na especificidade dos campos que aborda, problemas também específicos. Assim, no plano do trabalho sobre *O significado histórico da crise da psicologia* pode-se encontrar, como já dissemos, o esboço de uma tentativa de "dialetizar" os processos de desenvolvimento do próprio pensamento psicológico.

Os tópicos que foram analisados com alguma recorrência como centrais na elaboração epistemológica de *O significado histórico da crise...* (Yaroshevsky, 1989; Kozulin, 1994; Van der Veer e Valsiner, 1991) giram em torno do questionamento das relações reducionistas ou de generalização inadequada ou ideológica com que operava a ciência psicológica da época. Nesse sentido, uma forma dialética de abordagem das características, dos alcances e dos limites que parecia ter o conhecimento psicológico levariam Vygotsky à necessidade de reformular com cuidado a maneira de compreender as relações entre teoria e dado, teoria e prática, tipo e variedade, objeto e processo.

Como se verá, em cada caso se expressaria a necessidade de construir um pensamento não-dicotômico ou redutivo, com diferentes graus de especificidade com relação ao campo e ao estado da arte do conhecimento psicológico. Antes de tudo, é claro que a concepção de que todo dado comporta uma carga teórica não se refere a uma especificidade do conhecimento psicológico. Assim, parece pertinente tratar esse aspecto segundo a concepção vygotskiana geral do desenvolvimento da ciência, embora seja examinado a propósito da psicologia. Deixaremos para um segundo momento o problema do objeto e do processo, assim como o tipo e a variedade, para tratá-los junto com os problemas de método na abordagem dos processos psicológicos.

A TEORIA E OS FATOS

Em *O significado histórico da crise...*, como se disse, Vygotsky analisa uma série de problemas centrais para a constituição de uma ciência psicológica. O caráter "marxista" dessa disciplina não residiria nem nas citações textuais das obras de Marx e Engels – como Vygotsky acusa com ironia em algumas tentativas contemporâneas – nem tampouco em seu produto último. Ou seja, a seu ver, de certo modo, a tentativa de uma "psicologia marxista" não teria sentido, como não o tem a de uma física marxista, já que, em última instância, a intenção seria apenas mostrar que se tratava de uma ciência "verdadeira" ou de um saber contraposto a outros não científicos. Assim, a identidade marxista de uma ciência psicológica residiria, em todo caso, no modo de construção e, em segundo lugar, como veremos, no caráter prático.

O desenvolvimento dessa ciência se interpõe no decurso da própria disciplina e na lógica de construção conceitual de seu objeto, e também incide de maneira decisiva no desenvolvimento social. De certa forma, trata-se de recorrer a formas pré-históricas do desenvolvimento humano com ferramentas que, na medida em que se constitua uma psicologia geral sobre essas bases, seriam insuficientes. Como veremos, o caráter prático não parece limitar-se ao "impacto" do trabalho científico sobre os problemas sociais, mas está associado ao caráter inerentemente transformador – em sentido descritivo, e não valorativo – da atividade cognitiva ou científica.

Como já se destacou, nesse escrito inicial Vygotsky tenta desenvolver uma espécie de evolução dialética do aparato conceitual dentro do pensamento psicológico. Isto se expressa com clareza na vontade de mostrar a crise da ciência psicológica como um aspecto positivo, que coloca a reflexão desse momento histórico no lugar da produção de uma necessária síntese dos problemas abertos pelas teorias existentes. Ou seja, a novidade a ser produzida não pode vir de outra parte a não ser do estado em que se encontra o próprio pensamento psicológico.

Diz Yaroshevsky: "Depois de ter lido Hegel na sua juventude, Vygotsky formou uma concepção sobre o Logos histórico. Agora transformou essa concepção em uma chave da evolução das idéias psicológicas. Diferentemente dos dialéticos especulativos, seguiu firmemente o método da reconstrução histórica, da cuidadosa restauração de tudo o que foi registrado na crônica da psicologia"[1] (Yaroshevsky, 1989, p.174; tradução nossa).

No desenvolvimento desse esforço, Vygotsky abordará algumas questões cruciais:

1. A necessidade de desenvolver uma psicologia "geral", incluídas suas diversas aplicações, acima do desenvolvimento dos diversos campos disciplinares.
2. O problema de delimitar de modo adequado o objeto de estudo, distinguindo, como se disse, entre o objeto a ser explicado e o princípio explicativo.
3. A análise dos problemas suscitados nos enfoques contemporâneos e a lógica que animou seus esforços explicativos.
4. A compreensão do caráter prático da empresa psicológica, tanto por uma projeção de suas conseqüências como por seu ponto de origem.

A primeira questão é a necessidade de desenvolver uma "psicologia geral", uma disciplina que consiga capturar os aspectos mais gerais do psicológico, aqueles traços comuns à diversidade de seus fenômenos. A tarefa de uma psicologia geral consistiria na busca dos elementos comuns aos fatos psíquicos, caracterizados como fatos científicos. Vygotsky faz uma distinção entre fato real e fato científico, no sentido de que a constituição de um fato em ciência implica uma abstração de aspectos dos fenômenos orientada por sistemas de conceitos. Ou seja, um fato comporta inevitavelmente uma carga teórica, pois, como se verá, seu recorte da experiência presume a remissão a um determinado referencial conceitual.

Desse modo, a intenção de elaborar uma psicologia geral depara-se com um obstáculo proveniente de que os principais sistemas teóricos vigentes na psicologia – como a psicologia de corte subjetivista, a psicanálise, o behaviorismo e a reflexologia – tentam elaborar teses gerais e enunciar princípios explicativos de perspectivas diferentes e incompatíveis; na opinião de Vygotsky, elas acabam inclusive produzindo banalidades. "O que têm em comum todos os fenômenos estudados pela psicologia, o que é que converte em fatos psíquicos os fenômenos mais diversos – desde a secreção da saliva nos cachorros até o prazer da tragédia –, o que têm em comum os desvarios de um louco e os rigorosíssimos cálculos de um matemático? A psicologia tradicional responde: o que eles têm em comum é que todos são fenômenos psíquicos, que não se desenvolvem no espaço e são acessíveis apenas à percepção do sujeito que os vive. A reflexologia responde: o que todos esses fenômenos têm em comum é que eles são fatos de comportamento, processos correlativos de atividade, reflexos, atos de resposta do organismo. Os psicanalistas dizem: o que há de comum a todos esses fatos, o mais primário, o que os une e constitui sua base, é o inconsciente. Portanto, essas três respostas estabelecem três significados distintos da psicologia geral, que a definem como ciência 1) do psíquico e de suas propriedades; 2) do comportamento; e 3) do inconsciente" (Vygotsky, 1991a, p.266).

O problema de construir uma psicologia geral não está em que a definição de uma base empírica, como a dos fatos psíquicos, comporte uma carga teórica, pois isto expressa, como se viu, um princípio inerente à construção do conhecimento. Para Vygotsky, a dificuldade reside no estado do conhecimento dentro da própria ciência psicológica. Os avanços parciais em diferentes domínios foram alardeados como candidatos a princípios explicativos unificadores, o que gerou, em última instância, uma espécie de visão ideológica.

A análise de tipo histórico realizada por Vygotsky o levará a postular a existência de "fases" de desenvolvimento das idéias científicas no campo psicológico, no âmbito dos diferentes sistemas. A lógica que ordena a seqüência parece ir de achados valiosos em domínios específicos do campo psicológico à intenção de se erigirem, como já se assinalou, em princípios explicativos gerais, o que supõe cair em uma forma de reducionismo explicativo. A seqüência, de acordo com a descrição formulada por Vygotsky, será a seguinte:

1. Descoberta que assenta um novo ponto de vista sobre um âmbito de fenômenos conhecidos.
2. Extensão da idéia a novos fenômenos e, conseqüentemente, caráter abstrato dessa idéia.
3. Tentativa de dominar o conjunto da disciplina, modificando sua estrutura.
4. Desprendimento da idéia do conceito principal e extrapolação dessa idéia, o que permite que seja instituída como princípio explicativo.
5. Formulação da idéia "como ideologia", o que a faz cobrar o estatuto de fato filosófico.

A descrição desse processo e de suas características mostra, em um mesmo ato, as teses de Vygotsky sobre a dinâmica da evolução das idéias psicológicas e parte de sua concepção sobre a caracterização dos fatos científicos e a dinâmica da explicação em psicologia. Dessa maneira, atinge aspectos relativos à questão gnosiológica, assemelhando-se em muitos casos, como sugeria Yaroshevsky, à definição de problemas na história da ciência com a qual se indagará posteriormente no campo ontogenético.

Essas questões dizem respeito a temas como: a) o estatuto que se deveria atribuir à possibilidade do conhecimento objetivo; b) o papel nodal dos signos, desde os sistemas conceituais científicos até o significado das palavras, que se erigem em uma espécie de precursor genético – a partir do sentido comum ou das concepções cotidianas – no plano da história ou ainda da ontogênese e c) a natureza das explicações científicas.

Na obra de 1927, como vimos, Vygotsky faz uma distinção entre fato real e científico, mesmo quando a presença de um ordenamento conceitual do fato científico pareça ser mais uma questão de grau do que de tipo ou qualidade desse componente, na medida em que é impossível conceber um contato com os dados brutos da experiência. A seu ver: "Todo fato científico natural isolado, por mais empírico e pouco maduro que seja, já encerra uma abstração primária. O fato real e o fato científico se distinguem um do outro justamente em que o último constitui o fato real reconhecido em determinado sistema, isto é, uma abstração de certos traços da inesgotável soma de signos do fato natural. O material da ciência não constitui o material natural não amadurecido, mas sim o material logicamente elaborado que se destaca de acordo com um determinado signo" (Vygotsky, 1991a, p.281).

Como ocorrerá posteriormente no campo da ontogênese, a caracterização vygotskiana da cientificidade de uma concepção parece residir no caráter sistemático e tematizado do referencial conceitual que permite o recorte dos fatos. Isso implica, de certa forma, que a conceituação é ordenada com uma atenção sustentada pelo conjunto das conceituações, em diálogo simultâneo com os objetos e os conceitos. A análise dos conceitos permite, além disso, novas leituras da experiência.

Como se pode perceber, os signos ocupam um lugar central na constituição dos fatos científicos, assim como na possibilidade de estabelecer matizes ou gradualidades nos tipos de conhecimento, elaborados, por sua vez, segundo o tipo de signo e o tipo de utilização que se faz dele. Evidencia-se aqui, como antecipamos na introdução deste item, a presença de uma preocupação com os elementos mediadores semióticos na própria explicação epistemológica.[2]

Além disso, o uso "descontextualizado" dos signos revela, como assinala Wertsch (1993), tanto um potencial da atividade semiótica – de algum modo complementar do potencial contextualizador da fala interior – como um modo particular de relação entre os signos.

Vale lembrar que o caráter descontextualizado do uso da ferramenta semiótica está ligado basicamente a três aspectos: 1) a independência do uso do signo com relação às condições ou restrições de sua aquisição; 2) o uso "transcontextual" dos signos, isto é, o uso crescentemente generalizável e, portanto, abstrato; 3) o exame do signo fora das situações habituais de uso, como pode ocorrer no ensino da língua no âmbito escolar; nesse caso, trata-se de atender às propriedades e às relações da ferramenta semiótica como tal. Esses matizes não são excludentes; ao contrário, supõem a primeira questão como crucial, isto é, a possibilidade de desligar as ferramentas semióticas das situações iniciais ou habituais de uso[3] (Wertsch, 1988 e 1993; Cazden, 1991).

Esse uso descontextualizado dos signos se expressa, sobretudo, nas formas científicas de conceituação ou na matemática – como diz Vygotsky no famoso capítulo 6 de *Pensamento e linguagem*; no predomínio das relações intraconceituais – a possibilidade de definir os conceitos por uma remissão infinita a outros conceitos – sobre as relações referenciais – atentas às propriedades dos referentes ou exemplares, como ocorre na construção inicial de conceitos espontâneos. Assim, a relação dado-signo aparece problematizada no próprio desenvolvimento da capacidade de conceituação, desde suas origens e até em suas formas mais elaboradas e, possivelmente, valorizadas na obra, como a racionalidade abstrata (Wertsch, 1993).

Assim, embora todo fato contenha uma carga teórica (ou, inversamente, todo conceito possua certa origem ou ressonância empírica), é possível e necessário estabelecer diferenças quanto ao tipo de relação com o empírico ou quanto ao lugar que ele ocupará no conjunto de uma indagação ou da constituição de um saber.

Na obra de 1927, a diferença entre ciências particulares e ciência geral parece implicar, portanto, uma cuidadosa distinção: "Não poderíamos dizer que tanto o fato como o conceito participam da formação do objeto de uma e outra ciência; mas, em um caso – no da ciência empírica – recorremos aos conceitos para conhecer os fatos e, no segundo – na ciência geral –, utilizamos os fatos para conhecer os próprios conceitos?" (Vygotsky, 1991a, p.283).

Vygotsky responderá negativamente, como se viu, sempre que uma descrição da experiência, mesmo a mais elementar, presumir uma análise conceitual. É exatamente isso que justifica a empresa científica, já que a distingue do mero "registro" de fatos da experiência e situa a análise conceitual como um elemento inerente a ela: "O conceito científico distingue-se do registro no ato da escolha do conceito necessário, isto é, na análise do fato e na análise do conceito" (Vygotsky, 1991a, p.284). Esse problema – o da participação de um elemento conceitual em toda experiência – reaparece de modo crítico nas maneiras de conceber as relações "teoria-prática", não apenas na obra vygotskiana original, mas também nas interpretações de que será objeto entre os autores pós-vygotskianos (cf. Rowlands, 2000).

A CIÊNCIA PSICOLÓGICA E O PROBLEMA PRÁTICO

É interessante notar que o tratamento da questão do científico implica em Vygotsky tanto a questão gnosiológica sobre a cognoscibilidade do mundo quanto o estabelecimento de uma teoria acerca das formas de consciência: o conhecimento científico ou o desenvolvimento das formas científicas de pensamento implicam a possibilidade de um exame consciente das relações entre fatos e conceitos, para além de sua relação de inerência inevitável a toda forma de funcionamento psicológico humano. O desdobramento de formas científicas de pensamento supõe que se desenvolvam formas de controle consciente cada vez mais sofisticadas, no que diz respeito a rever o caráter das relações entre fatos e conceitos ou, criticamente, entre conceitos e conceitos, pois, como se assinalou, o caráter sistemático e tematizado ou consciente será um dos atributos distintivos das formas científicas de conceituação.

Por esse motivo, aproximar-se da concepção de ciência em Vygotsky envolve considerar que, dentro do legado marxista, ponderaram as idéias de Engels a propósito dos processos de hominização e de trabalho, assim como as discussões filosóficas mais imediatas, relativas à teoria do reflexo de Lênin, na polêmica deste com o idealismo subjetivo e o agnosticismo, que constituíam, nos fatos, parte da essência da discussão gnosiológica do marxismo da época (Silvestri e Blanck, 1993).

Como se recordará, a caracterização do conhecimento científico é proposta na obra marxista como uma diferenciação, mas também como uma relação complexa com as formas ideológicas (Marx e Engels, 1979; Marx, 1997; Curi, 1997). Três aspectos que mostram relação com o tratamento efetuado por Vygotsky a propósito da evolução da ciência psicológica merecem ser destacados da concepção de ciência formulada por Marx:

1. As formas de consciência ou ainda de "falsa consciência" têm origem nas práticas sociais efetivas.
2. O método de pensamento que consegue forjar um conhecimento verdadeiro, o "método científico correto", caminha do concreto real ao abstrato e depois volta ao concreto, e encontra neste último momento de concreção "uma rica totalidade com múltiplas determinações e relações"; constitui assim um produto concreto do pensamento.
3. O conhecimento científico, em uma relação também complexa com a filosofia marxista, é entendido como prática transformadora, como intervenção no "processo de formação do concreto".

A primeira questão situa o conhecimento científico em uma relação de diferenciação de um tipo de representação enganosa, como o que é oferecido pela ideologia. Contudo, o que se deve assinalar é que toda forma de representação do mundo é produto do pensamento de homens "reais e atuantes". A consciência, dirá Marx, "jamais pode ser outra coisa que não o ser consciente, e o ser dos homens é seu processo de vida real" (Marx e Engels, 1979, p.26). Assim, como se verá, o método de abordagem deve partir da análise dos homens reais atuantes, não das formas de consciência, e sim de processos da vida real: "A moral, a religião, a metafísica e qualquer outra ideologia, assim como as formas de consciência correspondentes a elas, perdem assim a aparência de sua própria substantividade. Não têm sua própria história, nem seu próprio desenvolvimento, mas os homens que desenvolvem sua produção material e seu intercâmbio material mudam também seu pensamento ao mudarem essa realidade. Não é a consciência que determina a vida, e sim a vida que determina a consciência" (Marx e Engels, 1979, p.26).

A sujeição inicial às condições dos processos da vida real – em contraposição com a abordagem inicial dos processos de consciência – é um parâmetro para ponderar a possibilidade de surgimento de um saber científico não meramente especulativo que, de resto, não caía, como no caso da história, nem em uma "coleção de fatos mortos" como os que são produzidos pela abordagem abstrata do empirismo, nem em uma "ação imaginária de sujeitos imaginários" (Marx e Engels, 1979, p.27). Desse modo: "Ali onde termina a especulação na vida real, também começa a ciência real e positiva, a exposição da ação prática, do processo prático de desenvolvimento dos homens. Ali terminam as frases sobre a consciência e se instala em seu lugar o saber real. A filosofia independente perde, com a exposição da realidade, o meio em que pode existir" (Marx e Engels, 1979, p.27).

Mas, como se adiantou, a "ciência burguesa", isto é, uma ciência que pode servir a certo ocultamento ou à produção de uma certa representação enviesada ou limitada do real, não deixa de ter um caráter parcialmente científico na medida em que, como se analisa a propósito da economia política, tem "sentido". Para Umberto Curi (1997), a propósito de *Introdução geral à critica da economia política de Marx* (Marx, 1997): "A ideologicidade do procedimento seguido pelos economistas, funcional para a consecução de certos objetivos apologéticos, não está em relação adversativa, e sim complementar, com relação à "cientificidade" da demonstração. A eternização dos processos de produção históricos não é, portanto, conseqüência imprevista, resultado de uma subordinação extrínseca da presumida pureza da argumentação científica a respeito do caráter instrumental da destinação apologética, e sim realização imanente e inevitável de um procedimento dirigido à demonstração da "eternidade e da harmonia das condições sociais de existência" (Curi, 1997, p.24-25).

Quanto à caracterização do *"método"*, na célebre passagem dedicada ao tema em *Introdução geral...*, Marx exemplifica o tratamento dado a categorias como a de população: "Assim, se começasse pela população, teria uma representação caótica do conjunto e, especificando cada vez mais, chegaria analiticamente a conceitos cada vez mais simples; do concreto representado, chegaria a abstrações cada vez mais sutis, até alcançar as determinações mais simples. Ao chegar a esse ponto, teria de fazer a viagem de volta, até chegar novamente na população, mas esta não teria mais uma representação caótica de um conjunto, e sim uma rica totalidade com múltiplas determinações e relações" (Marx, 1997, p.50). Ou seja, a remissão do real e vivente como ponto de partida do conhecer não implica que o contato inicial com o "concreto" ofereça de imediato a possibilidade de dar conta de suas múltiplas determinações. De acordo com a célebre passagem: "O concreto é concreto porque é a síntese de múltiplas determinações; portanto, unidade do diverso. Aparece no pensamento como processo de síntese, como resultado, não como ponto de partida, embora seja o efetivo ponto de partida e, conseqüentemente, o ponto de partida também da intuição e da representação. No primeiro caminho, a representação plena é volatilizada em uma determinação abstrata; no segundo, as determinações abstratas conduzem à reprodução do concreto pelo caminho do pensamento" (Marx e Engels, 1979, p.51).

Quanto ao caráter "prático" da empresa científica na concepção vygotskiana, vale recordar dois aspectos que, pela ênfase que adquirem, convergem com o pensamento marxista. Em primeiro lugar, uma questão referente ao conhecimento científico, como se viu na obra de Marx, é seu caráter inerentemente transformador. Como lembrava Curi (1997), o que distingue a economia política científica de seus postulados anteriores, que enfatizavam a ascensão ao simples, mas não rematavam nos aspectos relativos à conformação de um "concreto pensado", é precisamente o caráter meramente contemplativo destes com relação ao real, sua incapacidade para operar sobre o concreto e gerar mudanças; daí a perspectiva de "eternização das relações de produção". De fato, como se afirma na conhecida Tese 11 sobre Feuerbach: "Os filósofos não fizeram mais do que interpretar de diversas maneiras o mundo, mas a questão é transformá-lo" (Marx, 1975, p.92). Talvez seja necessário observar, como assinala Rowlands, que o caráter transformador que deve ter a construção científica constitui um elemento descritivo da natureza da atividade epistêmica eficaz em sua capacidade de operar sobre o real, e não um mero chamamento à mudança social (Rowlands, 2000).

No pensamento propriamente psicológico, Vygotsky encontrava esse primeiro caráter transformador do conhecimento científico. Contudo, a questão da prática pode ser analisada de outra perspectiva quanto à ênfase que

Vygotsky dava à "psicologia aplicada". Como destacam Van der Veer e Valsiner (1991), é extremamente interessante o tratamento hierarquizado dos domínios aplicados da pesquisa psicológica feito por Vygotsky, a ponto de considerar que um fator crucial na atmosfera de crise que atravessava a disciplina nos anos de 1920 era justamente o enorme crescimento experimentado pelos desenvolvimentos práticos da psicologia vinculados à clínica, à educação, etc. Vygotsky atribuía a um preconceito negativo julgar a aplicação como um momento pós-científico e sem valor da atividade investigativa. Para ele, ao contrário, os domínios práticos eram territórios de confrontação e validação que colaboravam fortemente com a orientação e a definição de hipóteses teóri-cas. Atualmente, tornou-se um consenso bastante geral a avaliação feita na psicologia educacional do risco das concepções aplicacionistas, que não atendiam ou não atendem à especificidade e aos desafios que os domínios práticos colocam aos próprios programas de base (ver, por exemplo, Coll, 1988; Baquero, 1997a).

De acordo com Rowlands (2000), a análise do problema da "prática" na concepção marxista e – sobretudo – nos intérpretes da obra vygotskiana tem algumas conseqüências impensadas sobre o modo de conceber as relações entre teoria e prática; fundamentalmente, como se verá, no que diz respeito ao papel das práticas escolares ou de ensino na geração de formas de pensamento "científicas".

O problema tem interesse porque condensa as relações que a perspectiva vygotskiana mantém com a perspectiva marxista, tal como descrevemos até aqui, e, ao mesmo tempo, por causa das leituras heterogêneas ou mesmo contraditórias que podem ser feitas ao extrair conseqüências educativas da obra de Vygotsky (Baquero, 1998). O tema da relação entre as formas de conceituação cotidianas e as científicas é crítico a esse respeito, porque, como afirma Rowlands, refere-se à possível ou efetiva derivação relativista de vários enfoques socioculturais, que dizem encontrar sua fonte ou um antecedente sem dúvida importante na obra vygotskiana. Ou seja, ao avaliar as formas espontâneas de conceituação e moderar, de certo modo, sua descontinuidade com as formas científicas, se correria o risco, como se verá, de relativizar o caráter "objetivo" do saber científico que é o produto de atividades históricas e socialmente específicas.

Entendemos que a isto se deveria agregar, talvez, um viés produzido pelas leituras "pós-piagetianas" da obra vygotskiana na psicologia educacional e na educação; de fato, as interpretações educativas que foram geradas a partir da obra piagetiana – com relativa independência de sua "fidelidade" à obra original – situaram um mapa de problemas, sentidos e advertências com base nas quais foram interpretadas depois as virtudes e os riscos das derivações vygotskianas (Baquero, 2002).

Nesse caso, o problema que se coloca em torno da práxis como fonte de teorização e de recuperação possível de uma sutura entre saberes cotidianos e científicos reflete a preocupação razoável da tradição piagetiana pelo viés instrucional que podiam assumir as derivações educativas vygotskianas. Hatano, um dos autores que descreveram a existência dessa paisagem pós-piagetiana na recepção tardia da obra vygotskiana na educação, talvez seja ele próprio, paradoxalmente – nos critérios utilizados para definir uma posição construtivista em sentido estrito – um exemplo da presença de uma espécie do mapa "piagetiano" na recepção e na avaliação crítica das propostas ou derivações pedagógicas (Baquero, 2002).

Quanto ao presente desenvolvimento, é importante destacar do detalhado trabalho de Rowlands a preocupação com as conseqüências que pode ter, portanto, divorciar a obra vygotskiana das posições epistemológicas marxistas, essencialmente em relação ao problema da objetividade. Rowlands tenta mostrar que o conceito de prática em Marx ultrapassa o uso habitual da noção de práxis. Na verdade, ele adverte que, em qualquer caso, fica evidente que na formulação de Marx o componente teórico é anterior e possibilitante de uma prática, e não uma mera expressão ou um emergente *a posteriori* de uma práxis. Ou seja, toda prática supõe a existência de um elemento teórico (ou ideal) anterior, que a significa e ordena; isto não impede que, como conseqüência da prática, produzam-se novidades ou modificações na ordem da teoria, embora não se deva pensar que a prática é a única fonte de sua elaboração ou que se pode falar, como vimos – e este é um ponto crucial – de uma "experiência pré-teórica". Rowlands afirma, com razão, que a posição vygotskiana tampouco admitiria a existência de uma experiência pré-teórica; esse ponto, não trabalhado sobre essa fonte em Rowlands, aparece tematizado explicitamente pelo próprio Vygotsky, como assinalamos, em *O significado histórico da crise da psicologia*.

Assim, a noção de prática comportaria pelo menos dois sentidos na obra – e na tradição – marxista. Por um lado, a noção de prática como práxis – como compromisso (*engagement*) ou agenciamento no mundo – e, por outro, a noção de prática em um sentido similar ao de prática teórica (Althusser, 1973), uma prática de transformação no plano das representações, tanto no nível "ideológico" ou "pré-científico" como no plano científico. Assim, a "carga teórica" não é privativa das formas científicas de conhecimento.

Mas, seguindo as observações de Rowlands, a práxis, enquanto agenciamento em uma atividade social, comportaria um elemento "ideal" que ordenaria a própria experiência. A prática, nesse sentido, é configurada por sua relação com a busca de um ideal que lhe dá sentido. É por isso que o conhecimento deriva de uma ação transformadora, ainda que esta ação, enquanto ação ou prática humana, é sinalizada justamente por esse objetivo ou intenção de transformação. Assim, segundo Rowlands: "Em Marx, há um sentido em que 'prática' implica não apenas a noção de práxis, mas também a noção de que a teoria é anterior à prática na tentativa de compreender o mundo (prática no sentido de "perseguir uma idéia")" (Rowlands, 2000, p.543).

O conhecimento provém de um agenciamento prático no mundo ordenado intencionalmente, não de forma necessária ou deliberada – como será no caso do conhecimento científico – por uma intenção epistêmica, mas por uma espécie de vontade transformadora. Desse modo, o conhecimento do mundo nunca é o do mundo "tal como é" – mesmo quando a metáfora pouco feliz da teoria do "reflexo" sugere equívocos –, e sim, necessariamente, o da maneira ou das formas como o mundo variou ou mudou como resultado da ação transformadora. Essa noção de agenciamento prático implicaria, segundo a interpretação de Rowlands, um componente "ideal" ou teórico anterior no ordenamento da própria atividade.

Como se disse antes, essa questão aparecerá com mais clareza na distinção entre as formas de cognição cotidiana e científica na medida em que a conceituação científica parece trabalhar sobre objetos teóricos, mais do que sobre objetos reais em sentido estrito. Ou seja, a prática científica trabalharia sobre a base empírica ordenada a partir de suas hipóteses, conceitos, pressupostos e intenções, que ordenariam os próprios artifícios experimentais que produzem em certo sentido os fatos. Essa análise alinha-se com a concepção, comentada acima, do conhecimento como produto de uma atividade transformadora em sentido estrito. Segundo Mathews: "Existe um objeto real da ciência (objetos e eventos no mundo) e existe um objeto teórico da ciência (fórmulas, descrições, observações). A construção de conhecimento começa com este último e termina com a construção de um novo objeto teórico" (Mathews, 1980, p.100, citado em Rowlands, 2000).

Portanto, no projeto de construção de uma ciência psicológica, passa a ter uma importância central a delimitação teórica do objeto e dos problemas a serem abordados, assim como o desenvolvimento metodológico conseqüente. As observações descritas por Rowlands alinham-se, portanto, ao caráter central que assume o problema expressamente colocado por Vygotsky, e que desenvolveremos mais adiante, na delimitação de unidades de análise adequadas na indagação psicológica.

Além disso, embora a delimitação teórica de um objeto seja relativa ao estado da arte e às condições sociais ou históricas da própria atividade científica, isto não torna a concepção "relativista". O que se enuncia é a possibilidade de um conhecimento objetivo, cuja objetividade deriva, por necessidade, do produto de uma atividade transformadora historicamente específica.

A prática científica, na concepção marxista e vygotskiana, desenvolveu formas de racionalidade abstrata que se imagina que possam produzir um tipo de conhecimento – se preferirem, "não ideológico" – que capte com maior eficácia a legalidade do mundo objetivo.

Prosseguindo na análise da noção de prática sugerida por Rowlands, o caráter prático que deveria ter a construção de uma ciência psicológica em Vygotsky não estaria relacionado apenas à necessária atenção às questões da "prática" profissional ou das "urgências sociais", como se fosse um mandato extraído equivocadamente por muitos socioculturalistas da Tese 11 sobre Feuerbach, já comentada; estaria relacionado também ao fato de que o próprio empreender a construção de uma psicologia científica dentro da tradição marxista teria a exigência epistêmica de produzir um conhecimento objetivo em virtude de uma atividade necessariamente transformadora.

Porém, a transformação não deveria ser entendida imediatamente como mudanças sociais, e sim no sentido epistêmico de produção de artifícios teóricos e procedimentais que consigam, por sua vez, produzir transformações nos processos indagados, permitindo compreender as leis que governam os processos objetivos. É assim que Rowlands interpreta os comentários de Vygotsky sobre a noção de Zona de Desenvolvimento Proximal (ZDP) na opinião de Rowlands, esta poderia ser entendida, principalmente, como uma espécie de "metodologia de pesquisa", quando o próprio Vygotsky a considera como uma ferramenta privilegiada para o psicólogo na compreensão dos processos internos de desenvolvimento, visto que suscita processos específicos analisáveis de maneira metódica.

Vimos até aqui algumas das idéias centrais da concepção epistemológica vygotskiana no interior das discussões da tradição marxista, assim como algumas de suas projeções nas interpretações contemporâneas nos enfoques socioculturais. No próximo capítulo, em convergência com uma parte dos problemas sugeridos por Rowlands, abordaremos a questão crítica da definição de unidades de análise na pesquisa psicológica; isto constitui, a nosso ver, uma outra maneira, alternativa à de Rowlands – embora não incompatível – de considerar o papel e a origem da categoria de ZDP, na medida em que essa noção condensaria os elementos críticos de uma unidade de análise no enfoque vygotskiano.

NOTAS

1 After reading Hegel in his youth, Vygotsky formed a conception about the historical Logos. He now transformed that conception into a key to the evolution of psycho-

logical ideas. Unlike speculative dialecticians, he firmly followed the method of historical reconstruction, of careful restoration of all that was recorded in the chronicle of psychology" (Yaroshevsky, 1989, pág. 174).

2 A idéia básica de que todo termo, toda palavra, encarna uma teoria é tomada por Vygotsky de Alexander Potebnya (1835-1891), "filósofo russo (...) Especialista em filosofia teorética (língua e pensamento, natureza da poesia, psicologia das sensações estéticas, poética do gênero, teoria da 'forma interior da palavra', etc. Representante da escola da 'lingüística histórica' segundo a linha de Humboldt-Steintal. Os trabalhos desse autor exerceram grande influência em Vygotsky" (Vygotsky, 1993, p. 178; nota da edição russa).

3 Assinalou-se o risco de que a denominação "uso descontextualizado" sugira a idéia de que esse uso de uma ferramenta semiótica "carece de contexto". Ao contrário, à margem do que o termo pode conotar, os enfoques socioculturais enfatizam o fato de que o uso descontextualizado é produto de contextos ou atividades específicas, como a escolar ou a acadêmica. (Para uma crítica do uso do termo e inclusive a valorização usual da atividade descontextualizada, ver Van Oers, 1998, e Lave, 2001.)

8
O problema dos níveis e das unidades de análise no desenvolvimento

UNIDADES DE ANÁLISE E PERSPECTIVA DIALÉTICA

Como se sabe, o problema de definição de unidades de análise na psicologia do desenvolvimento atravessa de modo central as questões enunciadas como próprias e cruciais na agenda atual. As questões da cisão – sujeito-objeto, indivíduo-sociedade, natureza-cultura –, do risco de reducionismo, da determinação de níveis de explicação adequados e outras estão ligadas estritamente à delimitação de unidades de análise na explicação psicológica (Baquero, 2001). Dentro da tradição neo e pós-vygotskiana, a discussão desse tópico ocupou um lugar medular (conforme Zinchenko, 1997; Cole, 1999; Wertsch, 1998; Rogoff, 1997; Engeström, 1987; Bronckart, 2000).

Vygotsky apresentou a questão como particularmente crítica para efeitos de evitar posições redutivas ou atomísticas na psicologia, sustentando que a busca de explicações deveria fundar-se na descoberta de unidades de análise adequadas, e não apenas em elementos ou componentes isolados, e depois relacionados. É preciso advertir que a matriz que estimula esse propósito é orientada pela necessidade de não renunciar à complexidade dos fenômenos abordados, assim como pela vontade de constituir uma abordagem genética.

A necessidade de delimitar cuidadosamente unidades de análise decorre de uma dupla preocupação: por um lado, a causa dos problemas relativos ao modo como deveriam ser caracterizados os processos de desenvolvimento e, por outro lado, em relação muito estreita com a primeira, conforme o tipo de abordagem metodológica adequado. Em ambos casos, é deliberada a intenção de sintonizar com aquilo que se entende como próprio de uma concepção e de um método dialéticos.

Com relação ao desenvolvimento, Vygotsky (1988, p.116) insiste que este deve ser considerado como "um processo dialético complexo, caracterizado pela periodicidade, a irregularidade do desenvolvimento das diversas funções, a metamorfose ou transformação qualitativa de uma forma em outra, a inter-relação de fatores externos e internos, e os processos adaptativos que superam e vencem os obstáculos com os quais se depara a criança".

Quanto à concepção metodológica, ela não se referirá apenas à discussão de estratégias ou técnicas de abordagem, mas também à necessidade de procurar que o tratamento metodológico seja consistente com o embasamento teórico. É por isso que a crítica vygotskiana ao paradigma usual estímulo-resposta – que acreditava, embora com diferenças, como próprio tanto das posições objetivistas como da psicologia introspectiva – repousava em última instância em que as duas posições pareciam atribuir um caráter unidirecional às relações do sujeito com o ambiente ou a natureza. Ao contrário, uma concepção dialética como a apontada no capítulo anterior obriga a analisar as relações recíprocas entre sujeito e natureza e, conseqüentemente, a desenvolver uma estratégia metodológica que permita captar essa inter-relação em sentido forte.

Além disso, uma concepção dialética deve obrigatoriamente tanto atender ao caráter processual-evolutivo dos fenômenos abordados como também tentar captar as relações "dinâmico-causais" que o explicam, sem incorrer no duplo erro ou na limitação de adotar uma perspectiva de análise apenas do objeto (contra o processo em sua temporalidade ou história), em última instância, descritiva (contra uma abordagem explicativa, genotípica, no jargão de Lewin que lembrava Vygotsky).

Assim, como veremos, a delimitação de uma unidade de análise deverá atender à exigência simultânea de captar uma complexidade na relação dinâmica de seus componentes e possibilitar uma abordagem histórico-evolutiva; esta última, como destacava Vygotsky, não no sentido de um relato de fatos, e sim no de uma análise genética dos processos presentes que procurasse explicar uma configuração atual em função da própria história do destino possível desses mesmos processos.

O tópico a respeito do qual Vygotsky (1993) enuncia mais explicitamente a definição de uma unidade de análise – que, de resto, foi o mais utilizado ou divulgado – é o da natureza do pensamento verbal. Ele julgava que os fenômenos de consciência deviam ser analisados à luz do composto irredutível – embora mutável – formado por pensamento e palavra. Desse modo, a análise dos processos de consciência devia ou podia ser feita sobre a unidade constituída pelo significado das palavras. Contudo, a fim de valorizar a tentativa não-redutiva e respeitosa da complexidade e do caráter genético dos processos de explicação, temos de compreender que, na verdade, a definição de unidades de análise feita por Vygotsky vai muito além dessa mera formulação explícita.

Em primeiro lugar, Vygotsky coloca, em termos gerais, os problemas da explicação psicológica e das propriedades – se preferirem – "estruturais" que devia ter uma unidade de análise. Uma unidade de análise devia preservar as características dos processos que animam uma totalidade a ser explicada. As unidades têm, portanto, um caráter não atomístico, mas sim molecular, segundo sua conhecida analogia com as propriedades da água – como a de apagar o fogo –, irredutíveis às de seus componentes – o hidrogênio e o oxigênio – que colaborariam com a combustão.

Em segundo lugar, na linha do advertido por Zinchenko (1997), caso se requeresse de uma unidade de análise para o desenvolvimento humano sua continuidade ao longo de todo o processo de desenvolvimento – questão de todo modo discutível – ficaria evidente que na obra vygotskiana a unidade escolhida para explicar as origens do psiquismo não é o significado das palavras. Isto, em princípio, por duas razões claras: primeiro, porque é preciso explicar, segundo o próprio Vygotsky, o caráter derivado do próprio significado das palavras no pensamento verbal, isto é, devemos remontar aos precursores genéticos deste, tanto a inteligência prática quanto a fala; em segundo lugar, porque, ao propor os sistemas funcionais como unidades para compreender tanto os fenômenos de consciência como as configurações ou os progressos do desenvolvimento psicológico, Vygotsky parecia postular uma unidade mais abrangente, da qual o significado das palavras seria um caso, ainda que particularmente importante e crítico. Em sentido estrito, como se sabe, o significado das palavras constituiria a unidade de análise de certos processos de consciência.

UMA PERSPECTIVA SISTÊMICA

O problema funde-se com o da definição, ao mesmo tempo, dos níveis de análise do funcionamento psicológico e do próprio desenvolvimento. Quando se enuncia que os processos de internalização – os processos de reconstrução interna, no plano intrapsicológico, de processos constituídos originalmente no plano interpsicológico – são os tracionadores ou produtores do desenvolvimento das formas superiores de conduta, enuncia-se, então, a necessidade de observar o caráter de inerência – não de identidade – que têm os processos intersubjetivos e intra-subjetivos. Assim como o fundamento do pensamento piagetiano repousa no caráter inseparável e correlativo da constituição do sujeito e do objeto, o pensamento vygotskiano repousa sobre a forte suposição do caráter inseparável dos processos intersubjetivos e intra-subjetivos.

A chave parecia estar, em todo caso, na ponderação dos componentes de uma unidade de análise capaz de explicar o modo como se dá a tração, produção ou ressonância no desenvolvimento subjetivo como efeito dos processos de internalização na atividade intersubjetiva. É ali que o componente semiótico desempenha sem dúvida um papel central, embora não se expresse unicamente ou necessariamente como nível ou grau crescente de "construção de significados", e sim como ferramenta psicológica disponível em uma situação, capaz de gerar efeitos sobre a atividade intersubjetiva e sobre a própria constituição subjetiva.

Dispomos de várias fontes ou âmbitos que ilustram como Vygotsky utilizava essa definição de unidades visando captar a complexidade dos processos que abordava. Por exemplo, na *História do desenvolvimento das funções psicológicas superiores*, parece atribuir um caráter decisivo à interação social e ao uso de ferramentas – principalmente as semióticas – na explicação ontogenética. O mesmo ocorre na abordagem comparada da psicologia animal e humana, e ainda na ponderação dos processos de antropogênese e na análise do homem "primitivo" (Vygotsky e Luria, 1993). É claro também que, à luz das decisões que encara na ordem da elaboração de explicações e no desenho do próprio método na pesquisa ontogenética ou microgenética, Vygotsky esboça as propriedades das unidades de análise que julga adequadas.

Como dissemos, ao tratar o problema dos sistemas psicológicos, Vygotsky (1991b) enfrenta deliberada e simultaneamente o problema de relações como a da natureza com a cultura, expressado, por sua vez, na capilaridade de problemas como o das relações entre funcionamento cerebral ou fisiológico e funcionamento psíquico ou psicológico em sentido estrito. No trabalho sobre os sistemas psicológicos, enuncia várias das características que deveria ter uma certa psicologia "dialética". Interessa no contexto desse trabalho para ilustrar como Vygotsky procedia, para além das formulações gerais ou as recorrências explícitas às teses de Marx ou Engels, a "dialetizar" o tratamento das questões psicológicas.

Considera que a unidade de análise adequada para compreender e explicar os processos psicológicos não reside na caracterização nem das funções, nem das propriedades das funções isoladas. O desenvolvimento, na verdade, como destacará em suas observações metodológicas, está longe de consistir em uma acumulação de mudanças progressivas e contínuas em funções constituídas embrionariamente segundo relações ou nexos dados; ao contrário, reside nas variações radicais das conexões interfuncionais.

O nível psicológico de explicação requer a tensão dos fenômenos psicofisiológicos – e também intra, extra e interpsicológicos – inseparáveis, mas não idênticos, e, ao mesmo tempo, requer uma análise de componentes que serão restituídos para construir uma explicação adequada em uma unidade complexa de conjunto. Um equívoco fatal nas abordagens psicológicas, diz Vygotsky, consiste em cindir os fenômenos que se procura explicar; por exemplo, as formas de consciência e as condições gerais, complexas e de conjunto das quais essas formas são uma parte inseparável, e não um epifenômeno. Como lembra Bronckart, Vygotsky fala da consciência como propriedade das operações psíquicas objetivas, mais do que como "tomada de consciência" (Bronckart, 2000).

Em *Sobre os sistemas psicológicos*, precisamente ao apresentar o conceito de sistema psicológico, tem uma forte intuição sobre o valor heurístico que este teria para superar as perspectivas dicotômicas da psicologia. Por exemplo, ao oferecer alternativas a um pensamento dicotômico em âmbitos de pesquisa heterogêneos e perpassados por questões centrais, como o da compreensão dos processos sensório-motores, que o conceito permitiria captar em sua unidade, ou, em termos mais gerais, como uma maneira de superar as teses holistas ou localizacionistas acerca das funções cerebrais.[1]

A idéia de sistema psicológico encarna uma complexidade evidente na definição de níveis de análise, assim como na ponderação dos componentes de uma unidade de análise e, fundamentalmente, dos padrões de sua relação. A explicação da modificação das relações interfuncionais – que configuram os sistemas psicológicos durante o desenvolvimento – obriga a questionar as fronteiras de uma unidade ou, pelo menos, o caráter fixo ou pouco permeável delas. Entre o biológico e o psicológico, entre as funções entre si, entre o individual e o social, etc., certos nexos cerebrais – e também aqueles que se expressam no nível psicológico em sentido estrito – produzem-se apenas por sua interação dinâmica com outros sujeitos e pela eficácia que possuem os processos semióticos. Ou seja, a configuração dos sistemas psicológicos é o resultado de uma delicada interação de aspectos naturais e culturais, individuais e sociais, fisiológicos e psicológicos, que explicam os diversos modos de estruturação do comportamento, a partir de uma perspectiva de conjunto.

A perspectiva dialética, nos enunciados vygotskianos, parece requerer, então, essa perspectiva sistêmica, no sentido de atenção aos processos de tipo global, estruturado, irredutíveis aos seus componentes. Contudo, a mesma perspectiva adverte que a busca desses processos irredutíveis aos seus componentes não deve levar a confundir a ação recíproca ou a mútua interdependência dos elementos com sua identidade. Ao mesmo tempo, os sistemas psicológicos requerem uma perspectiva genética; isto é, devemos estar atentos ao seu caráter mutante na história do desenvolvimento. Diferentemente das *gestalten* – as estruturas concebidas pela psicologia da *Gestalt* – e em uma direção crítica similar à que Piaget assumiria frente a essa perspectiva, Vygotsky (1991c) ressalta o caráter constituído e diverso que podem ter os processos de estruturação em sentido amplo.

Por um lado, recupera com sutileza a sutileza que percebe nos trabalhos de Koehler, precisamente em sua busca de definição de unidades de análise dos processos intelectuais, passíveis de ser reconstruídos em parte na inteligência animal e não deslocados em meras interações casuais ou em processos de tentativa e erro. A busca de um componente estrutural, de um sistema de interações complexo entre sujeito e situação ou estruturação do campo de objetos, era vista por ele como uma intuição valiosa de Koehler. Porém, sobretudo na projeção dos trabalhos de Koffka, Vygotsky (1991c) percebia limites rígidos na perspectiva, na medida em que não conseguia captar de modo satisfatório as diferenças entre o desenvolvimento animal e humano. Essa impossibilidade residiria justamente na pouca atenção ao caráter histórico-evolutivo das estruturações dos sistemas psicológicos.

UMA PERSPECTIVA GENÉTICA

Esse caráter histórico, mutável, dos sistemas psicológicos expressa-se, por sua vez, como a própria história do desenvolvimento, que se constitui, em última instância, em processos graduais e também por saltos. Sem esses saltos "qualitativos" não se compreenderiam, justamente, as variações substantivas na geração de sistemas psicológicos. Dessa perspectiva, o desenvolvimento não consiste, como já foi dito, na acumulação de tentativas ou hábitos, nem no desenvolvimento de cada função separada do conjunto, mas sim na variação de padrões de relação interfuncional. Por exemplo, um elemento crítico na geração de formas qualitativamente diferentes de desenvolvimento não é o surgimento da fala *per se*, e sim os "usos" da fala na interpenetração de processos, como a memória, a percepção, etc, sob formas de organização que habilita o pensamento verbal ao longo do desenvolvimento.

Além disso, vale assinalar que esse processo não tem um caráter teleológico. Tacitamente, um impulso em direção ao desenvolvimento é supostamente próprio da vida e da história, mas esse processo não se define por um *télos*. Isso se torna evidente pela permanente tensão que expressam os enunciados vygotskianos com relação à diversidade, tanto "natural" como "cultural". Nesse sentido, como se sabe, o desenvolvimento do sujeito surdo ou cego não é um desenvolvimento menor ou contido, mas diferente, e essa diferença é constituída pela capilaridade de sistemas psicológicos também diferentes. Esse sistema de diferenças se expressa então em formas múltiplas, como a patologia, o desenvolvimento "normal", a diversidade cultural, as diferenças individuais, etc.

A perspectiva dialética aqui, do mesmo modo que a piagetiana, conforme vimos, requer uma abertura ao futuro em um certo grau de indeterminação, embora com restrições pelos modos ou níveis de desenvolvimento antecedentes e, naturalmente, pelas características também diferentes e mutáveis, embora definidas, da situação. Trata-se de uma figura similar à da paisagem epigenética recuperada por Piaget e em convergência com acepções atuais que deram continuidade a uma perspectiva não-dualista, como as desenvolvidas por Valsiner (1998b) e Cole (1999).

Nessa posição não-dualista reside, em última instância, a idéia de funcionamento interpsicológico e da origem das formas diferenciais humanos, isto é, a noção de que existem processos psicológicos distribuídos. Um exemplo privilegiado nas formulações vygotskianas, como se sabe, é o da fala dialogada como precursor genético das formas internalizadas da fala ou do pensamento verbal. Na fala dialogada, percebe-se o caráter irredutivelmente interpsicológico que pode ter uma função; assim, além de ser, como dissemos, precursor genético da fala interior, é também, como boa parte do funcionamento interpsicológico, um nível que se conserva; e isto pela simples razão de que o nível de funcionamento interpsicológico não é considerado como um "fator" de desenvolvimento ou um aspecto "influente" sobre um processo de desenvolvimento em última instância "individual", mas preserva seu próprio estatuto, sua relativa independência funcional dentro dos sistemas de conjunto. Funcionamento individual e social são assim mutuamente interdependentes, ainda que não redutíveis um ao outro.

Por conseguinte, uma perspectiva dialética obrigaria a entender as variações, diferenciações, etc. como enriquecimentos recíprocos de funções e processos. Os "níveis", as formas ou os processos prévios se subsumem e se integram em novas modalidades funcionais que são potencialmente habilitadas por eles e que se concretizam apenas sobre a base efetiva das interações funcionais intra- e interpsicológicas que são produzidas. Ou seja, sobre a base do que foi definido como característico do funcionamento intrapsicológico – como a idéia da variação das pautas de conexão entre processos em um sujeito ao longo do desenvolvimento – delineia-se e completa-se a noção de uma interação simultânea no nível interpsicológico, que volta a assumir a característica de um sistema psicológico distribuído.

O funcionamento intrapsicológico, o desenvolvimento de funções como a da fala interior, não suprime as formas de fala social ou dialogada, mas, ao contrário, reverte-se sobre elas ou as co-define. Em sentido estrito, os processos intra e interpsicológicos se co-definem. O debate contemporâneo a respeito dos limites da equivocada categoria de internalização e sua tentativa de substituição pela apropriação recíproca ou domínio (Rogoff, 1993; Wertsch, 1998, entre outros) recuperaria, em parte, esse aspecto dialético do pensamento vygotskiano que, ao enfatizar o problema irredutível da unidade de análise, reconhece o problema da internalização como uma metáfora da criação de espaços de interioridade (Wertsch) ou de ressonância diversa nos sujeitos que participam de um mesmo sistema ou processo (Rogoff).

Em síntese, uma unidade de análise compatível com uma perspectiva dialética do desenvolvimento deve ser entendida como:
- um sistema de interações com propriedades irredutíveis aos seus componentes;
- um sistema que se define pelo caráter recíproco das interações entre os componentes;
- um sistema no qual os componentes e suas interações não são necessariamente simétricos, nem têm papéis ou influências equivalentes, já que podem e costumam existir componentes ou relações dominantes;
- um sistema cujas características mencionadas anteriormente permitem conceber funcionamentos distribuídos entre os componentes de um sistema funcional;
- um sistema funcional que, como tal, exige uma perspectiva genética para sua abordagem que capte o jogo de continuidade e descontinuidade no desenvolvimento.

UMA PERSPECTIVA INTERACIONISTA FORTE

A aprendizagem e o desenvolvimento possuem um vetor ou uma certa direção ou progresso não-teleológico e aberto, pelo fato de que certas variações do funcionamento, como a formação de conceitos, um dos exemplos privilegiados, requer o desenvolvimento de sistemas específicos, que surgem apenas em virtude de interações específicas, as quais podem ter uma enorme diversidade: "Pensar com base em conceitos significa dispor de um determinado sistema já preparado, de uma determinada forma de pensar que ainda não predeterminou em absoluto o conteúdo final a que se deve chegar" (Vygotsky, 1991b, p.84).

Em sua crítica às posições holistas de Goldstein e de Gelb em neurofisiologia, e a propósito de explicar a novidade na aparição ou no desenvolvimento de novos processos – como o desenvolvimento conceitual –, Vygotsky (1991b, p. 89) afirma: "Para explicar como isso aparece no cérebro, basta admitir que este encerra condições e possibilidades de tal combinação de funções, de tal síntese nova, de tais sistemas novos que, em geral, não precisam ter-se produzido estruturalmente de antemão (...) Cada vez mais nos damos conta da manifesta diversidade e da inconclusividade das funções cerebrais. É muito mais correto admitir que o cérebro encerra enormes possibilidades para a aparição de novos sistemas".

De certa forma, o argumento vygotskiano é recuperado por Newman e outros quando abordam o paradoxo da aprendizagem de Fodor (Newman, Griffin e Cole, 1991), ou seja, a impossibilidade de derivar uma lógica de ordem superior de outra de ordem inferior, a menos que a primeira esteja de algum modo contida na segunda. A explicação da novidade ou construção psicológica não deve ser buscada apenas, e nem principalmente, sob a pele do sujeito, e sim em sua própria interação com as práticas sociais e o uso de instrumentos semióticos. O que se enfatiza é a necessidade de uma posição interacionista forte, que não relegue as interações a mecanismos "de influência" sobre processos internos, mas que revele nexos internos, necessários e potentes, entre o funcionamento inter- e intra-subjetivo. A direção que tomem os processos de desenvolvimento será igualmente função da pluralidade e da qualidade das interações que se produzam. Isso é coerente com a idéia que comporta o conceito de sistema psicológico, no sentido de que o importante é a caracterização do desenvolvimento e seus níveis. Não se trata então do desenvolvimento quantitativo de funções isoladas, e sim, como se viu, da análise do desenvolvimento de novas formas de interação funcional e de organização do funcionamento psicológico geral.

Se preferirem, a formação de conceitos encerra o delicado problema de delimitar níveis de análise sob uma perspectiva sempre dialética. O desenvolvimento de formas elaboradas de conceituação (o desenvolvimento dos significados) implica remontar, em última instância, à delicada interação de um cérebro aberto em suas possibilidades crescentes de estabelecer nexos interfuncionais em virtude de seus nexos, por sua vez, com sistemas externos, de natureza física, mas fundamentalmente social. Nesses sistemas, devem existir processos semióticos eficazes na produção desses nexos, assim como na possibilidade de ascender a formas de funcionamento consciente (como atributo de um sistema e não de uma função isolada), especificamente humanas, ainda que diversas.

O próprio desenvolvimento do funcionamento cerebral é diverso, como revelam a defectologia e o estudo clínico da patologia, como é também o efeito geral da interação com os sistemas sociais, como revela a diversidade cultural. Por isso, o acesso a formas científicas de conceituação – isto é, a formas culturais específicas – não se explica pelo remate do desenvolvimento dos sistemas biológicos *per se*, e sim como possibilidade de desenvolvimento de sistemas psicológicos que sintetizem possibilidades e restrições biológicas e sociais específicas. Da cegueira ao sujeito vidente, do ignorante e sua valorização dos sonhos como reveladores de sentido ao cientista, expressa-se a diversidade potencial do desenvolvimento.

Essa diversidade parece voltar a reclamar de Vygotsky uma abordagem dialética, entendida como processual, sistêmica, complexa e não-redutiva. A perspectiva vygotskiana, pelo menos a que é expressada ou insinuada em certos aspectos cruciais, torna-se compatível com as perspectivas não-dualistas atuais. Boa parte do que foi descrito aparece deliberadamente em perspectivas como a da indeterminação restrita de Valsiner, ou perpassa a discussão contemporânea entre posições inatistas e construtivistas, inclusive em sua ponderação do caráter potencial das complexas interações (cf. Karmiloff-Smith, 1994; Varela, 2000).

A TENSÃO ENTRE SEMIOSE E ATIVIDADE

Como vimos no ponto anterior, a presença de fortes nexos entre o funcionamento intrapsicológico e o interpsicológico obriga a uma análise da natureza da mediação semiótica. É preciso notar que na própria apresentação da noção de sistema psicológico e, naturalmente, na maior parte de suas alusões aos processos de mediação instrumental e em particular semiótica, Vygotsky destaca o caráter prático desse vínculo. As próprias funções psicológicas naturais e os instrumentos semióticos em princípio de natureza externa operam como autênticas ferramentas psicológicas e, portanto, são sensivelmente dependentes da natureza das práticas de seu uso. Ou seja, seu impacto sobre o desenvolvimento variará de acordo não apenas com as características da ferramenta semiótica – a linguagem do sentido comum ou dos conceitos cotidianos *versus* a sistematicidade de uma teoria científica –, mas dependerá, claramente, do grau e do modo de apropriação, do uso que um sujeito faça deles.

As proposições de Wertsch (1998) vão nessa mesma direção quando ele tenta responder às observações críticas sobre a noção potencialmente equívoca de internalização, e distinguir uma internalização como "domínio" de uma internalização como "apropriação". A primeira acepção daria lugar aos processos que evidenciam no sujeito certas destrezas no manejo de instrumentos semióticos ou técnicos, mas que podem não implicar em variações drásticas em seu desenvolvimento ou maiores implicações subjetivas, ou diante das quais os sujeitos podem opor certa resistência. A apropriação, acepção com ressonâncias bakhtinianas, implicaria, ao contrário, "tornar próprio" o objeto ou o instrumento, ou sua prática de uso. Na apropriação, estariam em jogo processos identificadores fortes, e por isso ela poderia assemelhar-se aos processos de conversão, como os descritos por Bárbara Rogoff, a cujas observações parecia dirigir-se o esclarecimento de Wertsch.

Nossa observação apontava então para o fato de que os sistemas psicológicos, como candidatos a uma unidade de análise genérica para os processos de desenvolvimento psicológico, tentam captar as interações entre níveis interiores e exteriores de funcionamento, sem que se renuncie a analisar igualmente, em toda sua complexidade, a natureza dos níveis interior e exterior. O interior – mesmo o cerebral – não se reduz a um sistema fechado de acumulação de associações mecânicas progressivas, nem o exterior se reduz a um conjunto de estímulos discretos, ainda que numerosos. Os lados interior e exterior dos sistemas também são sistemas, isto é, possuem propriedades de conjunto e sentidos não redutíveis aos seus componentes ou, o que é o mesmo, impossíveis de captar em um trabalho de decomposição por elementos.

Isso é crucial para compreender a incidência relativa que tem a apropriação de ferramentas psicológicas ou semióticas conforme o tipo de prática cultural em que se esteja inserido. Essa discussão, embora pareça abstrata, já rematava na obra vygotskiana, continuou rematando e segue ainda hoje nas discussões psicoevolutivas ou psicoeducativas. Por exemplo, a propósito da chamada "alfabetização corânica", quando se pondera o impacto sobre o desenvolvimento das práticas de alfabetização independentes ou relativamente independentes das práticas de escolarização (Scribner e Cole, 1981).

A TEORIA LITERÁRIA: UM POUCO MAIS SOBRE AS FONTES VYGOTSKIANAS

É necessário, agora, analisar as fontes da revisão de unidades de análise em Vygotsky que, ao mesmo tempo em que enfatiza o caráter instrumental semiótico de boa parte do funcionamento psicológico superior, insiste, como vimos, no caráter sistêmico e fortemente interativo de seus nexos.

As pistas conduzem a duas perspectivas teóricas distintas – embora não necessariamente excludentes. Por um lado, encontra-se a idéia de Marx e Engels do homem como "*tool-making*", das características específicas do trabalho humano e de seu papel possível e eficaz na hominização. É evidente que a tensão constitutiva entre inteligência prática e atividade semiótica na interação social possuem um núcleo originário nas formas de trabalho – sobretudo nas formas de mediação atribuídas a elas – engendradas pela concepção hegeliano-marxista (Rivière, 1988; Baquero, 1998).

Contudo, o peso decisivo que, desde muito cedo, inclina o programa vygotskiano para a ponderação dos aspectos semióticos, permitiria considerar uma versão alternativa com relação às fontes em que beberia Vygotsky ao conceber unidades de análise capazes de captar a complexidade dos fenômenos. Embora seja irônico falar do "jovem" Vygotsky, segundo Kozulin (1994), as fontes daquilo que, na nossa leitura, pode ser entendido como pistas de um pensamento dialético estariam aparentemente no interesse precoce de nosso autor pela produção artística, em particular a literatura, assim como em suas leituras decisivas de Hegel.

Por um lado, da dialética hegeliana – como se viu a propósito de sua relação com o pensamento marxista –, Vygotsky extrairia a própria noção de instrumento psicológico, assim como a do impacto do trabalho e da transformação do mundo na geração de formas de consciência (Kozulin, 1994). Em um sentido mais profundo, sempre na visão de Kozulin, a busca vygotskiana de priorizar a abordagem de processos acima de resultados ou produtos assemelha-se ao seu contato precoce com a dialética hegeliana da transformação ou do devir. Para além dessas linhas gerais, que podem ter operado na maneira como Vygotsky enfrentou os problemas psicológicos – que se expressa em textos tão diversos como *Psicologia da Arte, O significado histórico da crise da psicologia* e *Fundamentos de defectologia* –, a tentativa de definir unidades de análise adequadas para captar as relações complexas entre os diferentes planos do funcionamento psicológico encontrou um terreno fértil no estudo do problema artístico e literário.

Kozulin sugere que Vygotsky encontra em diversos enunciados do formalismo, na lingüística e na teoria literária, pistas fecundas para ponderar a tensa e irredutível relação entre elementos complexos exigida pela explicação de certos efeitos, como o da reação estética. Como exposto anteriormente e citando o próprio Vygotsky, este insiste na diversidade e na complexidade variável dos fenômenos psicológicos humanos, apontando recorrentemente o da criação artística ou da reação estática. Seguindo a chave de Kozulin, as pistas de certas decisões teóricas vygotskianas cruciais teriam uma matriz presente já com certa clareza em *Psicologia da arte*.

Neste plano, é interessante notar que a filiação da idéia de sistema funcional poderia ser encontrada na idéia de sistema literário e na noção de elementos dominantes de Tinianov (1991).[2]

Essa mesma pista explicaria a delicada relação que apareceria descrita depois, em atenção a trabalhos como os de Yakubinski, a respeito das complexas interações existentes entre os aspectos individuais e sociais do desenvolvimento da fala. Tal posicionamento permitiria descrever aspectos mais "naturais" do uso da linguagem contra o desenvolvimento de artifícios ou formas elaboradas, como as que esse autor observa nas formas do diálogo e do monólogo, respectivamente.

Em *Psicologia da arte*, Vygotsky retoma de forma crítica as análises do formalismo, mas atento às vantagens de analisar a relação particular entre forma e conteúdo na obra literária e, em seguida, os efeitos que produz na reação estética. Mesmo quando se distanciava das posições dos autores formalistas, entendia – como Tinianov – que a distinção e o reconhecimento das relações mutantes entre forma e conteúdo tinha um papel heurístico de suma importância.

Em sua projeção na noção de sistema psicológico – que é o que interessa em última instância no contexto desse trabalho –, a análise da obra artística requeria valor imediato para estudo; de fato, as relações entre as propriedades objetivas da obra artística e as características da reação estética aos fenômenos de catarse, no sentido aristotélico, levavam a entender a arte como uma "técnica social do sentimento" (Vygotsky, 1972). Ou seja, a análise semiótica da obra artística, pelo que foi dito *acima*, tinha uma inextrincável relação com a abordagem da constituição e do desenvolvimento dos processos psicológicos de tipo superior.

Em convergência com a análise da fonte vygotskiana sobre a noção de sistema e com essa tentativa de captar a dialética de uma relação específica entre elementos que constituem uma unidade, Kozulin (1994, p.44) afirma que "a elaboração do conceito de evolução sistemática e literária feita por Tinianov teve influência direta sobre a concepção da idéia de sistema tal como Vygotsky a aplicou ao desenvolvimento psicológico".

Procuramos mostrar o lugar central e múltiplo que ocupa na obra de Vygotsky o tema de definição de unidades de análise na explicação psicológica. Como se viu, o problema se formula para Vygotsky em íntima relação com as premissas epistemológicas de partida e do caráter genético e dialético de uma explicação. A seguir, tentaremos analisar com certo detalhamento a concreção dessa concepção vygotskiana na explicação de processos psicológicos específicos, como o do desenvolvimento conceitual.

NOTAS

1 O modelo de sistemas funcionais aparecia como uma "terceira via", na opinião de Rivière, entre as posições localizacionistas ou holistas. Com relação ao localizacionismo: "A idéia de um mapa estático de centros capazes de regular funções superiores não era compatível com a afirmação de que essas funções eram determinadas pela história e pela cultura. Significava converter de novo em Natureza estática (desta vez pela via das localizações) aquilo que é o resultado dinâmico da história" (Rivière, 1988, p.78). Por sua vez, "as posições holísticas mais extremadas enfrentariam dificuldades para estabelecer uma relação clara entre o funcionamento psicológico e a estrutura cerebral" (Rivière, 1988, p.79). Rivière acrescenta: "A concepção *sistêmica* das funções superiores implicava o pressuposto de que tais

funções correspondem a inter-relações de zonas corticais, que cumprem isoladamente funções específicas (assegurando assim a significação funcional da estrutura material do sistema nervoso), mas configuram relações mutáveis ao longo do processo de desenvolvimento (com o qual poderiam dar conta da natureza histórica das funções)" (Rivière, 1988, p. 78-79).

2 A análise proposta por Tinianov acerca do desenvolvimento de uma série literária e da mudança literária em geral implicava ir além da análise das técnicas literárias e focalizar naquilo que considerava como mudanças sistemáticas. Ou seja, a reconstrução do desenvolvimento de uma forma literária não devia ser feita com base na história dos elementos e em uma mesma técnica, identificável em diferentes momentos históricos; não devia ser reconstruída em si mesma, mas em seus nexos funcionais com o conjunto de elementos literários e extraliterários que lhe dão um sentido específico.

9
Dialética dos processos psicológicos

O DESENVOLVIMENTO CONCEITUAL E A ABORDAGEM DIALÉTICA DOS PROCESSOS PSICOLÓGICOS

Como se sabe, o desenvolvimento do pensamento em conceitos foi um dos problemas centrais abordados por Vygotsky, e é um dos campos em que se pode analisar como ele procedeu no intuito de "dialetizar" o objeto que abordava. Isso se expressa, como dissemos, no esforço por oferecer uma perspectiva não-reducionista que condensasse tanto o problema do recorte de unidades de análise adequados como o da análise dos processos (em oposição aos produtos) psicológicos, a fim de reconstruir os aspectos genotípicos (em oposição aos fenotípicos).

Enquanto expressão de uma perspectiva dialética, como já destacamos, Vygotsky propõe, mediante um método genético, captar as leis particulares, específicas, do movimento do objeto a estudar. Neste enquadre, a perspectiva dialética não dita formas metodológicas unívocas ou lineares, mas opera como um orientador teórico na escolha ou na invenção de técnicas de abordagem que permitam a reconstrução adequada da história dos processos, reconstruídas em um nível conceitual.

Em "Desenvolvimento do pensamento e formação de conceitos na adolescência" (Vygotsky, 1994), e depois retomado em parte no quinto capítulo de *Pensamento e linguagem*, dedicado ao desenvolvimento de conceitos cotidianos, Vygotsky sugere que o tratamento do desenvolvimento das formas de pensamento em complexos[1] – particularmente no caso de pseudoconceitos, – enquanto precursores genéticos das formas conceituais,[2] permite de um modo crítico e privilegiado observar a dinâmica do desenvolvimento do pensamento infantil, à luz de uma abordagem dialética.

Seguindo Engels, entendemos que uma forma dialética de pensamento permite superar a dicotomia ou a contradição entre as análises lógica e a histórica, na medida em que ambas aparecem ligadas e envolvidas mutuamente. A análise lógica deve constituir um reflexo do processo histórico; um reflexo de forma abstrata e teórica, uma espécie de "reflexo corrigido", conforme ensine a própria realidade histórica do processo. A análise lógica permitiria "estudar cada um dos momentos do desenvolvimento em seu estado mais maduro" (Engels, citado em Vygotsky, 1993, p.153).

Vygotsky (1993, p.153) considerava que a projeção dessa concepção de Engels – que tomava como tese metodológica geral – ao tema específico do desenvolvimento conceitual levava à delimitação de certas formas principais do pensamento concreto que deviam ser lidas como certos momentos – os mais importantes – do desenvolvimento em seu estado "mais maduro, em sua forma clássica, em sua maior pureza lógica". Na realidade – no devir da história concreta das funções nos sujeitos reais em situações cotidianas –, essas formas aparecem de modo complexo e misto. Em suas palavras: "Sua descrição lógica, a que é oferecida pela análise experimental, é o reflexo abstrato do desenvolvimento real dos conceitos" (Vygotsky, 1993, p.153).

Ele comparava, então, as análises experimental e lógica de um processo ou função, que permitia um exame abstrato e teórico do processo evolutivo; e a essência de uma abordagem dialética residia na atenção clara à natureza do processo histórico reconstruído. De certa forma, em várias passagens, ele identifica a perspectiva dialética a uma perspectiva genética e, em outras, identifica esta última a uma perspectiva evolutiva, histórica, em estreita sintonia com a tarefa de lançar um olhar processual e de conjunto à análise experimental. Vygotsky (1993, p.153) afirmava; "Por conseguinte, os principais momentos do desenvolvimento dos conceitos, descobertos na análise experimental, devem ser considerados historicamente e interpretados como o reflexo dos estágios fundamentais que atravessa na realidade o desenvolvimento do pensamento da criança. Aqui, a perspectiva histórica converte-se na chave da interpretação lógica dos conceitos. A perspectiva evolutiva é necessária para explicar o processo em seu conjunto e cada uma de suas etapas separadamente".

Citando Krueger e Gessell, sustentava que a análise genética era particularmente crítica para suprir as limitações de uma análise apenas "morfológica", sobretudo no caso das formas complexas do psiquismo. Seguindo Krueger, considerava que tal análise genética exigia um trabalho experimental, uma formulação precisa dos problemas a serem abordados, o contraste metodológico e a conceituação das conexões necessárias do ponto de vista do desenvolvimento. Diante de funções complexas e para efeitos de ponderar o essencial e as relações internas dos processos que sejam significativas, seriam imprescindíveis a análise e a síntese genéticas, o estudo das formas prévias mais elementares, a comparação de todos os componentes. Como assinalamos no capítulo anterior, a análise das variações que se produzem nos nexos funcionais entre os diversos processos ou componentes de um processo era essencial, segundo Vygotsky, para o desenvolvimento de uma abordagem adequada.

A análise do desenvolvimento dos conceitos permite ainda pôr em cena o conjunto de problemas da perspectiva dialética, na medida em que compromete tanto a questão da delimitação de unidades de análise adequadas quanto o tratamento exaustivo dos processos de desenvolvimento, cujo caráter complexo revela. Além disso, para Vygotsky, ela evidencia os alcances e os limites da análise experimental, como se constata na cuidadosa ponderação que realiza do resultado das indagações sobre desenvolvimento de conceitos artificiais no contexto experimental e em sua possível extrapolação à análise do desenvolvimento dos conceitos espontâneos e cotidianos infantis.

ANÁLISE EXPERIMENTAL E ANÁLISE GENÉTICA

Ainda que a análise experimental não produza necessariamente "artefatos" – como se expôs acima e se verá a seguir –, tampouco reproduz (ou reflete) os processos de desenvolvimento reais em contextos naturais. Possui a virtude apontada de permitir a construção de uma análise lógica dos componentes de um processo, assim como a reconstrução da legalidade que o ordena; contudo, por seu caráter necessariamente fragmentado ou parcial – ou, como observaremos, pela inevitável produção de condições artificiais –, vê-se limitada no oferecimento de uma perspectiva de conjunto. Era esse hiato que, como defenderia Engels, tinha de ser suprido pela análise genética, concreção de uma forma de pensamento dialético que não opõe, sem síntese, a análise experimental ou lógica à perspectiva histórica.

Como dissemos, a abordagem requer escolhas metodológicas precisas, orientadas pelas premissas teórico-metodológicas que ordenam a estratégia de indagação. O desenvolvimento do pensamento conceitual implicava, para Vygotsky, a atenção simultânea à relação dos sujeitos com o "material sensível" e com o uso da linguagem. As abordagens metodológicas usuais – baseadas em tarefas ou de definição verbal ou de classificação de objetos por seus atributos, sem o uso de elementos verbais – pecavam por fragmentar um processo que devia ser estudado justamente em sua unidade funcional, sem prejuízo de uma análise diferenciada de seus componentes.

Essas premissas levaram Vygotsky a retomar a estratégia de abordagem de Asch, que incluía as duas séries de estímulos no plano das tarefas, e também a ajustar com sutileza – segundo a elaboração desse método por parte de Solomon – o momento de introdução dos estímulos verbais; desse modo, seria possível capturar na microgênese o processo – e não mais o produto – de atribuição de significados pela criança às estimulações verbais *ad hoc*.

Um plano metodológico de acordo com a exigência da abordagem dialética devia permitir pôr em relevo as formas de desenvolvimento do pensamento em complexos ou do pensamento conceitual da criança levando em conta o caráter processual e mediado da atividade – e nisso residia, de fato, seu caráter complexo, na medida em que implicava aspectos da tarefa internos e externos, individuais e sociais. Em outras palavras, o método da dupla estimulação dispunha-se a oferecer ao sujeito uma dupla série de estímulos – sensíveis e verbais – que operavam como objetos e mediadores de uma tarefa. Vygotsky entendia que a natureza da tarefa, em linhas gerais, e inclusive certos objetivos comuns no uso da linguagem – com fins comunicativos e de compreensão mútua, etc. – podiam ser atribuídos igualmente às crianças e aos adultos – como revelavam os trabalhos de Uznadse (Vygotsky, 1993, p.124-125); por essa razão, o plano experimental permitia, a seu ver, retirar do objeto de indagação específico, que era o processo de formação de conceitos, o papel crítico da mediação semiótica, expressada no uso específico da linguagem como reguladora das operações intelectuais da criança. Nesse ponto residia, para Vygotsky, a diferença essencial entre os processos dos adultos e das crianças, e a história do desenvolvimento do pensamento devia captar sua especificidade.

Como já dissemos, um dos momentos centrais, para Vygotsky, era o do acesso do sujeito aos "pseudoconceitos", que constituía o remate da evolução do pensamento em complexos, e podia ser confundido fenotipicamente, por seus aspectos funcionais, com o pensamento em conceitos em sentido estrito. Tanto a explicação do acesso aos pseudoconceitos ou aos conceitos "verdadeiros" como os critérios adequados para a delimitação de ambos requeriam, na opinião de Vygotsky, uma perspectiva genética que, por sua vez, evidenciasse os diversos nexos funcionais que sustentavam uma e outra forma de pensamento.

Para Vygotsky (1994, p.230), o processo de aquisição de um pensamento conceitual associava-se ao da própria comunicação: "A criança não seleciona um significado para uma palavra. Este é dado a ela no processo de comunicação verbal com o adulto. Uma criança não constitui seus complexos livremente". Como se compreenderá, essa premissa obriga a deslocar a unidade de análise de processos meramente individuais ou internos para processos de interação social mediados semioticamente e, em particular, de forma lingüística. A unidade de análise é esse processo intersubjetivo de comunicação mediante o uso de signos. A palavra surge precocemente no desenvolvimento como um meio de comunicação e compreensão mútua, e é por esse processo de compreensão mútua que o significado preciso das palavras é apropriado e se converte em um veículo ou portador do conceito.

Contudo, diz Vygotsky, existe uma contradição aparente – ou, pelo menos, um problema tanto teórico como empírico – no fato de que o desenvolvimento da compreensão mútua e da comunicação verbal seja tão precoce e, no entanto, não se constatem sincronicamente formas de pensamento conceitual em sentido estrito. A seu ver, a solução para a questão reside na compreensão da natureza de seus pseudoconceitos, concebidos justamente como "uma forma de pensamento em complexos que sincroniza o processo de pensamento e a compreensão entre crianças e adultos" (Vygotsky, 1994, p.231).

Vygotsky atribuía à análise dos pseudoconceitos um lugar privilegiado pela maneira como expunha a natureza do próprio processo de desenvolvimento. A dupla natureza funcional do pseudoconceito, que serve como conexão entre o pensamento em complexos e o pensamento em conceitos, revela o processo de criação de conceitos da criança: "Devido à contradição inerente a ele, por ser um complexo, já contém o núcleo de um conceito futuro que está se desenvolvendo em seu interior" (Vygotsky, 1994, p.231)

Isto aparentemente limitaria o processo à resolução de uma contradição inerente ao desenvolvimento do próprio conceito/complexo; contudo, opera aqui o problema da delimitação de unidades de análise e, de forma capilar, a *voluntas* de efetuar uma análise não-dicotômica dos processos sociais e individuais, internos externos, etc., como analisamos a propósito da categoria de internalização. Deve-se levar em conta o caráter "não livre" do processo de construção de significados pela criança que se apropria da linguagem nos processos de comunicação. A interação social é eficaz por meio da apresentação de ferramentas semióticas e de suas práticas de uso; restringe, no sentido de Valsiner (1998b), os cursos de desenvolvimento possível, mas sem chegar a defini-lo univocamente ou em detalhe. Vygotsky agrega o seguinte comentário sobre a idéia de continuação interna do pseudoconceito que a forma conceitual encerra: "Assim, a comunicação verbal com adultos torna-se um poderoso movimento de força e um fator vital do desenvolvimento do conceito da criança" (Vygotsky, 1994, p.231).

Dessa forma, a contradição não se resolve por uma superação inerente à dinâmica mental – ou do aparato cognitivo – ou do próprio conceito/complexo, mas se dirime nos processos de interação social que presumem a existência dos processos de pensamento em complexos, sem que estes se reduzam a processos sociais. Ou seja, coexiste uma dualidade de processos sociais e internos ou idiossincráticos da criança que separadamente não conseguem explicar a síntese que se produz e que, de outra parte, não podem ser considerados idênticos.

O processo resultante é a síntese da contradição ou tensão entre a pressão externa e os sistemas de significado "objetivos" da fala social, de um lado, e dos processos de apropriação do sujeito com seus vieses e características idiossincráticas, de outro. O desenvolvimento conceitual é inexplicável sem a existência dos processos de fala social, mas seu acesso efetivo pela via do pensamento em complexos é inexplicável como efeito da fala social. Portanto, o processo de construção ou apropriação conceitual encerra uma síntese de elementos contraditórios que constituem uma espécie de unidade funcional mutável durante o desenvolvimento.

Em síntese, embora pareça às vezes que Vygotsky põe em destaque a resolução da dinâmica do próprio conceito, este já foi situado na coordenada do funcionamento simultaneamente individual e social. Como se afirmou, "o social", expressado concretamente no uso comunicativo de significados verbais objetivos, opera como uma restrição ao curso do desenvolvimento da criança, demarcando, orientando, dirigindo o processo de pensamento em complexos que, no entanto, não define nem produz como fator principal. Daí o caráter fortemente idiossincrático – nunca uma cópia de uma constituição adulta prévia – que pode assumir o pensamento em complexos.

Mas, que aspecto do desenvolvimento seria posto em relevo pela análise do pseudoconceito? Trata-se de um aspecto que para Vygotsky será válido considerar mais como uma regra do que como uma exceção no desenvolvimento intelectual infantil: "A peculiaridade dessa situação genética se deve ao fato de que, nesse momento, a criança começa a utilizar e a operar com conceitos antes de estar consciente de sua existência". E prossegue: "Na criança, o conceito em si e para outros se desenvolve antes que o conceito para si mesma. O conceito em si e para outros já está presente no pseudoconceito, e é o requisito genético básico para o desenvolvimento de conceitos no verdadeiro sentido do termo" (Vygotsky, 1994, p.232).

Nessa descrição do desenvolvimento do conceito – onde se reconhece a marca hegeliana –, é possível ler em certo sentido "fases" ou "estágios" de desenvolvimento, mas estes são produtos de uma reconstrução experimental; por essa razão, pode ser interessante a interpretação de Kozulin no sentido de que não representam, na verdade, estágios seqüenciais ou universais do desenvolvimento do conceito, e sim modos ou formas do funcionamento intelectual que, como assinala o próprio Vygotsky, podem coexistir no sujeito, do mesmo modo que as diversas formas de pensamento desenvolvidas pelas culturas coexistem nelas. "No pensamento dos adultos encontramos comumente um fenômeno muito interessante. Embora o pensamento adulto possa formar conceitos e operar com eles, não é ocupado exclusivamente por essas operações (...) Nosso pensamento cotidiano se produz com grande freqüência em forma de pseudoconceitos. De uma perspectiva dialética, os conceitos que aparecem em nossa fala habitual não são verdadeiros conceitos. São mais idéias gerais sobre as coisas. Contudo, não há dúvida de que constituem uma fase de transição dos complexos ou pseudoconceitos aos verdadeiros conceitos" (Vygotsky, 1993, p.164).

Os pseudoconceitos permitem postular assim uma espécie de "momento" teórico, mais do que empírico, na medida em que se constitui – a partir da reconstrução provocada pela análise experimental – uma espécie de etapa intermediária entre o pensamento em complexos e a "outra raiz" ou fonte no desenvolvimento dos conceitos. Uma das raízes está localizada, portanto, no pensamento em complexos, cuja principal característica é "o estabelecimento de conexões e relações que o constituem. Nessa etapa, o pensamento da criança agrupa em complexos suas percepções dos objetos; com isso, começa a integrar impressões dispersas e dá os primeiros passos para generalizar elementos isolados da experiência (...) O conceito, em sua forma natural e desenvolvida, pressupõe não apenas a união e generalização de elementos isolados, mas também a capacidade de abstrair, de considerar separadamente esses elementos, fora das conexões reais e concretas dadas. O pensamento em complexos é incapaz disso" (Vygotsky, 1993, p.165).

A abordagem "dialética" que combina os efeitos de uma análise experimental – o que revela a estrutura do processo analisado – com a reconstrução evolutiva da função, de suas raízes, de seus componentes e da história de suas relações funcionais permite compreender o caráter complexo do processo de desenvolvimento conceitual, assim como o caráter relativamente incerto do próprio curso do desenvolvimento. As descrições parciais, como se disse, costumam pôr em relevo alguns dos aspectos do processo com o risco de perder a perspectiva histórica e de conjunto. Contudo, a indagação do desenvolvimento de conceitos "artificiais" permitiria evidenciar, embora nem sempre se perceba isso, justamente o problema das unidades de análise adequadas para a reconstrução dos processos, assim como a presença crucial não apenas de instrumentos semióticos na regulação da atividade, mas também de certas práticas e de uma história em seu uso específico; como se recordará, essa indagação é feita segundo a tarefa de classificação de Asch com a mencionada variante do método de dupla estimulação de Solomon, em que não se usam as etiquetas verbais convencionais como reguladores da classificação, e sim etiquetas verbais *ad hoc*, cujos significados devem ser descobertos ou reconstruídos e que são válidos apenas nas situações intra-tarefa.

A análise experimental e a reconstrução segundo um procedimento dialético de abordagem permitiam assim, na visão de Vygotsky, descobrir no nível fenotípico externo, sob a aparência de identidade entre conceito e pseudoconceito, sua natureza diferenciada mesmo sob certas equivalências funcionais que permitem chegar a generalizações similares e, portanto, possibilitam a comunicação entre adulto e criança. Elas permitiam igualmente um trabalho de análise e reconhecimento de linhas evolutivas – ou raízes genéticas dos processos – heterogêneas, em estado de tensão, que sempre definem os processos como complexos e produzem sínteses diversas ao longo do desenvolvimento.

A ANÁLISE DA DESCONTINUIDADE DO DESENVOLVIMENTO

Reparem nesta observação, aparentemente menor de Vygotsky, ao referir-se ao caráter dual e contraditório do pseudoconceito como a forma mais evoluída do pensamento em complexos por sua aproximação relativa às formas conceituais autênticas. Depois de recordar a dificuldade que reside no estudo dos pseudoconceitos infantis, devido sua semelhança externa com as formas conceituais – por produzirem generalizações equivalentes mediante operações intelectuais diferentes das que sustentam o pensamento em conceitos –, esclarece: "Se os pseudoconceitos não fossem a forma predominante do pensamento infantil, os complexos infantis evoluiriam diferenciando-se dos conceitos dos adultos, como ocorre em nossas pesquisas experimentais, nas quais a criança não está limitada ao significado dado da palavra. A compreensão mútua com a ajuda das palavras entre a criança e os adultos seria impossível" (Vygotsky, 1993, p.150). Ou seja, o desenvolvimento do pensamento conceitual na criança requer a complexa e delicada síntese das formas de pensamento em complexos em evolução, assim como a insistente pressão que as interações com o adulto provocam ao envolvê-lo nas práticas de fala cotidianas.

É de crucial importância advertir que a direção do desenvolvimento – ou seja, a marcha progressiva rumo ao pensamento conceitual – produzida pelo viés que imprime a existência de significados objetivos na fala social e pela implicação prática em sua apropriação. O desenvolvimento "espontâneo" infantil, embora produza formas compatíveis com a comunicação, não parece marchar, pela mera resolução de suas contradições, em direção ao pensamento conceitual. Como ocorrerá depois na passagem dos conceitos cotidianos aos científicos, como efeito da implicação em atividades escolares ou acadêmicas, o desenvolvimento "espontâneo" não se contrapõe ao pensamento conceitual sofisticado – inclusive pode representar uma condição necessária – mas também não é por si uma condição suficiente para o seu desenvolvimento.

Diferentemente de Piaget, Vygotsky introduz assim, com clareza, o problema da descontinuidade relativa entre as formas do desenvolvimento espontâneo e induzido pelas práticas de criança e, depois, pelas escolares. Sem dúvida, no caso do desenvolvimento dos conceitos, que parecem gozar de certa universalidade – está relativa ao desenvolvimento dos conceitos científicos –, a análise experimental permite a discriminação entre os processos idiossincráticos infantis e o efeito da implicação em atividades lingüisticamente mediadas. O comentário de Vygotsky, anteriormente citado, aponta justamente no sentido de que, na microgênese, é possível, mediante a produção de condições experimentais artificiais, tornar visível a presença de processos heterogêneos e complexos, ali onde a pesquisa – que não apontava para uma reconstrução de tipos dialético – observava processos homogêneos em progresso relativamente linear e cumulativo, sem saltos nem sínteses.

A DIALÉTICA DA DIVERSIDADE

Recapitulando: a tentativa vygotskiana de desenvolver um referencial dialético na abordagem do psiquismo mostra sua originalidade relativa na natureza sistêmica das unidades de análise a serem recortadas e na própria análise dos processos em sua história (e não dos produtos finais do desenvolvimento). Embora esteja presente a idéia de que os processos de desenvolvimento constroem uma crescente adaptação que poderia ser descrita sob a figura hegeliniana de tese, antítese e síntese, o que acaba se constituindo em Vygotsky como uma abordagem genética não se reduz absolutamente a um processo linear, nem enclausurado à resolução das contradições internas que o animam.

Por esse motivo, parece crucial a fidelidade que o enfoque vygotskiano coloca na idéia-chave de que a dialetização de um processo deve levar em conta o movimento do objeto indagado, refletir o processo de modo abstrato e reconstruído segundo sua história e a complexidade de nexos.

A nosso ver, um dos temas que imprimiu um viés particular ao pensamento dialético vygotskiano e produziu um tratamento sutil do desenvolvimento é o da diversidade. Uma diversidade do desenvolvimento humano tomada, com perdão da redundância, em uma diversidade de planos e a partir de uma diversidade de perspectivas, tanto no tratamento do diverso cultural como "natural" – se nos permitem essa denominação um pouco tosca – quanto na análise das diferenças culturais – mesmo com o risco de assimilá-las, às vezes, às históricas (cf. Wertsch, 1993), e daquelas elaboradas no trabalho sobre a "defectologia". O estudo nesses campos situou a diversidade como um elemento interior ou inerente aos processos de desenvolvimento.

Como se disse no capítulo anterior a respeito de *O significado histórico da crise da psicologia*, a avidez por constituir uma psicologia geral – aplicada ou prática ao mesmo tempo – implicava o tratamento sério e global da pluralidade de fenômenos psicológicos. Pluralidade refletida tanto na história da disciplina como nas diferentes perspectivas coexistentes no momento de seu trabalho que, como se viu, definiam objetos de investigação diversos, desde os reflexos condicionados até o inconsciente. A constituição de uma psicologia geral, que ocupasse o lugar de uma dialética geral dos processos psicológicos, devia ser capaz – e nisso residia boa parte do empenho e dos esforços vygotskianos – de captar a legalidade geral dos processos psicológicos, considerada sua diversidade. Quando a reflexologia, a psicanálise ou a *Gestalt* captavam objetos interessantes de um modo penetrante, instigavam, a seu ver, ao desafio de explicá-los dentro de um referencial complexo, capaz de integrar processos superiores e inferiores, processos biológicos ou quase-biológicos e sociais, etc.

Não é de modo nenhum casual que, ao dar relevo aos processos semióticos e, em particular, aos psicolingüísticos como peças-chave do acesso ao psiquismo humano e "superior", Vygotsky concluísse, por exemplo, que era impossível captar a ascensão aos fenômenos de consciência lingüisticamente regulados mediante os enfoques dualistas ou reducionistas usuais. Eram processos "de borda" e obrigavam a uma mudança de foco constante quando tratados com perspectivas ou categorias dicotômicas inadequadas, como exterior-interior, social-individual, tomadas no sentido do dualismo, segundo a crítica de Valsiner (1998b). Como sugere Agamben (2001), poucos fenômenos mostram tão claramente quanto a linguagem o caráter tosco de nossas categorias habituais para pensá-la.

A primeira implicação de uma abordagem dialética era, como se viu, atender a um enfoque genético do desenvolvimento que desse conta de seu caráter complexo e múltiplo, contraditório, não-linear, incerto e aberto. É precisamente esse caráter aberto e incerto que abre as portas para que o tema da diversidade não seja um caso de aplicação local de um modelo de desenvolvimento normal ou canônico, mas sim um problema inerente ao próprio desenvolvimento.

Recorde-se a discussão sobre se as diversas modalidades de formação de complexos ou pseudoconceitos e conceitos são fases seqüenciais, à maneira de etapas de um processo, ou se a seqüência é o produto de uma reconstrução de certo modo analítica de certas relações genéticas entre modalidades funcionais diversas e não alienáveis em uma sucessão única e progressiva que leve a sínteses homogêneas das formas de conceituação do sujeito (cf. Kozulin, 1994). Essa discussão, no nosso ponto de vista, é central para compreender a natureza da caracterização do enfoque dialético vygotskiano em um sentido "sistêmico".

Ou seja, o desenvolvimento expressa a tensão de processos construtivos que, segundo Wertsch (1993), é descritível segundo a figura de um progresso sobre o qual se presumem certas "hierarquias genéticas". Wertsch arrola tanto Vygotsky como Piaget entre os autores que julgam que as construções posteriores são mais potentes e superiores que as construções que as precedem geneticamente – isto é, que seus precursores genéticos; contudo, em nossa opinião, muitos dos matizes apontados ao longo deste trabalho dão conta de que existem na obra dos dois autores elementos que põem em tensão essa expectativa "quase-teleológica" que, naturalmente, perpassa em muitos de seus enunciados, revelando de certa forma uma espécie de otimismo moderno pelo progresso cognitivo.

Com relação aos trabalhos vygotskianos, o próprio Wertsch (1993) assinalou que, ao lado da idéia de um progresso que implica o acesso a formas que se julgam hierarquicamente superiores – inclusive em termos que podem limitar o tratamento da diversidade cultural, submetendo-a a formas de progresso histórico –, existe um certo reconhecimento da contingência dos processos na ontogênese. O caso do desenvolvimento do pensamento conceitual, como vimos, permite analisar justamente o caráter contingente do processo de apropriação conceitual, seja com relação ao modo como se resolve a contradição entre os processos espontâneos e induzidos de construção, seja com relação ao caráter – histórico e socialmente definido – que adquirem as restrições ao desenvolvimento, no sentido de Valsiner.

Como se recordam, Vygotsky sustenta que as formas de pensamento pseudoconceitual, comuns no pensamento adulto, convivem com as formas conceituais autênticas – em uma espécie de diversidade alojada no interior do sujeito –, de maneira análoga – vale acrescentar – ao modo como as formas do senso comum ou do pensamento cotidiano coexistem na vida social com as formas científicas. Essa idéia é coerente com o caráter simultaneamente "necessário" e contingente dos processos de internalização. Tais processos, embora centrais para explicar a constituição subjetiva, o surgimento de um plano "interior" de regulação psicológica, são concretizáveis, no entanto, segundo graus e modos diversos, de acordo com a natureza das interações, dos mediadores semióticos, seus modos de uso e a "natureza" dos sujeitos. Isso explicaria, de resto, o caráter incerto que tem na ontogênese o acesso aos processos de tipo "avançado", como as formas científicas de pensamento ou da escrita.

Por essa razão, o desenvolvimento de uma perspectiva dialética sobre o desenvolvimento devia dar conta tanto do desenvolvimento do pensamento em suas formas avançadas como de seu caráter contingente: não necessário ou incerto. Tal como descreveu Wertsch (1988), o passo dado por Vygotsky nesse programa foi discriminar adequadamente domínios de desenvolvimento, tentando captar as complexas relações existentes entre legalidades específicas, como aquelas presentes na filogênese, na história e na ontogênese (Vygotsky, 1995a, Vygotsky e Luria, 1993). Já dissemos em outros contextos (Baquero, 1997b, 2001) que o problema da diversidade parece inverter-se sob a figura de que o que se deve explicar, então, é o caráter relativamente universal dos mecanismos que impulsionam o desenvolvimento e o caráter relativamente homogêneo que pode ter o resultado desse processo.

Em *História do desenvolvimento das funções psicológicas superiores*, Vygotsky desenvolve de forma bastante expressa o que podemos entender como uma tensão entre diversidade e convergência no desenvolvimento; ele insiste também em que o desenvolvimento não deve ser visto como um processo de harmonia natural – com a ilusão do desenvolvimento "normal" infantil; ao contrário, pontuando o processo de uma maneira dialética, trata-se de uma luta entre natureza e cultura, ou – de forma mais concreta – entre as características específicas ou idiossincráticas do desenvolvimento infantil – com sua própria variedade natural ou sua natureza diversa – e os processos de apropriação cultural, entendidos como processos, embora recíprocos, também assimétricos.

Já assinalamos a relação clara entre essa perspectiva e a idéia de indeterminação restrita de Valsiner, e ainda o vínculo existente entre processos educativos e de desenvolvimento com as práticas de governo do desenvolvimento no sentido de Foucault (1988). A ontogênese aparece como o território de luta de filogênese e história, e produz uma síntese que, embora expresse essa tensão, é irredutível aos seus componentes.

Descrevemos o uso feito por Vygotsky do método de análise genética aplicado à reconstrução de um processo psicológico específico, como o do desenvolvimento conceitual. O exemplo permite perceber o matiz que Vygotsky dava à "dialetização" do desenvolvimento; como vimos, ele não restringia nem a descrição nem a explicação do desenvolvimento conceitual a uma resolução de contradições internas, e isso lhe permitia captar o caráter inerentemente diverso do desenvolvimento, assim como sua co-definição segundo processos de natureza interna como situados no funcionamento intersubjetivo, e a natureza da atividade e a das ferramentas semióticas.

A seguir, tentaremos estabelecer um certo contraponto de aspectos entre as concepções piagetiana e vygotskiana de uso da dialética na explicação psicológica, e verificaremos a projeção ou vigência dessas questões nas discussões contemporâneas.

NOTAS

1 No desenvolvimento conceitual – que implica a análise do desenvolvimento do significado da palavra –, Vygotsky descreve uma série de "etapas" ou, pelo menos, formas diversas que vão se constituindo. No sincretismo, a palavra não opera como organizador privilegiado das classificações infantis, e o critério de agrupamento é casual e instável. A forma de agrupamento em complexos, em suas diversas moda-

lidades, caracteriza-se pelo fato de que, embora a criança baseie seu agrupamento em sua experiência sensorial, ela o faz de acordo com nexos objetivos. No pensamento em complexos, "no aspecto funcional todos os atributos são iguais, não existem hierarquias entre eles. Um objeto concreto faz parte do complexo enquanto unidade presente, com todos os seus atributos inalienáveis reais. O signo verbal desempenha um papel primordial na formação dessa generalização, intervindo a título de 'nome' dos objetos unidos por qualquer atributo real do objeto" (Leontiev, 1991, vol. I, p.442).

2 Dentro das formas de pensamento em complexos, destacam-se os pseudoconceitos, que constituiriam, na visão de Vygotsky, a forma mais difundida de pensamento em complexos da criança pré-escolar. Os pseudoconceitos permitem generalizações por traços externos dos objetos, que podem coincidir em seu resultado com as dos conceitos, mas o fazem por meio de uma outra operação psicológica. Diferentemente dos conceitos, que requerem a abstração de um traço comum e o isolamento de elementos das situações concretas mediante o papel decisivo da linguagem, os pseudoconceitos podem chegar a um resultado aparentemente idêntico, mas pela captação visual do traço mais característico dos objetos, sem atenção às propriedades essenciais que o definem. Por exemplo, no nível de pseudoconceitos, a criança poderá agrupar todos os triângulos independentemente de sua forma, cor, etc., sem recorrer à idéia de triângulo e às suas propriedades essenciais, mas a partir de uma captação visual de certos traços característicos, como serem fechados, suas linhas se cruzarem de maneira específica, etc. (Leontiev, 1991, vol.I, p.442-443). Essa via de descrição conduz à formação dos conceitos cotidianos. Isto é, formas de conceituação atentas de certo modo "às coisas", às propriedades do referente. Quando Vygotsky aborda o desenvolvimento dos conceitos científicos, situa em um lugar privilegiado as próprias relações conceituais. Os conceitos científicos seriam "generalizações de pensamentos", não "de coisas". Ou seja, serão compreendidos e definidos por seu caráter teórico, por pertencerem a um sistema. A via de desenvolvimento dos conceitos cotidianos, embora seja complementar à via dos conceitos científicos, não é idêntica e até procede de certa forma em sentido inverso. Enquanto os conceitos cotidianos parecem ir do concreto ao abstrato, na aquisição de formas científicas se iria do abstrato ao concreto, da apropriação das relações conceituais à definição dos referentes concretos.

QUARTA PARTE
Dialética e explicação psicológica

10
Piaget e Vygotsky: uma comparação crítica

O problema da explicação – fatal para toda psicologia empírica.

L. V.

Os capítulos anteriores mostraram as principais idéias de Piaget e de Vygotsky sobre a dialética, nos níveis de análise em que cada um deles as formulou. O propósito do presente capítulo é reexaminar essas idéias a fim de estabelecer as semelhanças e as diferenças no modo de conceber a dialética de nossos autores, em função do caráter dos problemas para os quais a categoria foi forjada. Distinguimos assim, por um lado, uma dialética relativamente comum sobre a história e a metodologia das indagações; por outro, uma estrutura peculiar segundo o modo como cada pensador colocou os problemas do desenvolvimento cognitivo. Procura-se, desse modo, situar suas contribuições para a história das idéias dialéticas apresentada no Capítulo 1.

Antes de fazer a comparação crítica das concepções da dialética em Vygotsky e Piaget, vale recordar dois aspectos ressaltados anteriormente neste estudo.

Em primeiro lugar, Piaget tematizou explicitamente – em particular na última parte de sua obra – o significado da categoria para a discussão epistemológica, e realizou pesquisas empíricas especialmente dedicadas a reconstruir a dialética do conhecimento. Daí sua elucidação das modalidades desse processo e sua defesa de um viés não-hegeliano para o estudo da transformação das idéias científicas e infantis. Vygotsky, por sua vez, não formulou uma elaboração própria da forma e do significado da dialética, mas tratou de utilizar a concepção de Marx e Engels de forma totalmente original a fim de produzir um referencial conceitual adequado para a refundação da psicologia.

Em segundo lugar, com relação a este último, vale lembrar que Vygotsky adotou a tese de Engels segundo a qual a dialética expressa as leis mais gerais da natureza, da sociedade e do conhecimento. Essa interpretação deu lugar em sua obra a uma certa tensão entre a dialética como reflexo do mundo e como uma perspectiva metodológica para elaborar os conceitos da psicologia. Desse último pólo surge o mais criativo de seu pensamento, enquanto que o primeiro enfoque simplifica ou reduz o alcance de sua análise.

Diferentemente de Vygotsky, Piaget rechaça a teoria do reflexo e limita a dialética à prática humana de interação com os objetos e a uma metodologia "imanente" das ciências. Contudo, existe uma tensão em seu pensamento, já assinalada, entre, de um lado, uma abertura decisiva às interações cognoscitivas com o objeto e com as condições sociais e, de outro, um imanentismo da estruturação da razão, presente em boa parte de sua obra. O predomínio da construção "interna" dos sistemas de conhecimento envolve um retrocesso de sua dialetização, enquanto que a ênfase naquelas interações é o mais criativo de sua epistemologia construtivista.

Os contornos que adquire a dialética no pensamento de Piaget e no de Vygotsky dependem do nível de análise em que ela foi elaborada e da perspectiva programática que cada autor assume; basicamente, conforme se considerem as interpretações da história epistemológica das idéias científicas ou o modo de enfocar o campo do desenvolvimento psicológico propriamente dito. As diferenças mais relevantes, como se mostrará, correspondem a este último campo.

A HISTÓRIA DAS IDÉIAS E O ENFOQUE METODOLÓGICO NAS CIÊNCIAS

Piaget questionou, como vimos, as perspectivas redutivas no enfoque metodológico das ciências; por exemplo, no caso da psicologia, expressadas no estruturalismo sem gênese da psicologia da forma e na gênese sem estrutura do atomismo associacionista, como se mostrou no Capítulo 1.

Além disso, sua própria elaboração da psicogênese dos conhecimentos envolveu uma recusa ao modo metafísico de separar a estrutura da função ou a assimilação da acomodação, ao propugnar um método racional – do qual a dialética é uma das formas –, Piaget não estabelecia um método específico de conhecimento, e sim uma perspectiva para examinar os processos em jogo na pesquisa científica.

A dialética metodológica é uma aproximação epistemológica que diz respeito ao enfoque dos processos históricos e é própria de todas as epistemologias "que consideram o desenvolvimento um pouco diferente tanto do resultado de um programa preestabelecido, como de uma série de eventos casuais sem estruturação", como sugere Piaget (1995b, p.12-13) em *Estudos sociológicos*. Em outros textos, como *Epistemologia das ciências do homem*, Piaget (1970c, p.86) falou de uma dialética "imanente",[1] a propósito da busca dos traços comuns ou diferenciados nas pesquisas científicas, que tendem a dar conta dos desenvolvimentos temporais: "A dialética assim concebida constitui uma tomada de consciência dos métodos de interpretação efetivamente empregados em certas pesquisas biológicas, psicogenéticas, econômicas".

A principal orientação do programa de pesquisa piagetiano envolve a ruptura com a cisão de sujeito e objeto consumada na história da filosofia do conhecimento (em correspondência com as teorias psicológicas e biológicas) para conformar uma epistemologia genética. Contudo, a dialética se situa em um primeiro nível de análise, como reconstrução histórica de aspectos metodológicos das ciências, incluída a psicologia. Mais ainda, caracterizamos a orientação da própria pesquisa piagetiana no sentido da integração progressiva dos aspectos que em uma situação problemática aparecem como opostos. Ou seja, "a unidade concreta das determinações", tais como o conceito de assimilação e o de acomodação, ou a articulação metodológica da generalização dos dados empíricos e a dedução de suas características (Capítulo 1, Segunda Parte). Depois, no nível principal da teoria epistemológica, elabora-se a dialética das interações entre o sujeito e o objeto de conhecimento, explicitadas posteriormente como o lado inferencial do processo construtivo das idéias infantis e da história da ciência.

Vygotsky, por sua vez, via na psicologia compreensiva e na psicologia naturalista – nos enfoques subjetivistas e objetivistas, como vimos no Capítulo 7 – bons exemplos de aproximações não-dialéticas aos processos psicológicos. Os dois enfoques expressavam o dualismo entre funções psicológicas superiores e inferiores: em um caso, os fenômenos superiores eram puramente espirituais, enquanto no outro se reduziam a processos fisiológicos. Nenhum processo genético os vinculava. A esse respeito, ele considerou que a separação rígida entre o pensamento ou a memória como função psicológica superior e como função psicológica inferior derivava do "método metafísico", caracterizado por Hegel e Engels. Do mesmo modo, a perspectiva metodológica atomística era comum na psicologia subjetivista do seu tempo, que reduzia os fenômenos psicológicos superiores a elementos psicológicos primários, como na psicologia objetivista, que os restringia a elementos simples, como as cadeias de reflexos. Com isso, fechava-se a possibilidade de um enfoque adequado para o estudo da formação dos processos psicológicos superiores.

Como já dissemos, a reconstrução histórica do dispositivo conceitual utilizado pelo pensamento psicológico levou Vygotsky (1931) à busca de uma síntese superadora. Ou seja, era preciso ir além da análise dos elementos psíquicos apelando às idéias de sistema, de ação lingüística ou semiótica como unidades de análise, em um enfoque genético dirigido a captar o movimento dos processos psicológicos.

Para cumprir esse propósito, Vygotsky, inspirando-se em Marx, utiliza a dialética como um nível de análise e de exposição dos conceitos elaborados pelas teorias psicológicas, e não como um método específico de pesquisa. Além disso – como Marx –, ele esclarece que a dialética não é um método para o acompanhamento do transcurso dos fatos históricos: trata-se antes de abstrair as contingências de um processo para captar sua natureza. Nesse caso, uma reconstrução crítica das idéias psicológicas o leva a se pronunciar sobre os fatos na pesquisa psicológica e captar a dinâmica de suas unidades de análise.

Em resumo, Vygotsky mostrou o fracasso do dualismo filosófico em suas formas espiritualista e materialista clássica, enquanto pretensão de unificação da psicologia na história contemporânea das teorias. Desse modo, quando os princípios explicativos – por exemplo, os reflexos condicionados – se separam do objeto de estudo, convertem-se em uma visão do mundo. A filosofia espiritualista ou o materialismo naturalista são concepções que se identificam ou se associam com as sobregeneralizações elaboradas pelos psicólogos. Para superar a crise da psicologia e constituir uma psicologia geral, era necessário baseá-la em um método capaz de superar os dualismos. O projeto vygotskiano de fundar uma psicologia geral conduziu-o a examinar suas condições de cientificidade, isto é, sua epistemologia "interna", que outorgou um lugar central à dialética, uma posição metodológica orientadora da elaboração teórica e empírica. Posteriormente, como resultado desse enfoque, Vygotsky pôde elaborar a gênese dialética dos processos psicológicos superiores.

Do que foi dito, pode-se inferir que nos dois autores a dialética imanente ou metodológica não substitui os métodos específicos de pesquisa das disciplinas científicas. Trata-se de uma perspectiva que orienta a pesquisa científica e reelabora seus resultados. Nesse sentido, lembramos o que foi falado a propósito do conceito de unidade bipolar em Piaget e de unidade de análise em Vygotsky. Segundo Bidell (1988), qualquer problema do desenvolvimento era enfocado por Piaget como uma configuração de relações bipolares, como unidade dinâmica dos opostos; conseqüentemente, o tratamento das questões era orientado para a articulação dos componentes bipolares. Um caso exemplar, já destacado, é o estudo da equipe de Inhelder sobre as atividades infantis de resolução de problemas particularizados, vistas como uma configuração de relações bipolares, entre o externo e o interno, entre as significações e as ações (Inhelder e Piaget, 1979). Dessa maneira, os sistemas de significação são o produto da organização interna das ações levadas a cabo externamente. Ao mesmo tempo, as ações externas interpretam ou realizam a organização interna, no intito de afetar o mundo. No mais, aquelas bipolaridades estão ligadas à bipolaridade central: procedimentos de resolução de problemas e estruturas cognitivas. Isto é, as ações externas sobre os objetos organizam-se em uma seqüência para chegar à resolução, mas essa organização deve ser construída e depois transferida internamente "de uma situação a outra".

No caso de Vygotsky, é evidente a importância da unidade de análise, assim como seu caráter dialético para a pesquisa empírica. Sua análise leva à diferenciação de dois planos da linguagem que formam uma unidade. O significado interno, o aspecto semântico da linguagem, está associado a diferentes leis do movimento, que é seu aspecto auditivo externo. A unidade de linguagem é, portanto, complexa, não homogênea. Vygotsky sugere então que a unidade consiste em relações que evitem o isolamento dos elementos; nesse caso, a linguagem externa do interno. Em outras palavras, a unidade de análise contém em si os processos relevantes que dão lugar à existência do fenômeno estudado. A unidade exemplar em Vygotsky é o significado da palavra, que inclui importantes relações e contradições, tais como as relações externo/interno ou indivíduo/sociedade. Por isso, Bidell (1988) vê nos conceitos de unidade bipolar e de unidade de análise uma perspectiva de interfase entre as psicologias do desenvolvimento de Piaget e de Vygotsky.

Além disso, os dois autores eliminaram de seus enfoques dialéticos qualquer resquício de apriorismo. Como diz Piaget em *Epistemologia das ciências do homem*, a dialética puramente filosófica subministrava apenas uma síntese doutrinal, em particular no caso do marxismo a respeito das ciências humanas. Em suma, esse é um guia sem controle experimental, que se coloca no campo das interpretações externas à própria pesquisa. O pensador genebrino adotava uma atitude crítica diante das dialéticas filosóficas que tinham tentado legislar sobre o que a ciência "devia ser" ou que a haviam subordinado a um estatuto epistêmico de nível inferior, como ocorre evidentemente na *Filosofia da natureza* de Hegel.[2] Talvez esta seja uma das razões que explique o desinteresse de Piaget pela dialética da natureza de Engels, que acreditava não impor a dialética à natureza a partir dos princípios gerais, e sim inferi-la do conhecimento do mundo objetivo ou "extraí-la da realidade". Essa suposta derivação continuava sendo, no entanto, de ordem estritamente especulativa. Como já comentamos, para Piaget, a dialética da natureza de Engels era uma "projeção" das interações dialéticas de sujeito e objeto. Nesse ponto, como insistimos, Vygotsky foi influenciado pelo marxismo da época e manteve, até onde sabemos, a tese do caráter universal da dialética, incluindo a natureza dentro de seu alcance.

Vygotsky rechaçou decididamente toda psicologia "dialética" que conservava o espírito hegeliano especulativo; em particular, quando alguns pensadores russos propuseram a aplicação direta do materialismo dialético à psicologia. Para ele, o que se necessitava, ao contrário, era de uma teoria especial sobre o campo de fenômenos que subministrasse as categorias básicas, sem as quais a dialética se imporia a eles. Reiteramos aqui uma citação que nos parece fundamental a esse respeito: "A psicologia necessita de seu 'O Capital' – seus conceitos de classe, base, valor, etc. – nos quais possa expressar, descrever e estudar seu objeto" (Vygotsky, 1931, p.389).

CONTINUIDADE E DESCONTINUIDADE NA HISTÓRIA DAS IDÉIAS

Já para Bronckart (1999), a proximidade entre esses enfoques da dialética no campo da reconstrução das idéias é inteiramente superficial. Para ele, a via epistemológica seguida por nossos autores para superar os dualismos que enfrentavam tem uma significação muito diferente. Ou seja, os *"tertia"* que Piaget utiliza para interpretar a superação das versões metodológicas parciais na psicologia só podem oferecer um viés de conciliação de posições. Ao contrário, a crítica vygotskiana às posições dualistas não busca uma terceira via filosófica, e sim alcançar uma autêntica ruptura. Em lugar da integração "superadora" do estruturalismo genético, Vygotsky teria situado os problemas em uma via radicalmente diferente.

Em nossa opinião, porém, a "terceira via" proposta por Piaget envolveu uma mudança substancial do ponto de vista epistemológico, se é que podemos ver o estruturalismo genético como uma posição construtivista. Ao questionar a versão moderna dos planos contrapostos de sujeito e objeto para passar à "síntese" do tratamento em um mesmo plano, Piaget coloca os problemas a partir de outro lugar teórico. Com isso, estabelece uma ruptura com a tese clássica dos saberes "dados" no objeto ou no sujeito. Ao mesmo tempo, alguns aspectos das teorias clássicas se integram, embora conceitualmente modificados, na perspectiva construtivista. As conjeturas construtivistas da filosofia de Kant ou a relevância da gênese na filosofia empirista inglesa são alguns exemplos.

Além disso, segundo os comentários de Valsiner e Van der Veer (1991), Vygotsky (1991a) rompeu com o reducionismo e com o espiritualismo na psicologia, mas avaliou-os segundo o esquema hegeliano de tese, antítese e síntese. Por exemplo, ao questionar as teses do materialismo mecanicista da reflexologia de Pavlov ou do espiritualismo de Dilthey, considerou que poderiam ser incorporados elementos dessas teorias em um movimento crítico que os transcendesse. Em última instância, não há oposições rígidas no campo das idéias, e sim um "todo contínuo: o discurso sobre as idéias".

Segundo se depreende de nossa interpretação dos textos, o modo como tanto Piaget quanto Vygotsky enfrentaram as questões referentes à análise dos problemas metodológicos e históricos é bastante semelhante. Em ambos, a síntese dialética supõe continuidade e descontinuidade com os pontos de vista superados. O enfoque é perfeitamente compatível nos dois autores, quer se trate da reconstrução histórica da epistemologia interna da ciência ou de seu próprio procedimento metodológico na pesquisa psicológica, pelo lado de Piaget, ou da metodologia de análise e da elaboração da psicologia geral em Vygotsky.

Por último, nossos autores consideram dialeticamente a constituição dos fatos científicos, mesmo quando seus problemas são diferentes. Não há dúvida de que a crítica ao empirismo fez parte da elaboração do construtivismo, em oposição à cisão entre razão e experiência. Do ponto de vista epistemológico, pode-se considerar que os observáveis são dependentes dos esquemas de interpretação: qualquer "leitura da experiência" supõe hipóteses, seja no conhecimento das crianças ou na ciência. Há uma relação não circular, mas dialética, entre teorias e observações, pois o que é resultado empírico de uma elaboração onde intervêm as hipóteses converte-se, em outro plano, em observável para a formação de novas hipóteses. No caso de Vygotsky, mostramos que sua epistemologia da pesquisa psicológica se caracterizava por sua recusa à leitura direta da experiência, assim como a um método puramente experimental à margem dos problemas teóricos. Trata-se de uma relação interativa entre os aspectos teóricos e empíricos, com ênfase na teoria, que pode ser considerada compatível com a perspectiva da epistemologia genética.

AS CONTRADIÇÕES E AS OPOSIÇÕES

Uma vez assinaladas as semelhanças da dialética a propósito do enfoque metodológico, vamos destacar suas diferenças de estrutura quando cada programa de pesquisa se ocupa do processo de desenvolvimento psicológico.

No caso de Piaget, a categoria foi tematizada em várias oportunidades, e adota claramente os traços que derivam do caráter do processo de construção dos sistemas cognitivos. Assim, insistimos na natureza da contradição natural como uma instância subordinada à dinâmica da equilibração, e não como o núcleo de um desenvolvimento intelectual; mostramos também, e sobretudo, que a dialética se referia aos "processos inferenciais" que as crianças realizam no transcurso dos processos construtivos. As modalidades que adota são as interações entre sujeito e objeto, a formação de sistemas a partir de subsistemas ou fragmentos independentes, as diferenciações e integrações dos esquemas de ação, a relativização dos conceitos e as retroações dos saberes mais avançados sobre seus antecedentes. Para caracterizar estes processos, Piaget utiliza as mesmas denominações em suas concepções clássicas; às vezes, com o mesmo significado, embora em geral lhes atribua um sentido diferente, certamente "específico" e relacionado com o movimento da atividade cognoscitiva dos sujeitos sobre os objetos. É o que ocorre com termos como "contradição", "unidade de contrários", "negação", "síntese", conforme mostramos. Um caso bem característico é o da unidade de contrários no estudo da gênese de sistemas lógico-matemáticos.

Vygotsky, por sua vez, formulou uma dialética para o desenvolvimento das funções psicológicas superiores que também adquire os traços próprios dos processos examinados, embora não pareça tê-la tematizado enquanto categoria filosófica. As idéias apresentadas em *História das funções psicológicas superiores*, e comentadas por Sève (1999) permitem identificar algumas de suas modalidades mais relevantes. Basicamente, reconhecem-se nela as características próprias da perspectiva de Marx: a utilização sistemática da contradição e da unidade dos contrários para interpretar o processo de desenvolvimento dos fenômenos psíquicos superiores, assim como a negação da negação e a superação dialética.

Muito particularmente, ao estudar a natureza do desenvolvimento psicológico e depois de questionar o conceito de "desenvolvimento" das formas superiores de conduta como manifestação do já dado internamente, Vygotsky oferece sua própria alternativa, mencionada em páginas anteriores. A intervenção das formas culturais sobre essa conduta mais avançada torna-as irredutíveis a um processo maturativo: "a criança, ao longo de seu desenvolvimento, começa a aplicar à sua pessoa as mesmas formas de comportamento que a princípio outros aplicavam com relação a ela" (Vygotsky, 1995a, p.146), e por isso "se compreenderá facilmente porque todo o interno nas funções psicológicas superiores foi antes externo" (Vygotsky, 1995a, p.147). Ele diz inclusive que "o pensamento verbal equivale a transferir a linguagem ao interior do indivíduo, do mesmo modo que a reflexão é a internalização da discussão" (Vygotsky, 1995a, p.147).

Para o pensamento de Vygotsky, o característico de uma função psicológica superior é justamente sustentar-se em uma contradição "interna" entre indivíduo e sociedade. Assim, trata-se da identidade dos contrários como pólos opostos de uma realidade; nesse caso, a apropriação psicológica dos signos sociais ou das ferramentas culturais (Sève, 1999). Essa unidade se concretiza em um dinamismo que liga o social ao individual de um modo completamente original. Vygotsky afirma: "quando dizemos que um processo é externo, queremos dizer que é social. Toda função psicológica superior foi externa por ter sido social antes de interna" (Vygotsky, 1931, p.150).* Isso significa

---

* N. de R.T. A obra a que os autores se referem escrita por Vygotsky em 1931 consta das referências bibliográficas deste livro, identificada pelo ano de publicação de 1995a. Esta observação é válida para todos os casos em que, ao longo deste livro, remetem-se ao trabalho de 1931.

que o externo – o social – opõe-se ao interno – o psiquismo individual – como dois pólos contrários da mesma realidade, como o idêntico na diferença. Desse ponto de vista, as funções psicológicas propriamente humanas são tanto individuais quanto sociais, no domínio por parte de cada criança das ferramentas culturais e em sua interação com outro que sabe mais. Inclusive, o psiquismo superior só existe na relação dos opostos, e a hegemonia de um dos pólos antagônicos se modifica para a do outro durante sua gênese.

Na mesma linha, Vygotsky exemplifica o desenvolvimento cultural da criança na aquisição do gesto indicativo, e para isso recorre às etapas hegelianas do em si, fora de si e para si. Um movimento interrompido ou não realizado do bebê passa a ser interpretado em uma segunda instância por outra pessoa "só mais tarde, devido a que a criança relaciona seu movimento fracassado com toda a situação objetiva, ela mesma começa a considerar seu movimento como uma indicação", isto é, "passamos a ser nós mesmos através de outros". Nisso reside a essência do processo de desenvolvimento cultural expressado de forma puramente lógica. A personalidade vem a ser para si o que é em si, através do que significa para os demais" (Vygotsky, 1931, p.149). Ou, com respeito à relação entre o externo e o interno na constituição dos fenômenos psíquicos especificamente humanos: "Torna-se evidente (...) a razão por que todo o interno nas formas superiores era forçosamente externo, isto é, para os demais o que é agora para si" (Vygotsky, 1931, p.149). Gostaríamos de chamar a atenção para o fato de que esta seqüência, despojada da mística idealista de Hegel, tem pleno sentido para descrever a conformação dos processos conscientes ou de conformação da subjetividade na vida social. Em outras palavras, a estrutura da unidade de contrários é claramente de raiz hegeliana.

Ao contrário, quando Piaget indaga sobre a constituição dos sistemas de conhecimento, essa dimensão dialética se aproxima mais da oposição real postulada por Kant. Não tem sentido caracterizar a constituição de um sistema lógico-matemático, como o conjunto das partes ou a noção de número inteiro nas crianças, à maneira hegeliana. Há um trabalho de construção por parte do sujeito que produz as entidades ou os conceitos a partir de outros. Algo semelhante ocorre ao caracterizar a constituição de uma teoria na história da ciência, onde não se pode falar de conceitos que chegam a ser eles mesmos através da negação de outros conceitos ou que um conceito seja pela negação de outro, ou se desenvolva para outra forma superior. As reorganizações conceituais provêm da atividade da comunidade científica com seus objetos. Muito pouco se poderia afirmar sobre esses processos caso se deixasse de lado essa atividade construtiva.

Mais uma vez, é crucial assinalar que a estrutura da dialética em Vygotsky e Piaget é adequada ao caráter dos problemas que indagaram. Ou seja, que adquire em cada caso os traços que emanam da pesquisa de determinada dimensão do desenvolvimento psicológico.

Para concluir, se retomarmos as perguntas feitas no início deste livro acerca dos níveis de utilização e análise da dialética em Piaget e Vygotsky, podemos sugerir algumas respostas. Em primeiro lugar, eles compartilham o esforço por reconstruir rigorosamente a história das idéias científicas como uma perspectiva metodológica. Por outro lado, ambos procederam a expor *post hoc* a elaboração dos conceitos pertencentes à ciências, especialmente a psicologia do desenvolvimento, evitando qualquer "apriorismo". Além disso, a estrutura que adota a dinâmica dos processos do desenvolvimento psicológico – no primeiro caso, das funções psicológicas superiores; no outro, da formação dos sistemas cognitivos – é específica de cada campo de pesquisa.

A DIALÉTICA NA EXPLICAÇÃO GENÉTICA DA INSPIRAÇÃO PIAGETIANA

Piaget julgava que na emergência de novas formas de conhecimento intervinham diferentes fatores, como a experiência física, a maturação biológica ou o "meio" social. Mas esses "fatores" só podiam ser interpretados desde que se postulasse quais as condições necessárias e suficientes que dariam lugar à emergência das novas formas. Nesse sentido, fatores como "o ambiental", o "saber pré-programado" no cérebro ou sua somatória não podiam explicar a formação de saberes originais, como veremos no último capítulo desta obra. Ao contrário, era necessário propor um mecanismo explicativo que os integrasse em uma totalidade dinâmica. A seguir, vamos apresentar o esboço piagetiano de explicação para o desenvolvimento cognitivo e identificar ali o lugar da dialética.

Piaget se ocupou da explicação na psicologia em *História e método da psicologia experimental* (Piaget e Fraisse, 1976) e em *Epistemologia das ciências do homem* (1970c). Em linhas gerais, distinguiu três níveis de aproximação ao problema. No primeiro, trata-se de estabelecer leis por generalização de "fatos", as quais não são explicativas porque se limitam a comprovar uma relação fática, adequada a um nível de conhecimento descritivo. No segundo, essas relações inserem-se em um sistema dedutivo, de modo que cada lei pode ser reconstruída dedutivamente, com certo grau de necessariedade lógica. Isto no sentido de que algumas leis podem ser inferidas de outras. Apenas em um terceiro nível chega-se a uma autêntica "explicação causal": na pesquisa psicológica, as leis se encarnam em "modelos abstratos" referentes a como funciona um processo real. Ou seja, elege-se um substrato ao qual se atribui o sistema dedutivo. Esse sistema pode ser representando pela matemática das probabilidades, a teoria dos jogos ou a álgebra de Boole, ou a lógica formalizada de proposições. Desse modo, o substrato escolhido – por exemplo, as ações lógico-matemáticas das crianças que resolvem problemas de substância ou peso – podem ser explicadas pelo recurso aos "agrupamentos operatórios".

Estamos diante da tese racionalista – herdada de Spinoza e de Leibniz – que define a explicação como uma "atribuição do sistema dedutivo ao mundo real" (Piaget, 1971). Essa perspectiva suscita uma questão: como Piaget avalia sua última versão da teoria da equilibração, elaborada posteriormente aos seus escritos sobre a explicação. No Apêndice 1 de sua *Teoria da equilibração das estruturas cognitivas*, situa as hipóteses dessa obra em um nível que transcende claramente a descrição, e que a colocaria, a nosso ver, no segundo nível do processo explicativo. Isso implica o reconhecimento da insuficiência de uma caracterização dessa teoria como dedutiva. A exigência própria do terceiro nível quanto a formular modelos abstratos que correspondam a mecanismos reais parece não se cumprir nesse estado da teoria da equilibração (Chapman, 1988a).

Pode-se afirmar que a busca de modelos abstratos foi frutífera para conectar as estruturas operatórias com os comportamentos dos sujeitos, o que os torna inteligíveis, no sentido de um sistema estrutural que apresenta uma razão (o porquê) para as atividades e argumentos operacionais. Mas é difícil pensar em algo parecido com "modelos abstratos" que, apoiados em observações, dêem conta da equilibração dos sistemas cognitivos. Por isso, Chapman sugeriu uma ampliação do modelo explicativo para um modelo causal vinculado aos sistemas contemporâneos da auto-regulação, o que parece coerente com o programa piagetiano, como veremos (Chapman, 1988a).

Para atribuir um estatuto teórico adequado à equilibração enquanto explicação da criação cognitiva, é preciso, portanto, ir além das explicações mediante "modelos abstratos". Com esse propósito, vamos recorrer à tese da explicação genética, insinuada por Piaget em alguns textos, como *Epistemologia das ciências do homem*: "O estudo das relações entre a psicologia individual e a vida social não deve se restringir ao estudo da conduta madura ou adulta (...) Somente a gênese é explicativa e fonte de informação controlável" (Piaget, 1970c, p.173).

Bronckart (2000) tem razão quando distingue o método genético, utilizado sistematicamente por Piaget – e por Vygotsky – na pesquisa psicológica, da possibilidade de formular uma "explicação genética" para as novas formas do conhecimento ou para as funções psicológicas superiores. Reconhecendo o caráter problemático desse tipo de explicação no programa piagetiano, apresentamos neste ponto uma versão sumária que provém de nossa interpretação dos textos do autor. No Capítulo 11, exporemos de modo mais amplo seu sentido epistemológico a respeito da psicologia do desenvolvimento.

Em princípio, falamos de explicação genética no sentido de que a dinâmica do funcionamento do subsistema cognitivo produz idéias originais (a propósito de um novo estado do sistema ou à sua reorganização) ou novos possíveis (por combinação de esquemas procedimentais). Essa produção emerge das interações de seus componentes: o sujeito e o objeto em diferentes campos do conhecimento: coordenações de esquemas (ou teorias) e observáveis; abstrações reflexionantes e empíricas; tomadas de consciência e atribuições de relações aos objetos. A reorganização de qualquer sistema de conhecimento por reequilibração em suas interações é modulada ainda pela intervenção de outros subsistemas, neurobiológico e social, segundo uma perspectiva de "sistema complexo" proposta por García (2000).

Mas, onde fica a dialética nessa explicação genética? Fundamentalmente, essa explicação inclui os processos dialéticos no funcionamento equilibrador do sistema cognitivo. A nosso ver, essa explicação contém dois aspectos que podem ser chamados de dialéticos: as contradições "naturais", por um lado, e as inferências dialéticas, por outro.

Em primeiro lugar, as "contradições naturais" estudadas por Piaget e reencontradas vez ou outra nos estudos de mudança conceitual: a crença das crianças de que as mesmas ações podem conduzir a resultados diferentes; a ausência de compensação entre os fatores que intervêm em uma experiência; ou aquelas derivadas das inferências particularmente associadas às falsas implicações. Assim, no estudo sobre a correspondência de conjuntos, quando o experimentador estende uma fileira de fichas em correspondência ótica com outra fileira, ele pergunta às crianças se agora as fileiras têm ou não a mesma quantidade. As crianças de uma certa idade entram em contradição, afirmando, por um lado, "se eu conto, elas têm a mesma coisa" (recorrendo a um esquema de correspondência entre os números e os objetos) e, por outro, "mas se eu olho, elas têm diferença" (recorrendo a um esquema de quantificação baseado na distribuição espacial das fichas). Em um estudo sobre idéias políticas, as crianças de ensino fundamental atribuem ao presidente simultaneamente a função de "mandar e não mandar", em uma versão personalizada da autoridade política. Em geral, trata-se de um tipo de desequilíbrio ou desajuste de afirmações e negações no sistema cognitivo que, como vimos antes (Segunda Parte, Capítulo 3), integra o processo equilibrador de aquisição dos sistemas lógico-matemáticos e daquilo que consideramos atualmente como conhecimento "de domínio".

Esse conflito, seja entre esquemas no sentido piagetiano ou entre hipóteses infantis, seja entre esquemas ou hipóteses e observáveis, é uma das condições que permite pôr em marcha os instrumentos de abstração e generalização, assim como a descoberta de novos possíveis. Lembramos o que foi dito no Capítulo 3 a propósito de que a contradição só adquire significado epistêmico quando existe tomada de consciência e, além disso, de que sua relevância para a transformação do conhecimento depende da ativação dos instrumentos mencionados. Portanto, nessa perspectiva, as contradições ou os conflitos não são os agentes da reorganização conceitual, não produzem por si mesmos o desenvolvimento dos sistemas de conhecimento. Eles são antes de tudo desencadeadores, em certas condições, da atividade inferencial que reorganiza as idéias.

Permitimo-nos aqui um breve comentário acerca da inelutabilidade da resolução dos conflitos. Uma das dificuldades do pensamento dialético em psicologia do desenvolvimento, tal como foi interpretado no mundo educacional e psicológico, parece residir em sua concepção "determinista" do pensamento dialético. Ou seja, na idéia de que os processos impulsionados pelos conflitos se cumprem inexoravelmente. Voltamos a encontrar aqui uma certa semelhança com o pensamento de Marx. Em certa caracterização caricatural, suas idéias foram apresentadas como se afirmassem que as possibilidades criadas por uma contradição ocorriam inelutavelmente, que a mudança social, por exemplo, era inevitável. Contudo, o fundador do socialismo científico considerava que as condições históricas poderiam dar lugar ou não à realização daquelas possibilidades. Logo, uma linha de desenvolvimento histórico não está predeterminada nos conflitos, e aquela que se realiza de fato tampouco é inteiramente casual, dadas as condições que favorecem o desenvolvimento de uma das possibilidades. Se de uma contradição lógica se infere a totalidade dos enunciados e de suas negações, o mesmo não ocorre com a contradição dialética. Obviamente, de uma contradição dialética não se infere a totalidade dos enunciados possíveis que contém, como ocorre com a lógica formal: apenas em determinadas condições históricas se realizarão algumas das possibilidades no desenvolvimento histórico.

No que diz respeito às contradições naturais de que fala Piaget, há um ponto de contato com o pensamento de Marx, ressalvados os níveis diferentes dos problemas: uma contradição experimentada por uma criança (ou um aluno) não determina automaticamente que seja solucionada: sua resolução não é inelutável. Por isso, a verificação de fracassos em tal resolução no desenvolvimento infantil das formas de pensamento não é um testemunho do fracasso da categoria, como interpretaram muitos psicólogos. Ou seja, há conflitos que talvez não se resolvam (aqueles dos quais não se pode ter consciência ou enquanto não se disponha de meios para fazê-lo) e, em geral, requerem-se certas condições; por exemplo, o momento relativo da elaboração das idéias, os sistemas inferenciais por parte da criança ou a exigência de novas informações além das disponíveis. De resto, se os sujeitos não podem pôr em marcha os processos de abstração ou generalização completiva que reorganizam as idéias, os conflitos não se resolvem. Na perspectiva de Piaget, vale reiterar, um conflito cognitivo não conduz por si só à solução, já que se trata apenas de um forte desequilíbrio das ações do sujeito: a construção é um processo posterior que o sujeito do conhecimento realiza. Sem dúvida, quando se estuda a construção de sistemas inferenciais já alcançados parece que "mais cedo ou mais tarde" os conflitos se resolvem.

Em segundo lugar, e retornando aos aspectos da dialética piagetiana, durante os processos de reorganização cognitiva produz-se aquela vinculação significativa das noções ou dos sistemas de conceitos com outros "mais avançados", caracterizada em *As formas elementares da dialética*. Trata-se do "lado inferencial da equilibração", em contraposição ao lado causal, como processo de interação sistêmica produzida pela novidade. Essa produção de inferências move-se no plano implicativo do conhecimento. Como vimos, a integração em sistemas a partir de outros independentes ou a relativização dos conceitos equivale a conseqüências que "acrescentam" algo às suas premissas e não se deduzem destas. Estamos diante de uma conexão significativa entre os esquemas desenvolvida no tempo, que foi analisada de modo semelhante às implicações significantes em *Para uma lógica das significações* (Piaget e García, 1989). Nessa obra, tais implicações são analisadas a partir da coordenação de ações sensório-motrizes nos bebês: um esquema de conhecimento implica (de modo significante) um outro se o segundo estiver englobado no primeiro e a relação for transitiva, como ocorre no caso do esquema de atirar, de um mediador tido como antecedente, para efetivar o esquema de agarrar um objeto. No caso das inferências dialéticas, as vinculações que asseguram a novidade da conclusão a respeito da premissa temporal são igualmente significativas.

Nesse sentido, é muito interessante a questão levantada por Bronckart (1999, 2000) a respeito da possibilidade de formular explicações genéticas nas perspectivas psicogenéticas; no caso de Piaget, no que diz respeito à "novidade" dos sistemas de conhecimento, e no de Vygotsky, para dar conta do surgimento de níveis de organização do funcionamento psicológico. Uma pergunta relevante a esse respeito é como se pode explicar "a atribuição consciente de significados". É possível explicar as significações? Em algum sentido, o não-significativo pode causar o significativo? Até que ponto podemos dizer que os sistemas psicológicos constituem as condições requeridas para dar conta da formação dos significados?

Para Bronckart, as condições de emergência das significações nos colocam no plano das ações. Assim, a consciência dos significados depende das ações do meio humano, e é nesse âmbito que se formam as ações individuais.

E, dado que qualquer ação contém intenções e razões, não se aplica a relação de causa-efeito. Segundo essa interpretação do pensamento vygotskiano, pode-se falar de uma explicação em termos da apropriação, por parte dos indivíduos, das ações já constituídas (na cultura). Trata-se de algo como uma explicação por compreensão, que considera a intervenção dos significados sociais na produção de significados por parte dos indivíduos.

Reconhecendo as fortes diferenças assinaladas por Bronckart entre "construir significados pelo indivíduo" em Piaget e "a apropriação individual de significados preexistentes" em Vygotsky, pode-se afirmar que o primeiro autor avançou, no final de sua obra, em uma reformulação do alcance dessa construção. As inferências dialéticas são um encadeamento criador de significados, ou são principalmente. Ao recorrer ao lado "implicativo" da equilibração assegura um complemento para os aspectos propriamente "causais" do funcionamento cognitivo, enquanto condições que provocam a produção de idéias. Mais ainda, poderíamos dizer que uma explicação para a construção de novidades exige incluir a conexão construtiva dos significados. Essa conexão não pertence ao reino das causas, mas sim ao das razões ou das implicações, que mantém com o primeiro uma relação de paralelismo, tal como via Piaget em *História e método da psicologia experimental* (Piaget e Fraisse, 1976). Nesse sentido, como destaca Bronckart (1996), Piaget atribui um lugar crucial à atividade significativa no desenvolvimento cognitivo, fazendo duas importantes ressalvas: a atividade significativa é irredutível aos processos causais, próprios do mundo neurobiológico; por outro lado, com um espírito próximo a Spinoza, sua tese do isomorfismo entre significados e causalidade se diferencia do paralelismo ontológico de raiz cartesiana.

Uma proposta de explicação genética daria uma interpretação de conjunto justamente para a formação das relações de significação entre as ações. Estamos diante da própria construção do conhecimento como problema epistemológico; por isso, a interpretação piagetiana situa a dialética no nível de análise do processo equilibrador das relações matemáticas ou espaciais, que são claramente relações significativas. Esse processo seria um tipo de explicação genética para a elaboração do conhecimento, dentro do qual as inferências dialéticas dariam conta dos saberes novos. Naturalmente, é uma dívida pendente estabelecer como se produz a elaboração individual de novos significados quando "os significados sociais estão esperando" (Overton, 1994). Isto é, se as inferências dialéticas ocorrem e de que modo operam quando o pólo do objeto ("os significados preexistentes e por alcançar") traciona o processo construtivo ou o orienta (como na reconstrução cognoscitiva dos saberes disciplinares, nas situações didáticas).

Na perspectiva de Piaget, como assinalamos insistentemente, não se postula uma dialética *a priori* para explicar o desenvolvimento, e sim um processo inferencial que se insira em uma teoria explicativa, que deve ser contrastada. Portanto, as virtudes ou as insuficiências das hipóteses acerca da dialética do conhecimento serão avaliadas segundo a consistência teórica da teoria explicativa e, indiretamente, através de sua credibilidade empírica. Do ponto de vista conceitual, avaliar se a análise da formulação dialética satisfaz os motivos que levaram a postulá-la, isto é, a necessidade de dar conta da formação de conhecimentos novos no desenvolvimento psicológico. Nesse sentido, a diferenciação e integração das idéias infantis, a relativização dos conceitos, os conhecimentos independentes que acabam por se fundir em um sistema e a retroação das idéias sobre o conhecimento prático parecem vincular satisfatoriamente certos estados de conhecimento a outros que os superam.

Em última instância, sem essa inferência dialética, a novidade cognitiva é uma instância incompreensível do desenvolvimento. Isso ocorre quando ela é interpretada como um puro ato criativo, sem condições nem ataduras ou, simplesmente, eliminada por redução ao dado, como propõem os autores guiados pelo referencial epistêmico do *split*, conforme veremos no Capítulo 11.

Por último, recordamos a adequação entre a estrutura da dialética e a explicação do processo construtivo de sistemas ou teorias infantis. Ao explicar a constituição de sistemas geométricos ou matemáticos (para nós, também dos sistemas conceituais em diferentes domínios), os vieses "não-hegelianos" são adequados; particularmente, por se tratar de aspectos do processo de construção de relações lógico-matemáticas, demonstrações ou sistemas conceituais. Já mostramos que não teria sentido falar do "trabalho negativo" dos conceitos à margem dos sistemas de conhecimento construídos nas interações. Finalmente, a dialética como uma inferência criadora não é um agente autônomo das transformações do conhecimento, e sim "o aspecto inferencial" do processo conjunto de equilibração, do próprio ato de construção das novas idéias em termos implicativos. Em resumo, uma primeira análise conceitual parece mostrar que a estrutura do processo dialético é compatível com a proposta de explicar a novidade.

Para concluir, acrescentamos um comentário acerca da importância do pensamento dialético com relação à mudança conceitual, um dos problemas centrais abordados hoje na psicologia cognitiva do desenvolvimento. Susan Carey (1999, p.293) talvez a pesquisadora neo-inatista com maior inquietação epistemológica, disse o seguinte: "Explicar a emergência da novidade, do genuinamente novo, está entre os mais profundos mistérios enfrentados pelos estudiosos do desenvolvimento". Ela também mostrou sérias dúvidas quanto à capacidade da teoria computacional de responder ao problema da mudança conceitual. Em particular, considerou que o mapeamento "por analogia" de um domínio de conhecimento mais elementar para outro mais avançado podia ser insuficiente para explicar a novidade do novo sistema. Por isso, sugeriu algumas hipóteses de grande interesse acerca da origem de novos sistemas conceituais nas crianças, que vão além do esquema clássico. Assim, o *bootstrapping* (automodificação) é uma metáfora que Otto Neurath tornou célebre na epistemologia do século passado para referir-se à elaboração do conhecimento: "O bote que se constrói enquanto flutua em alto mar". Isto é, uma nova teoria emerge sem estar fundada diretamente em uma anterior. Embora o novo conceito dependa de outros anteriores, ele não perde sua originalidade; assim como o bote se constrói com seus materiais, "uma pessoa constrói uma estrutura que trabalha enquanto flutua" (Carey, 1999, p.316). Dito de outra maneira, alguns aspectos do conhecimento anterior se mantêm no posterior; outros são incomensuráveis com as novas relações conceituais. Parte-se das dificuldades envolvidas em T1 (uma teoria infantil), às vezes das contradições em seus conceitos, que podem desequilibrar o sistema, até que sejam superados na nova teoria T2. A mudança conceitual é concebida como a construção de "uma escada fundada nos conceitos de T1 (a teoria mais precoce), dando um novo lugar aos degraus anteriores ao ir mais longe" (Carey, 1999, p.316).

Porém, Carey sustenta que a teoria da equilibração, identificada por ela com as contradições e a desequilibração de um sistema cognitivo, não pode explicar por que os sujeitos elegem este ou aquele modo de articular os conceitos. Ao contrário, a automodificação conceitual inclui um momento de contradição de certos fatos providos pela teoria anterior (vinculada à indiferenciação conceitual), embora essa fonte de desequilíbrio acabe por ser superada por uma articulação (diferenciação e integração posterior) que os combina (como vimos em nossos comentários às inferências dialéticas). Nossa pergunta a esse respeito é: essa automodificação conceitual não poderia ser descrita como uma dialética de inferências próprias da equilibração? O processo de diferenciação e integração conceitual caracterizado por Carey não seria similar à modalidade dialética descrita antes? Em outras palavras, enquanto a autora considera que sua versão explicativa da mudança conceitual é claramente distinguível da equilibração, para nós é compatível em aspectos relevantes. Em particular, a equilibração inclui as contradições "naturais" ou os conflitos como ponto de partida para a construção das inferências dialéticas; por exemplo, desde os pontos indiferenciados até sua diferenciação e integração em uma síntese.

Em outras palavras, a incompletude das diferenciações ou das articulações entre afirmações e negações dá lugar ao conflito, e daí ao trabalho de sua reelaboração. Este último se realiza pela criação de novos possíveis, que depois de articulam em sistemas de necessidades, ou pela abstração de propriedades formais das ações e sua posterior integração reflexiva. Naturalmente, concordamos com Carey que se trata de um processo de modificação de sistemas conceituais "de domínio", e não unicamente de sistemas lógico-matemáticos, o que constatamos na formação de noções sociais nas crianças (Castorina e Faigenbaum, 2002). A inferência dialética, como dissemos antes, é independente do domínio, no sentido de que a inferência de novidades conceituais se produz em diversos campos, desde a física e a biologia até os conhecimentos sociais.

Em resumo, a exigência de uma explicação para a novidade na mudança conceitual, a que procura responder o esboço de teoria de *bootstrapping*, evoca o processo de equilibração. E, desse ponto de vista, a dinâmica da mudança conceitual é muito parecida com a dialética da contradição e das inferências não dedutivas que apresentamos neste livro. Um comentário final: os pesquisadores discutiram muito sobre o lugar dos conflitos na produção da mudança conceitual, mas poucos indagaram, cuidadosamente, sobre as diferenciações e integrações ou sobre a relativização conceitual examinadas por Carey. Ou seja, ignoraram os aspectos propriamente inferenciais do processo de reorganização dos conhecimentos.

DIALÉTICA E EXPLICAÇÃO PSICOLÓGICA EM VYGOTSKY

O tema da explicação psicológica aparece em um lugar central das formulações vygotskianas, enunciando uma tentativa deliberada de construir uma psicologia explicativa em oposição a uma psicologia meramente descritiva. Em seu detalhado estudo sobre o lugar da análise na abordagem dos processos psicológicos superiores, Vygotsky defende uma relação estreita entre os modos de análise e o desenvolvimento de explicações adequadas. Nos dois casos, será crucial a intenção de recuperar a complexidade dos fenômenos a serem abordados e a necessidade de uma perspectiva dialética.

Como vimos antes, desde seus primeiros escritos e de maneira clara em *O significado histórico da crise da psicologia*, Vygotsky sugere uma relação de inerência entre construção de objeto e construção de método. Na conhecida fórmula do método como "pré-requisito e produto" da pesquisa psicológica – figura que pode ser considerada pertinente também para a análise do objeto –, autores como Newman e Holzman (1993) viram uma guinada fundamental com relação às perspectiva metodológicas instrumentais que consideram a metodologia como uma espécie de dispositivo produtor de insumos. De maneira contrária, segundo a linha crítica desenvolvida por Vygotsky contra as elaborações metodológicas em uso, herdadas em última análise do paradigma E-R, a construção metodológica deve ser orientada pela perspectiva teórica do fato, que deriva em uma construção de objeto específica. Desse modo, como já dissemos, a construção metodológica vygotskiana se realizará a partir de sua caracterização do objeto privilegiado de indagação, isto é, a constituição das funções psicológicas superiores.

Em seu escrito inicial sobre "A consciência como objeto da psicologia do comportamento" (1991) e, posteriormente, em *História do desenvolvimento das funções psicológicas superiores* (1995a), Vygotsky sugere que um dos desafios centrais da explicação psicológica, em atenção à especificidade das funções superiores humanas, é o surgimento de sistemas de regulação não-biológicos com base nos sistemas de atividade orgânicos, ou seja, o surgimento de formas superiores de regulação psicológica, entendidas como aquelas originadas na vida social, comparáveis ao desenvolvimento de um controle voluntário, ao domínio de meios semióticos que permitam uma auto-regulação.

Vygotsky partia da noção de "sistema de atividade" de Jennings, que designa um sistema que marca as possibilidades e os limites do desenvolvimento ou da atividade dos organismos. A peculiaridade da criança, tal como entende Vygotsky, é o caráter, digamos, "aberto" desse sistema, ou seja, o caráter articulável que possuiria o sistema de atividade orgânico humano com o uso das ferramentas culturais, principalmente os signos. Em última instância, a pergunta central se referirá à eficácia que parecem ter os signos e os sistemas de atividade culturais na reorganização dos sistemas "naturais" de regulação psicológica. O que se deve explicar é o caráter inovador que têm, na ontogênese, os sistemas de atividade. Vygotsky (1931, p.39) entende, portanto, que a explicação deve ser buscada na peculiaridade da interpenetração dos processos biológicos e culturais. "Um sistema não substitui o outro, mas se desenvolvem conjuntamente. São dois sistemas diferentes que se desenvolvem juntos, formando, de fato, um terceiro novo sistema de um gênero muito especial". Estes novos sistemas de atividade expressam e concretizam a unidade dialética da tensão entre as linhas natural e cultural de desenvolvimento no curso da ontogênese.

As decisões metodológicas devem acompanhar essa concepção do caráter complexo – não redutível aos seus componentes – dos sistemas de atividade psicológica superiores, que, por sua vez, precisam ser reconstruídos, como vimos, logicamente e historicamente, a fim de realizar uma genuína reconstrução dialética da natureza dos processos.

Em *História do desenvolvimento das funções psicológicas superiores*, Vygotsky dirá que, na pesquisa da constituição desses sistemas de atividade complexos, utilizam-se dois métodos essenciais: o exame genético e o estudo comparativo, reconstruindo os diversos nexos que adquire a "síntese complexa" dos sistemas biológicos e culturais, "o caráter de entrelaçamento", "a lei reguladora de sua síntese" (Vygotsky, 1931, p.40).

Já vimos como a interfase entre os sistemas pode revelar assincronias ou fenômenos como os que Vygotsky recordava, descritos por Wundt como "desenvolvimento prematuro", pela exposição precoce da criança a sistemas de atividade culturais de que ela não pode se apropriar plenamente. Contudo, o próprio Vygotsky advertia para a existência de certa tração ou certo efeito sobre o desenvolvimento nos quais era importante distinguir os processos em si, para outros e para si, como no caso analisado da defasagem entre o desenvolvimento da comunicação lingüística e a apropriação de conceitos em sentido estrito.

É preciso levar em conta que já se prenunciava aqui o lugar que ocupará pouco depois a categoria de Zona de Desenvolvimento Proximal, na qual a assimetria relativa entre as competências dos sujeitos que interagem tem um papel eficaz na produção de cursos de desenvolvimento específicos. No entender de Rowlands (2000), a categoria de ZDP deveria ser abordada primordialmente como um dispositivo metodológico que expressaria as teses resenhadas neste item a respeito do funcionamento intersubjetivo e da mediação de ferramentas culturais como elementos inerentes à unidade de análise recortada.

À margem dessa interpretação, é evidente que a colisão de sistemas de atividade heterogêneos e articuláveis constitui uma abertura importante para a descrição do desenvolvimento na presença de mecanismos múltiplos, como a prolepse ou os processos de apropriação mútua na cultura, e os descritos no desenvolvimento da fala da criança por Bruner (1986).

Existem, na verdade, dinâmicas ou mecanismos de geração de efeitos já considerados pelo próprio Vygotsky; por exemplo, aqueles referentes à interfase entre o ato de pegar e o gesto de apontar, quando são necessárias a mediação da cultura e a atribuição intencional para produzir um efeito comunicativo no gesto que permitirá que a conduta se manifeste, *a posteriori*, como intencionalmente comunicativa ou comunicativa em sentido estrito. Apesar de não existir no tratamento do exemplo em Vygotsky uma delimitação entre o surgimento dos gestos proto-imperativos e protodeclarativos no desenvolvimento infantil, como assinalou Rivière (1998), é evidente que em Vygotsky havia a idéia de continuidade relativa entre atividade instrumental e comunicativa ou seu "prolongamento" no plano das relações intersubjetivas; isto implicava, de fato, uma nova expressão da variação de unidades de análise. A conduta comunicativa e o uso dos signos em sua dinâmica são a resultante da confluência de processos heterogêneos e de concreção variável conforme com a natureza dos elementos em jogo e a característica variável de seus nexos funcionais. Como advertia Vygotsky (1995a, p.41), o acoplamento ou a integração dos sistemas de atividade da criança e da cultura produz "uma série que não é única e contínua, nem rigidamente fechada, e sim uma série de gênero, de caráter e de graus diferentes". A abordagem genética implica o estudo das interações particulares que terão os sistemas de atividade ao longo do desenvolvimento.

Além disso, a análise comparativa oferecia, na avaliação de Vygotsky, outra via privilegiada de acesso à explicação do desenvolvimento a partir da análise comparada das diversas formas dele. Sempre, é claro, sob a premissa teórica de construir teoricamente o objeto de forma adequada, de tal modo que a diversidade natural e a diversidade cultural não fossem vistas como o remate exclusivo de uma linha de desenvolvimento, nem como a interconexão captada apenas de um modo descritivo que não percebesse os nexos funcionais dos processos. Feita esta ressalva teórica, a diversidade do desenvolvimento – expressada tanto no das pessoas cegas, surdas, etc. como no variado arco da diversidade cultural – constituía em muitos casos uma espécie (infeliz, às vezes) de experimento natural ou cultural que permitia identificar as linhas de fratura, as divergências, a complexidade dos sistemas, ali onde, como vimos, o desenvolvimento "normal" ou centrado apenas nas formas "avançadas" mostrava na aparência processos lineares, homogêneos ou convergentes *a priori*, conduzindo a explicações redutivas que não revelavam a unidade dialética em tensão de seus componentes.

No terreno das "necessidades especiais" ou da velha e pouco eufemística *Defectologia*, costumava-se confundir maturidade orgânica com domínio das formas culturais de mediação, sem estabelecer distinções adequadas, confundidas pela "ilusão da convergência" entre desenvolvimento normal e cultural. Contudo, a pedagogia curativa, na avaliação de Vygotsky, já havia encontrado um caminho prático de criação de "vias colaterais de desenvolvimento cultural" da criança "anormal". Ou seja, a prática educativa produzia de fato formas diferentes de desenvolvimento cultural – como a escrita em Braille permitia chegar a um desenvolvimento da escrita funcionalmente equivalente, embora com base em processos radicalmente diferentes no desenvolvimento (Rosa e Ochaita, 1993) – mesmo que a reflexão teórica psicológica estivesse atrasada na compreensão dos processos que se produziam.

Vygotsky atribuía, portanto, à abordagem dialética da explicação psicológica a função de reconstruir os processos psicológicos a partir de uma perspectiva genética; nesta, o desenvolvimento era entendido como um processo também de natureza dialética. Ou seja, a abordagem dialética impunha a necessidade de responder à natureza qualitativa das mudanças – e não apenas a variações de grau ou quantitativas, como se disse a propósito da constituição de novos sistemas funcionais ou de atividade; impunha a não redução do superior ao inferior via explicações elementaristas e a não unilateralização dos processos complexos, que requerem a reconstrução das linhas que os definem em sua própria complexidade.

Como já argumentamos, o método em psicologia deveria superar concretamente o dualismo, por um lado, das concepções empiristas, que limitavam o objeto de suas explicações de tipo causal aos processos elementares, e, por outro, das concepções espiritualistas ou idealistas, que insistiam em que a abordagem dos processos superiores deveria romper com sua materialidade e corresponder a explicações teleológicas. Vygotsky entendia que uma perspectiva dialética obrigava a que se recuperasse a unidade dos processos superiores e elementares sem reduzi-los aos segundos, como se viu, mediante uma abordagem genética e comparada.

Dissemos, no início deste item, que o desenvolvimento de uma psicologia "explicativa" em oposição a uma descritiva era, para Vygotsky, uma espécie de urgência do estado da disciplina. Na análise dos processos psicológicos de tipo superior, ele explicita alguns dos presssupostos que estimulam sua idéia de explicação psicológica. Veremos que ele entendia a análise bem concebida como uma abordagem central dos processos de explicação, desde que a tarefa analítica, como já explicamos, não se separasse das premissas teóricas nem do caráter sistêmico das unidades.

Em *História do desenvolvimento das funções psicológicas superiores*, Vygotsky (1931, p.99) diz que a análise estrutural tinha como objetivo "esclarecer os nexos e as relações entre eles (os elementos) que determinam a estrutura da forma e do tipo de atividade originados pelo agrupamento dinâmico desses elementos". A análise dos processos superiores devia centrar-se, como se viu, na análise do processo *versus* a análise do objeto, visto que uma explicação genuína devia captar "o desenvolvimento dinâmico dos momentos importantes que a tendência histórica do processo dado constitui" (Vygotsky, 1931, p.101), entendendo a análise do processo como uma análise genética.

Em segundo lugar, Vygotsky recorda o caráter explicativo que deve ordenar a tarefa analítica. A verdadeira missão da análise, em qualquer ciência, é a de revelar ou pôr em evidência as relações ou os nexos dinâmico-causais que constituem a base de todo fenômeno; desse modo, "a análise converte-se de fato na explicação científica do fenômeno que se estuda, e não apenas em sua descrição do ponto de vista fenomênico" (Vygotsky, 1931, p.101). Alude ao tipo de análise genética ou genotípica que, na linha de Kurt Lewin, implica a descoberta da gênese do fenômeno, sua base dinâmico-causal, a diferença das abordagens "fenotípicas" que ficam presas no nível da aparência fenomênica.

Como vimos, os acordos referenciais na comunicação do adulto e da criança e sua equivalência funcional em certas situações podem se confundir com a identidade dos processos intelectuais de conceituação, embora existam diferenças críticas.

A explicação psicológica deve, portanto, captar a legalidade das sínteses que se produzem, mantendo em tensão a reconstrução lógica ou estrutural dos processos e, como se viu, o caráter histórico que estes detêm em seu desenvolvimento concreto. Essa tensão se somará àquela existente entre a busca da legalidade genotípica e o desenvolvimento de explicações científicas sobre os fenômenos descritos no nível fenotípico, com sua especificidade. Mas Vygotsky (1931, p.104) esclarecerá que "a análise não se limita apenas ao enfoque genético, e estuda obrigatoriamente o processo como uma determinada esfera de possibilidades que apenas em uma determinada situação ou em um determinado conjunto de condições leva à formação de determinado fenótipo. Vemos, portanto, que o novo ponto de vista não elimina nem evita a explicação das peculiaridades fenotípicas do processo, mas as subordina em relação à sua verdadeira origem".

Vygotsky parecia estar lutando contra o temor de que a reconstrução da lógica geral que estimula os processos se cindisse da dinâmica dos processos concretos a serem explicados, incluída sua aparência fenomênica. Como vimos, uma característica da perspectiva dialética, nesse sentido, era a sutil e profunda interconexão entre abordagem estrutural e histórica, de tal forma que a reconstrução analítica de um processo não se separava das definições dos processos em sua história concreta.

O propósito do presente capítulo era estabelecer as semelhanças e as diferenças entre a concepção dialética de Piaget e a de Vygotsky. No enfoque dos problemas relativos à história e à metodologia da disciplina psicológica, aparecem traços comuns nos usos estabelecidos pelos dois autores. Entretanto, apontaram-se diferenças claras quanto ao tratamento de temas e problemas diversos no terreno do desenvolvimento.

Como já se assinalou, Piaget e Vygotsky empenharam-se em reconstruir rigorosamente a história das idéias científicas como uma perspectiva metodológica, e expuseram *post hoc* a elaboração dos conceitos pertencentes à psicologia do desenvolvimento, evitando posições apriorísticas.

Quanto ao tratamento dado à categoria da dialética, no caso de Piaget ela foi considerada deliberadamente e em estreita relação com sua preocupação pelos processos de construção dos sistemas cognitivos. Por isso, como mostramos, adquirem uma relevância particular os temas relativos à contradição natural, tratada como uma instância subordinada à dinâmica da equilibração, e não como núcleo de um desenvolvimento intelectual. A análise enfatizou também que, no caso de Piaget, a dialética se referia a "processos inferenciais" que as crianças realizam no transcurso dos processos construtivos. As contradições naturais e o tratamento do "lado inferencial da equilibração", em contraposição ao lado causal, têm uma intervenção relevante na produção da novidade, como vimos. As duas constituem, a nosso ver, aspectos dialéticos diferentes da explicação genética.

No caso de Vygotsky, a construção de uma abordagem dialética estava estreitamente ligada à explicação do desenvolvimento das funções psicológicas superiores e, além disso, incorporava os traços vinculados aos processos em questão; mas, como vimos, esse autor não parece ter tematizado a categoria de dialética enquanto categoria filosófica. Em linhas gerais, predominam aspectos da concepção hegeliano-marxista, embora sejam usados de modo original na abordagem do desenvolvimento dos processos psicológicos. Vimos também que uma via desse desenvolvimento está presente na análise dos novos sistemas de atividade gerados no desenvolvimento que expressam e concretizam, na realidade, a unidade dialética da tensão entre as linhas natural e cultural de desenvolvimento no curso da ontogênese. A abordagem dialética caracteriza-se por responder à natureza qualitativa das mudanças, por evitar a redução do superior ao inferior, como também a unilateralização dos processos complexos.

No capítulo a seguir tentaremos projetar parte das conseqüências cruciais que parece comportar o enfoque dado por ambos os autores ao problema das relações entre explicação psicológica genética e dialética na discussão contemporânea.

NOTAS

1 Esta não deve ser confundida com seu imanentismo da razão que discutimos, visto que em um caso se trata de uma perspectiva metodológica e no outro, de uma interpretação da razão, concebida como evoluindo por um processo puramente interno, "uma tendência para o equilíbrio".
2 Essa posição crítica coincide com aquela adotada por Bachelard em *A Filosofia do não*, comentada no Capítulo 1.

11
As explicações sistêmicas e a dialética do desenvolvimento

Na Introdução, ponderamos que uma das razões para tentar explorar o pensamento dialético é sua possível contribuição para a resolução da crise na explicação da psicologia do desenvolvimento. Ou seja, acreditamos que seja possível vincular sistematicamente esse pensamento a um problema epistemológico central para a pesquisa psicológica: como elaborar um esquema explicativo capaz de captar a novidade que se origina no desenvolvimento cognitivo, tanto para a construção dos sistemas de conhecimento não contidos nos precedentes, em Piaget, como para a emergência das funções psicológicas superiores a partir das inferiores, em Vygotsky. A busca de uma explicação genética para o surgimento da novidade estava no centro das preocupações desses dois pensadores, mas, como dissemos, sua significação epistêmica e sua formulação eram relativas à natureza do programa de pesquisa de cada um (Piaget, 1971; Valsiner, 1998a).

Até aqui procuramos mostrar que a dialética tem um lugar nas explicações do desenvolvimento esboçadas por Piaget e por Vygotsky. Agora nos propomos abordar epistemologicamente a questão da natureza da explicação genética na psicologia do desenvolvimento, comparando seus modelos com outros, para reconsiderar as contribuições do pensamento dialético.

Em primeiro lugar, trataremos do referencial epistêmico que permitiu que os psicólogos se indagassem sobre os fatores explicativos do desenvolvimento psicológico. Em seguida, questionaremos a tese de um modelo único de explicação ("legítimo"), com sua aparente neutralidade epistemológica. Finalmente, exporemos as características de um referencial epistêmico relacional com suas variantes teóricas, tendo em vista tornar inteligível a explicação genética que lhe corresponde. Para isso, abordaremos a factibilidade do pensamento dialético para as concepções do pensamento sistêmico, assim como as conseqüências de não admitir isso.

A METANARRATIVA DA CISÃO E A PSICOLOGIA DO DESENVOLVIMENTO

Como vimos no Capítulo 7, até 1931, Vygotsky avaliou a crise da psicologia do seu tempo destacando que as diversas correntes psicológicas de então estavam comprometidas com o dualismo e o reducionismo ontológicos. Hoje identificaríamos, com Overton (1998), uma metanarrativa subjacente e mais ampla[1] que, como herança da filosofia moderna, causou impacto na interpretação do desenvolvimento psicológico ao cindir os componentes da experiência com o mundo.

Na filosofia contemporânea, Merleau-Ponty reivindicou firmemente a experiência vivida com o mundo, afirmando que este e o eu são contínuos e inseparáveis, em oposição à dissociação desses componentes operada na filosofia moderna: "O mundo (...) que é dado ao sujeito é dado a si mesmo (...) a percepção não é uma ciência do mundo (...) é o pano de fundo a partir do qual todos os atos se sobressaem e é pressuposta por eles (...) O mundo é o campo de todos os meus pensamentos e de todas as minhas percepções explícitas. A verdade não habita unicamente no homem interior; ou melhor, não há homem interior, o homem está no mundo, é no mundo que se conhece" (Merleau-Ponty, 1985, p.10).

Três séculos antes, Descartes havia dissolvido essa experiência básica em seus componentes, concebendo o conhecimento como uma representação interna do mundo externo e produzindo uma guinada reflexiva na atividade filosófica. Ou seja, ele propôs como tema central o exame de nossas idéias independentemente do que representam. Desse modo, o sujeito – suas idéias – adquiriu um estatuto privilegiado com respeito ao objeto – a matéria – e estabeleceu-se uma dissociação radical entre eles. Nesse sentido, o conhecimento tinha como objeto suas próprias representações, ao mesmo tempo em que se exigia que a totalidade das idéias estivesse em correspondência com o mundo.

Pode-se afirmar que a separação rígida entre representações e mundo é epistemicamente anterior à reificação das idéias simples como substância mental e à substancialização do mundo. A desvinculação radical do sujeito em relação ao mundo natural e social está na origem do dualismo cartesiano entre alma e corpo, como também do monismo reducionista, que reduziu um termo ao outro. Essas duas posições expressam a própria absolutização das entidades e das propriedades, que se excluem ou se afirmam, umas em detrimento de outras.

A desvinculação do sujeito subjaz igualmente a certas discussões epistemológicas; por exemplo, à reação do empirismo contra o racionalismo, ao substituir as idéias inatas pela observação na fundamentação do conhecimento. Nesse caso, instaurou-se a separação entre a observação e a atividade intelectual, entre o sujeito e o mundo. Na epistemologia contemporânea, o positivismo lógico herdou essas dissociações.

A estratégia do *split* não apenas tem origem na história acadêmica do pensamento filosófico, como também constitui uma posição básica do senso comum em face do mundo, com base na incapacidade – conformada nas práticas históricas – de reconhecer a inseparabilidade dos seres humanos com relação ao espaço físico ou social. A doxa dissocia um vínculo inseparável dos indivíduos com o mundo, vínculo que Merleau-Ponty chamou de "corporeidade estendida ao mundo".

Segundo Bourdieu, essa filosofia cotidiana desvincula os indivíduos de seu mundo na medida em que estes são apreensíveis de fora, por outros indivíduos, como um corpo sólido, fechado. A esse respeito, cita as lições de 1934 de Heidegger, nas quais se descreve a estrutura da existência cotidiana: "Nada nos é tão familiar como o fato de que o homem é um ser vivente entre outros e que a pele é seu limite, que o espaço mental é a sede de suas experiências (...) que tem experiências do mesmo modo que tem estômago" (Bourdieu, 1997, p.158). O materialismo ingênuo está por trás do esforço das ciências humanas e da psicologia de reduzir o corpo a uma ciência natural. Curiosamente, a versão "mentalista" associada ao dualismo corpo-mente considera também o corpo como uma exterioridade. Essa perspectiva básica mostra as dificuldades do cartesianismo para explicar como o mental influi no corporal, como os sentidos não-corporais da linguagem podem se expressar em sons materiais.

A filosofia moderna da cisão e a estrutura do senso comum influíram na psicologia do desenvolvimento durante todo o século XX; em primeiro lugar, como dissemos, pelo dualismo e pelo reducionismo ontológicos, que incidiram na formulação dos problemas centrais e nas divisões básicas acerca de quais entidades investigar (Overton, 1998). Porém, a estes é preciso acrescentar o referencial neodarwinista. No início, Darwin separou rigidamente os processos internos do organismo e a seleção natural, o que constituiu a base da revolução biológica (Lewontin, 2000). Essa teoria estendeu-se a diferentes situações e fenômenos que se desenvolvem dentro e fora da biologia. Assim, mais tarde, a teoria sintética da evolução atingiu o estatuto de "metanarrativa", proporcionando o pano de fundo no qual se situaram os problemas na psicologia do desenvolvimento.

Desse modo, os psicólogos do século XX se indagaram sobre o desenvolvimento psicológico no âmbito do *split*: que fatores tomados separadamente ou em sua somatória são os responsáveis pela mudança psicológica? As habilidades cognitivas seriam produto da natureza ou da educação, da natureza ou da *nurtura*? E, mais recentemente, quanta experiência e durante que período é necessária para a aquisição de uma competência? Que fatores internos ao aparelho mental explicam os processos de desenvolvimento?

As primeiras respostas apontaram ao amadurecimento biológico para as aquisições dos bebês ou ao condutivismo mais pueril. Mais tarde, a estratégia do *split* adquiriu formas mais sofisticadas; entre outras, no neo-inatismo mais rígido de raiz computacional, que impõe fortes restrições representacionais no início do desenvolvimento cognitivo. Este último é interpretado de forma limitada como um processo de enriquecimento devido aos "*inputs*" ambientais ou como um mapeamento entre domínios de conhecimento. No caso do neo-inatismo cognitivo, o âmbito da cisão se expressa em uma visão do sujeito dividido do mundo e povoado por representações que medeiam entre a entrada informacional e a saída comportamental: "O sujeito é, antes de tudo, um espaço interno, uma "mente", para usar a velha terminologia, ou um mecanismo capaz de processar a informação, se seguirmos os modelos computacionais nas tendências atuais" (Taylor, 1995, p.169).

A INSUFICIÊNCIA DO ESQUEMA CLÁSSICO DE EXPLICAÇÃO

Segundo Brainerd (1978), uma explicação psicológica satisfatória deve cumprir três critérios: em primeiro lugar, o fenômeno a ser explicado tem de ser suficientemente especificado (por exemplo, o tipo de comportamento infantil típico de uma fase do desenvolvimento); em segundo lugar, devem-se propor certas variáveis antecedentes que possam dar conta do fenômeno em questão, como variáveis maturacionais ou experienciais; finalmente, deve-se poder medir a variável antecedente independentemente do fenômeno a ser explicado.

Esse modo de normatizar uma explicação psicológica foi guiado, sem dúvida, pelo referencial epistêmico da cisão, visto que se separaram rigidamente as variáveis independentes, sejam maturativas, sejam da experiência exterior. Esse enfoque foi compartilhado por grande parte dos pesquisadores em psicologia do desenvolvimento (Overton, 1998). Entre eles, Flavell (1985, p.409) se coloca as três perguntas diretivas que supõem o esquema mencionado acima: "Que fatores ou variáveis intervêm de modo decisivo na natureza, no ritmo de desenvolvimento e no nível adulto definitivo de diversos tipos de conhecimento e de habilidades cognitivas?" Em seguida, ele examina as formulações e as respostas dadas por influentes psicólogos, como Wohlwill (1973); este se pergunta por que o desenvolvimento cognitivo é um processo de mudança aparentemente único e inexorável, e responde postulando como causa um impulso intrínseco de origem biológica e, naturalmente, a intervenção de outros fatores, ambientais e de experiência, que modulam o curso das modificações.

Flavell (1985, p.418) considera que essa perspectiva, para além das discussões que gera, é plenamente representativa da tarefa explicativa da psicologia. Para ele, os estudos de deprivação do desenvolvimento ou de enriquecimento (por aprendizagem gradual) em tarefas piagetianas são outros exemplos dessa busca. Nesse último caso, Flavell chega à conclusão de que os trabalhos experimentais não podem demonstrar que um determinado fator ambiental seja uma condição necessária para a produção de uma determinada conduta. De todo modo, insiste que é preciso averiguar "que combinação de variáveis relevantes produz resultados evolutivos favoráveis em vez de desfavoráveis".

A exigência de identificar as causas eficientes do desenvolvimento levou esses psicólogos a denunciarem as insuficiências de certas explicações propostas por outras psicologias. Por exemplo, Brainerd (1978) sustentou que, embora a teoria da equilibração de Piaget consiga especificar algumas condições antecedentes do desenvolvimento dos conhecimentos, as variações desses fatores antecedentes não dão conta da transição das fases de conhecimento. Ou seja, é insuficiente como explicação causal do desenvolvimento cognitivo.

Flavell (1985) sugere que o próprio processo de equilibração deveria ser explicado por variáveis antecedentes, visto que as habilidades ou disposições das crianças para os conflitos são indispensáveis como antecedentes causais para que elas possam se fixar nos elementos conflituosos de uma situação cognoscitiva. Em outras palavras, tais fatores seriam indispensáveis para explicar o funcionamento satisfatório do processo equilibrador.

Em nossa opinião, o discutível é a própria exigência de um esquema explicativo por fatores causais. De fato, será que toda pesquisa psicológica deve dar conta dos comportamentos como variações nas condições ambientais ou sociais? Será que deve estabelecer como as variações dos fatores internos, incluídas as capacidades inatas, se traduzem em mudanças comportamentais? Dessa perspectiva, Chapman (1988a) considerou problemática a generalização da explicação "legítima" a todas as pesquisas.

Nem a teoria da equilibração de Piaget nem a teoria da formação dos sistemas psicológicos superiores de Vygotsky cumprem todos os requisitos da explicação "legítima". De fato, as variações na maturação ou nas habilidades não dão conta das mudanças ocorridas durante as transições da passagem de um nível a outro de desenvolvimento; do mesmo modo, as variações nas ferramentas culturais ou em seu modo de transmissão social não causam as transformações psíquicas individuais. Além disso, não é aceitável em geral que tais variáveis sejam mensuradas independentemente das mudanças psicológicas a serem explicadas.

Gostaríamos de insistir neste ponto crucial. A explicação "legítima" se propõe dar conta dos fatores ou variáveis antecedentes que influem em certas mudanças, ou procura especificar as variáveis em função das quais ocorre o fenômeno a explicar. Por exemplo, a relação entre condições ambientais e condutas infantis não responde à indagação piagetiana referente a como se originam novas formas de conhecimento. Como diz Chapman: "O meio poderia afetar a conduta e ainda são necessárias certas condições para o desenvolvimento cognitivo, mas a explicação da conduta em termos de seus antecedentes funcionais (o meio ou outros) simplesmente não é o problema que a teoria quer resolver" (Chapman, 1988a, p.337). Além disso, pretender responder à pergunta de Vygotsky sobre a emergência dos processos psicológicos superiores com esse tipo de explicação causal é claramente insatisfatório. Na perspectiva sócio-histórica, as relações ambientais não constituem condições suficientes para a geração de novos conhecimentos; mais ainda, não é o que se busca estabelecer. O desenvolvimento das funções psicológicas superiores se explica como oposição entre os processos sociais e individuais, o que é irredutível a simples relações causais.

Em suma, o modelo de explicação pelos antecedentes ou eventos independentes a respeito das variações de conduta já dadas não é adequado para explicar o surgimento de novas formas de conhecimento e a emergência dos processos psicológicos superiores. Nem a equilibração do sistema cognitivo nem a internalização dos sistemas semióticos poderiam ser tratadas como condições que, ao variarem, causam impacto nos comportamentos externos. Ao contrário, são os próprios sistemas que se modificam dando lugar à novidade, como veremos adiante.

Em termos estritos, os psicólogos contemporâneos do desenvolvimento, influenciados pelo pensamento da cisão, não quiseram explicar o processo de mudança cognitiva. Eles buscaram principalmente certas invariantes do desenvolvimento – módulos, habilidades ou representações de base – anteriores à própria dinâmica do conhecimento. Por exemplo, procuraram chegar às habilidades "nucleares" do desenvolvimento identificando as representações precoces das crianças sobre as propriedades numéricas ou a conservação dos objetos. Foi comum, inclusive, a tentativa de identificar restrições sobre a formação das representações adquiridas em um domínio de conhecimento ou sobre as capacidades específicas de processamento (Castorina e Faigenbaum, 2002).

Para essas tentativas, tem pleno sentido o esquema explicativo em termos de habilidades ou representações "nucleares" dadas geneticamente, e cujas variações informam sobre as realizações infantis. Porém, nem as habilidades nem as capacidades de computação podem pretender dar uma explicação da mudança propriamente dita, das novidades que se produzem ali. Quando se adota a metáfora de um aparelho computacional, separado do mundo exterior, é necessário teoricamente encontrar regras e representações fixas que expressem a competência dos indivíduos. Isso significa renunciar à busca da mudança estrutural, à reorganização dos sistemas conceituais. Mais ainda: sendo o computador uma entidade estática cujo programa deriva dos que o constroem, sua utilização como metáfora para pensar o desenvolvimento cognitivo não programado é inadequada (Thelen e Smith, 1998).

A EXPLICAÇÃO PSICOLÓGICA E A CISÃO EPISTEMOLÓGICA

A cisão dos componentes teórico e observacional do conhecimento, e a atribuição a este último de um caráter auto-suficiente são traços típicos do positivismo lógico. A psicologia do desenvolvimento sofreu sua influência, por exemplo, ao considerar que um conhecimento objetivo do desenvolvimento depende sobretudo de descrições cuidadosas e precisas "do que as crianças estão fazendo atualmente". Esse enfoque descritivista dissocia as observações (incluída sua generalização indutiva) e a construção teórica. Como já dissemos, tanto Piaget como Vygotsky se opuseram vigorosamente a essa perspectiva metodológica. Uma posição construtivista em epistemologia caracteriza-se justamente pela constituição da teoria e da observação em uma interação dinâmica, no conhecimento individual e na pesquisa científica. Nesse sentido, as reflexões vygotskianas sobre a pesquisa psicológica são compatíveis com as teses da epistemologia genética.

O impacto mais significativo da epistemologia neopositivista sobre a pesquisa psicológica foi a adoção de seu modelo de explicação, desenvolvido por Hempel (1965) e por Nagel (1961). Esse modelo herda os principais aspectos do pensamento empirista moderno. Dizer que uma afirmação singular se explica é equivalente a inferi-la a partir de enunciados legais e de certas condições iniciais. Nessa perspectiva, as causas são as condições necessárias e/ou suficientes que precedem o fenômeno a ser explicado. Uma lei científica é causal se a relação entre os eventos satisfaz algumas condições: o evento causal é uma condição suficiente e necessária para a ocorrência do efeito; os eventos conectados são espacialmente contíguos; a causa precede o efeito e é contínua a ele; tal relação é assimétrica. Embora os debates posteriores tenham debilitado algumas dessas condições, essa idéia de causa foi aplicada em diversas ciências; entre elas, a psicologia do desenvolvimento. A explicação "legítima" de Brainerd mencionada anteriormente inclui-se nesse esquema, embora elimine duas exigências: que as causas sejam condições necessárias e suficientes, e que a relação entre eventos seja contígua.

Atualmente, há filósofos que preferem falar de relações entre antecedentes e conseqüentes ou de variáveis dependentes e independentes em vez de falar de "causas". Esse tipo de relação se parece com as causas eficientes de raiz aristotélica, na medida em que as variáveis são antecedentes com referência aos efeitos produzidos. Embora seja questionável em termos analíticos se em uma explicação causal existe algo mais que na relação entre variáveis (por exemplo, a produção de efeitos), o objetivo de estabelecer as causas eficientes para o desenvolvimento psicológico é central. Essa perspectiva, inclusive com modificações, continua sendo elementarista, porque trata todo o processo como uma associação de eventos, mesmo que estejam distantes no tempo. Além disso, considerou-se em boa medida que as leis explicativas – sejam causais ou funcionais – provêm de induções a partir de observações diretas do mundo.

Recapitulando, a busca das causas como eventos antecedentes foi então o objetivo fundamental da pesquisa do desenvolvimento psicológico; as causas foram identificadas com os mecanismos da mudança e o esquema de relação entre variáveis dependentes e independentes foi considerado como a explicação "legítima", generalizável a todo problema explicativo em psicologia; por isso, qualquer outra explicação devia contar com fatores ou causas antecedentes para ser aceitável, exigência que torna inúteis os esforços explicativos de Piaget e de Vygotsky.

Valsiner (1998a) mostrou que, com o critério da explicação positivista e seu elementarismo causal, os psicólogos seguem uma regra metodológica de parcimônia: o cânone de Morgan para a psicologia do desenvolvimento. Este postula: "Em nenhuma hipótese podemos interpretar uma ação como o resultado do exercício de uma faculdade psicológica se pudermos interpretá-la como resultado de outra que está mais abaixo na escala psicológica" (Morgan, citado por Valsiner, 1998a, p.216). Porém, quando se quer explicar a constituição de novos sistemas, como um instrumento de mediação semiótica ou uma estrutura operacional, surge um problema. O caráter desses processos implica que "eles são frágeis e inicialmente malformados (...) que as formas de transição entre os níveis inferiores e os superiores estão em constante mudança; antes de estarem constituídos, não podem ser detectados claramente" (Valsiner, 1998a, p.216). Em outras palavras, a utilização irrestrita do princípio de parcimônia tornaria impossível explicar tal desenvolvimento, porque obrigaria a recorrer a causas antecedentes de nível inferior para os processos considerados. Esse princípio legitima o reducionismo às formas elementares de comportamento e possibilita, por exemplo, que se expliquem os processos psicológicos superiores nos termos dos processos inferiores. Isto, como se sabe, é inconsistente com o enfoque dialético de Vygotsky.

A PERSPECTIVA SISTÊMICA

A dinâmica de sistemas está centrada no estudo da rede causal entre um indivíduo ativo e seu meio em constante mudança. Essa perspectiva inclui os sistemas abertos, a totalidade, a emergência de novas formas e a auto-organização. Com certa amplitude, podemos arrolar na perspectiva sistêmica todos os enfoques que, em psicologia do desenvolvimento adotaram um referencial conceitual em que se incorporam componentes da experiência vivida e do mundo, dissociados pela filosofia do *split*.

Entre eles, a psicologia genética destaca a relação sujeito-objeto, dada sua ênfase na formulação de uma teoria do conhecimento, e a escola sócio-histórica enfatiza a inseparabilidade dinâmica dos atos psicológicos de seu contexto. Os autores que se inscrevem nessa linha trataram de postular algum tipo de interação: entre os indivíduos e seu contexto cultural, entre os conceitos e o objeto, entre a natureza e a cultura. Esse enfoque é mais ou menos explicitado em autores tão diversos como Baldwin (1895), Werner (1957),[2] Boesch (1991), Cole (1999) e Thelen e Smith (1998), além de Piaget e Vygotsky.

Existem múltiplos indicadores da existência de uma perspectiva antidualista na psicologia do desenvolvimento contemporânea, a partir da crítica ao referencial epistêmico do *split*. Por um lado, a crítica aos dualismos e aos reducionismos baseou-se em um amplo espectro de pensadores e orientações filosóficas. A crítica de Vygotsky ao dualismo da psicologia do seu tempo inspirou-se, como vimos, nas idéias de Spinoza, de Marx e de Hegel; no questionamento da epistemologia construtivista piagetiana à cisão de sujeito e objeto de conhecimento há ecos da crítica kantiana ao empirismo e ao apriorismo modernos; inclusive, a psicologia pós-moderna opõe-se ao dualismo da psicologia cognitiva utilizando a filosofia da ciência pós-positivista (Kuhn ou Feyerabend), o neopragmatismo e o desconstrucionismo continental (Prawat, 1999); o co-construtivismo de Valsiner (1998b) retoma as idéias de Vygotsky em *O significado histórico da crise da psicologia*, assim como o antidualismo de Dewey e de Baldwin; na perspectiva relacional de Overton (1998), recupera-se o pensamento de Hegel e Leibniz, e também as teses de Piaget, de Taylor e de Bernstein.

Por outro lado, na constituição do meio relacional intervieram decisivamente duas grandes transformações ocorridas nas ciências naturais. No campo da biologia, surge a hipótese da paisagem epigenética, segundo a qual a canalização do desenvolvimento embrionário vincula-se a processos de auto-regulação; estes orientam o organismo em seu movimento ao longo de uma das trajetórias possíveis, enquanto que outras são descartadas (Waddington, 1975). Além disso, segundo a teoria dos sistemas abertos, os organismos só podem existir graças à sua constante interdependência com seu meio (Bertalanffy, 1968). O organismo não é um sistema estático, fechado ao exterior, e que sempre contém elementos idênticos: trata-se de um sistema aberto em um estado quase estável (que conserva sua estrutura), apesar das transformações em seus componentes e em condições de intercâmbio de matéria e energia com o entorno. Os fenômenos vitais derivam desse fato crucial (Bertalanffy, 1968).

No campo da física, surge a formulação da termodinâmica dos sistemas dissipativos na obra de Prigogine (1961). Uma das principais hipóteses verificadas na pesquisa caracteriza o estado estável de um sistema químico distante de uma situação de equilíbrio. Postula-se que quando um sistema se encontra em um estado de produção mínima de entropia, não pode abandonar esse estado por uma mudança espontânea irreversível. Se, como conseqüência de alguma flutuação, afasta-se ligeiramente desse estado, verificam-se mudanças que remetem o sistema ao seu estado inicial, que pode ser definido como um "estado estável", enquanto que a transformação que se realiza nesse estado pode ser chamada de "transformação estável". Como indica García (1992) há uma surpreendente semelhança entre o equilíbrio operatório piagetiano, vinculado às transformações reversíveis, e o equilíbrio termodinâmico, associado às transformações estáveis. Do ponto de vista da auto-organização, os estudos em termodinâmica destacaram o papel das flutuações na formação das estruturas dissipativas; em particular, o modo como se produz a desestabilização e, em seguida, a reorganização do sistema, que permanece estável até que novas perturbações o desestabilizem. Mais ainda, pode-se considerar que um mecanismo bastante semelhante de desestabilização e reorganização poderia explicar a evolução de sistemas mais complexos, como a constituição do sistema cognitivo humano.

Em síntese, segundo um enfoque que vai abrindo passagem no panorama atual de diversas ciências, trata-se de estudar os processos de mudança próprios dos sistemas "abertos", na medida em que "os sistemas estão envolvidos em relações de intercâmbio com seus meios particulares" (Valsiner, 2000, p.12). Uma questão a que se pretende responder na termodinâmica, na biologia de sistemas e em certas perspectivas psicológicas é como um sistema adquire uma organização e consegue mantê-la. Mais ainda, o que constituiu a indagação central para essas disciplinas é de que modo se transformam os estados estáveis, ou seja, como explicam as modificações que dão lugar às reorganizações desses sistemas.

Mas, nenhum sistema caracterizado em uma das ciências contemporâneas tem predomínio sobre os outros, não é um "modelo" para descrevê-los e nem os explica. Por exemplo, é discutível que se possa transferir diretamente a equilibração do sistema termodinâmico às ciências sociais ou à psicologia. Cada uma delas tem "sua própria classe de relações de intercâmbio" (Valsiner, 2000, p.12), que deve ser definida em um campo teórico e empírico: os sistemas dissipativos intercambiam energia ou matéria com suas "condições de contorno": os biológicos proporcionam ao seu meio natural energia e substâncias, e as recebem dele; os sistemas sociais dependem do intercâmbio de capitais, ou outros recursos econômicos, com seu meio e da utilização de "capital simbólico". Quanto ao sistema que se propõe para a vida psicológica, ele tem a ver com o tipo de problemas que se estudam nos programas de pesquisa e com outras decisões teóricas. Assim, um problema de produção de conhecimento atenderá aos intercâmbios entre os sistemas de conhecimento e destes com respeito às informações "significativas" vinculadas ao objeto de conhecimento. Já ao enfocar o estudo do funcionamento da personalidade, esse intercâmbio pode adotar a forma de "signos construídos que são comunicados entre a pessoa e seu meio" (Valsiner, 2000, p.13).

UMA CONCEPÇÃO DE PSICOLOGIA SISTÊMICA: OS *PATTERNS* DE ATIVIDADE

Há uma tese de Wundt, mencionada por Maier e Valsiner (1996), segundo a qual, para o estudo do processo mental, qualquer fase do desenvolvimento está contida em sua precedente, conformando, ao mesmo tempo, um fenômeno novo. Aqui se coloca uma questão crucial para as psicologias que se indagam sobre a natureza do desenvolvimento e que pode ser abarcada por noções, tais como a síntese da novidade ou a reestruturação que produz uma nova qualidade psicológica. Nosso propósito é mostrar a relevância da dialética para pensar a transformação sistêmica na psicologia do desenvolvimento e as dificuldades que surgem quando ela não é considerada.

Aqui trataremos, brevemente, do modo como se concebe o desenvolvimento psicológico na perspectiva dos *"patterns* de atividade", centrada inicialmente na pesquisa da emergência dos comportamentos durante o desenvolvimento motor. Ela nos interessa sobretudo porque tenta formular com precisão em enfoque sistêmico de explicação psicológica. Os *patterns* são formas da interação que se constituem em idade precoce a partir das interações comportamentais com o meio (Thelen e Smith, 1998; Oyama, 1999; Hendriks-Jensen, 1996), mais tarde podem desaparecer, modificar-se para comportamentos mais complexos e servir de contexto para a emergência de interações sociais.

Esse enfoque apóia-se em uma crítica à biologia neodarwinista, com sua separação rígida entre organismo e meio, e dá lugar à tese de um desenvolvimento "situado ecologicamente", sem nenhum privilégio *a priori* para fatores externos ou internos. Um sistema biológico e seu derivado psicológico são idênticos às diversas interações em diferentes escalas, sua estabilidade é evanescente e depende dos processos envolvidos.

A principal tese é que as habilidades e os conceitos de crianças e adultos não resultam de elaborações "dentro da cabeça", nem do impacto de estímulos físicos ou sociais. Eles são interpretados em termos sistêmicos quando se postula a inseparabilidade dos fatores externos e internos e sua interatividade constitutiva. As habilidades e as condutas inteligentes provêm de uma seqüência que incrementa os *patterns* de atividade complexa (Hendriks-Jensen, 1996). Uma conduta não expressa as competências singulares dos indivíduos, mas vincula-se aos contextos onde tramita a formação dos *patterns*. Estes emergem, por exemplo, dos contínuos ajustes mútuos entre a mãe que "ampara" os comportamentos e o filho, e que podem ser qualificados como sistemas dinâmicos. Segundo essa tese, no caso dos conceitos, a articulação não se produz de maneira endógena, e sim por um processo interativo mediado por artefatos lingüísticos. Os *patterns* mais tardios, referentes à linguagem, às habilidades e aos conceitos, desenvolvem-se porque outros *patterns* mais precoces se realizam em um contexto dado. Desse modo, cria-se um meio interativo do qual, mais tarde, podem emergir os *patterns* tardios.

Quanto ao problema da explicação, a versão sistêmica dos *patterns* utiliza um modelo genético. Para torná-lo inteligível, recordemos primeiramente o conceito de explicação genética, tal como foi formulado na tradição neopositivista. Para Ernest Nagel (1961), as explicações do desenvolvimento biológico ou da história diferenciam-se do modelo nomológico-dedutivo comentado antes. Basicamente, porque o *explanandum* (constituído por eventos como o surgimento de uma espécie ou de um fato histórico) não se infere de leis gerais e de certas condições iniciais; além disso, não se pode esperar uma relação necessária entre o *explanans* e o *explanandum*. A explicação genética parece depender então da ocorrência efetiva dos eventos em uma seqüência que não é ordenada por uma lei. Destaca-se aqui um sentido histórico de emergência, como o surgimento de modos de conduta complexos e irredutíveis a partir de outros anteriores, mais simples. Porém, o modo como se dá esse surgimento é uma questão totalmente empírica que se decidirá pela pesquisa histórica.

Hendriks-Jensen (1996) reconhece o interesse dessa proposta, mas identifica algumas questões suscitadas por sua formulação e que parecem não ter solução. Por exemplo, que eventos intermediários são explicativos em uma história evolutiva? Em que pontos desta última podemos falar de emergência? Para esse autor, as idéias de Nagel podem servir como material crítico para uma elaboração epistemológica destinada a evitar justamente essas questões. Assim, ele propõe uma tese sistêmica: toda conduta é uma atividade situada que provém de intercâmbio dos componentes "em contexto". Essa perspectiva possibilita um tipo peculiar de explicação genética que dá conta dos novos *patterns* de conduta enquanto dependentes de "uma emergência interativa", ou seja, quando se abrem possibilidades de conduta não dadas antes dessa emergência. Quanto à explicação, o sistema organismo-meio que se move através do espaço e do tempo "causa" o desenvolvimento dos *patterns*. Dissipa-se aqui qualquer tentativa de buscar causas eficientes ou fontes singulares para as novas atividades, sejam eventos que ocorrem "dentro da cabeça" dos indivíduos (baseados na manipulação interna de símbolos ou provocados por habilidades dadas inatamente), sejam eventos independentes no meio exterior. Em lugar de um procedimento analítico que isola um conjunto discreto de causas, postula-se uma explicação histórica que dê conta da emergência de qualquer atividade situada em um contexto, desde a intencionalidade até a conceituação (Hendriks-Jensen, 1996).

O REFERENCIAL SISTÊMICO EM PIAGET

No que se refere a Piaget e Vygosty, o referencial epistêmico sistêmico é básico em seus programas de pesquisa. Assim, a questão da transformação estrutural e a síntese da novidade foram cruciais para eles. No caso de Piaget, a busca das transformações dos sistemas de conhecimento implica postular as interações entre o sujeito e o objeto. O desequilíbrio dos sistemas de ação tende para novas formas de reequilibração, pondo em jogo as múltiplas vinculações entre observáveis e esquemas de conhecimento, ou entre estes. Podemos destacar as relações que vão do objeto de conhecimento à tomada de consciência do sujeito, e de suas estruturas até sua atribuição aos objetos. Esse processo dá lugar a reorganizações dos sistemas de conhecimento anteriores das quais resultam novos sistemas. Em *A equilibração das estruturas cognitivas*, Piaget (1978b) quer formular uma teoria destinada a substituir os vieses interpretativos de tipo apriorístico ou teleologista para a seqüência de níveis de formação dos sistemas cognitivos. Ou seja, um nível de conhecimento não está predeterminado nos anteriores, mas depende das interações de esquemas e observáveis, de sujeito e objeto, o que sugere uma certa indeterminação de um sistema com relação aos precedentes. Contudo, Piaget não extraiu todas as conseqüências das idéias de equilibração ou não conseguiu precisá-las.

Além disso, em *Psicogênese e história da ciência*, Piaget e García (1981) falam, pela primeira vez, da influência restritiva e orientadora dos referenciais sistêmicos sociais sobre a construção por equilibração dos conhecimentos científicos. E – o que é crucial para o nosso problema – a tese piagetiana da equilibração foi reforçada posteriormente em uma perspectiva de "sistema complexo" (García, 1992, 2000). Essa reformulação levou seriamente em conta as teses sobre a dialética inferencial e possibilitou um fortalecimento de aspectos como a indeterminação e a criatividade na formação de novos sistemas cognitivos.

García, principalmente, situa o subsistema cognitivo como parte de um sistema "complexo",[3] constituído pela inter-relação de sistema biológico, do sistema propriamente cognitivo e do sistema social. Nesse sentido, o próprio sistema neurobiológico tem como condição limitante para o seu funcionamento a atividade do sistema cognitivo (Aréchaga, 1997).[4]

Já os referenciais epistêmicos e as representações sociais constituem "condições de contorno" que limitam e modulam a marcha do conhecimento individual e científico. Nesse sentido, a construção de novas idéias não depende unicamente da dinâmica própria do sistema cognitivo, mas também da intervenção das "condições de contorno". Isso dá lugar a um certo grau de incerteza na transformação conceitual. No caso da mudança científica, as concepções de mundo, vinculadas às relações de poder, orientaram ao longo da história, embora sem determiná-la, a reformulação das teorias; por exemplo, o Romantismo alemão do século XIX foi uma mudança de cosmovisão em face ao mecanismo, e sem sua concepção de um mundo em perpétua mudança seria incompreensível o surgimento das idéias evolucionistas na biologia. No caso da psicogênese, o significado social dos objetos ou suas representações sociais preexistentes são condições de seu conhecimento, já que convertem um objeto em "digno ou indigno" de ser conhecido pelas crianças (Piaget e García, 1981; García, 2000).

O imanentismo de um equilíbrio ideal que orienta o conhecimento, dominante na obra de Piaget, cede claramente diante da proposta de uma reorganização cognitiva condicionada pelo referencial epistêmico socialmente produzido. Segundo essa leitura de *autor* já anunciada na Introdução, baseada sobretudo na reformulação da equilibração por parte de García (2000), há uma relativa autonomia da estruturação e da reestruturação dos conhecimentos. Esta se realiza por mecanismos de coordenação e diferenciação de esquemas, como a abstração e a generalização, que são postos em marcha pelos desequilíbrios, entre esquemas e observáveis ou entre esquemas. Um enfoque semelhante leva a pensar que a passagem de uma estrutura de conhecimento a outra constitui quase um salto ou uma descontinuidade, que não admite sua regulação por normas lógicas e nem pode ser prevista de modo estrito (Piaget e García, 1981; García, 1989). Em nenhum sistema aberto, cognitivo ou de outro tipo, um estado de equilíbrio determina de forma unívoca o estado que resultará de sua reorganização.

Um sistema de conhecimento, como uma instância relativamente estável de um processo equilibrador, abre certas possibilidades de construção; a direção da mudança é limitada pelo tipo de problemas que podem surgir nesse sistema. Os problemas não permitem prever estritamente os resultados que se produzirão na reorganização em pauta: "A incerteza acerca do caminho exato que seguirá um sistema submetido a períodos sucessivos de instabilidade (desequilíbrio) parece constituir uma característica de todos os sistemas abertos" (García, 1989). A questão do trajeto do desenvolvimento no programa piagetiano "fortemente renovado" poderia ser formulada da seguinte maneira: as interações e as condições comuns de instabilidade dão lugar às trajetórias mais freqüentes ou às regularidades tendenciais na formação dos sistemas cognitivos.

Talvez os caminhos de construção que se identificam na psicogênese de nossa sociedade tenham a ver com as práticas sociais análogas, com demandas comuns ("o que é digno ou indigno de ser conhecido"), de modo que os desafios se assemelhem e os estados anteriores são comuns. Em qualquer caso, não se pode afirmar uma "lógica do desenvolvimento" que presida a passagem de um sistema de conhecimento a outro e em virtude da qual, por exemplo, o pensamento formal deriva do pensamento concreto. Assim, somente nas condições de instabilidades deste último, incluídas as de seu contexto social, e admitindo uma diversidade possível de sistemas alternativos de conhecimento (Chapman, 1988b), os indivíduos adquiriram com certa freqüência o pensamento formal.

Em outras palavras, as interações entre sujeito e objeto, via coordenações de esquemas e observáveis, com sua própria reestruturação, constituem um processo cognitivo. Mas o êxito da reorganização dos sistemas de conhecimento depende das "condições de contorno" provenientes de outros subsistemas, e por isso não se justifica um único caminho possível de desenvolvimento. Formulada assim, essa interpretação da equilibração tem chances de enfrentar a crítica segundo a qual a teoria psicogenética é paradoxal (Pozo, 1989). Ou seja, que postula níveis de conhecimento "construídos" pelos sujeitos no desenvolvimento – isto é, que se produzem novidades – e, ao mesmo tempo, sustenta que todos os indivíduos chegam necessariamente a elas.

Mostramos que, quando se adota essa interpretação da equilibração, dilui-se a necessariedade ou a seqüência lógica dos níveis do desenvolvimento. Mais ainda, qualquer teoria do desenvolvimento que postule a criação de novidades deve formular algum construto teórico que a torne possível ou que a explique, se não quiser cair em alguma forma de paradoxo (Juckes, 1991). E isso seria válido mesmo que a própria teoria da equilibração aqui esboçada como sistema complexo fosse incompleta ou substituível por outra mais poderosa ou operacional. Isto ocorre porque há uma exigência de explicações não redutivas das novidades cognitivas, visto que essas mudanças qualitativas não são pré-formadas e, portanto, não poderiam ser compreendidas apenas como uma modificação de formas já estabelecidas.

Mas, voltando ao problema da explicação genética: a equilibração é, em algum sentido, uma teoria que escapa às dificuldades mencionadas da explicação causal clássica? Em outras palavras, o que significa dizer que a equilibração é uma explicação genética para a "novidade" cognitiva? Consegue escapar à categoria de causa em sentido positivista discutido anteriormente?

Se nos colocássemos na perspectiva dos sistemas complexos, não teria sentido afirmar que uma idéia original de uma criança ou uma inferência lógica ainda não adquirida são "causadas" seja por habilidades ou capacidades mentais, seja pelo impacto da pressão social. Ao contrário, parece plausível considerar que a novidade cognitiva emerge do funcionamento equilibrador do subsistema cognitivo, em suas conexões com os subsistemas biológico e social.

A emergência das formas mais avançadas de conhecimento depende de uma elaboração modulada pelos outros subsistemas, de uma relação entre sistemas. Por isso, a "causa" (em um sentido figurado) da novidade é equivalente à sua produção ou ao funcionamento do sistema que se postula para dar conta de sua aparição. Em vez de eventos empíricos ou da sucessão de fatos separados, é um sistema aberto que, em seus intercâmbios com o mundo, pode adotar novas formas, limitadas, por sua vez, pela atividade de outros subsistemas. Vale insistir em que os subsistemas complexos estudados nas ciências contemporâneas apresentam incertezas em sua formação ou uma mistura de acaso e ordem. Não há predeterminação das formas que adquirem os sistemas justamente pela incerteza devida à intervenção restritiva das "condições de contorno". Ao mesmo tempo, as tentativas de especificar o funcionamento interativo do sistema têm a pretensão de tirar da novidade cognitiva seu ar de mistério. Com essa base conceitual, a equilibração do sistema cognitivo dentro de um complexo parece ser um legítimo candidato a explicar o problema central da gênese.

Por último, permitimo-nos recorrer a um enfoque um pouco diferente para interpretar o que poderia ser um processo causal em sistemas abertos, estudados na biologia e relativamente aplicáveis ao desenvolvimento psicológico. Poderíamos postular que a pesquisa do desenvolvimento trata de um sistema cíclico de causas (um sistema A-B-C, em que A, sob certas "condições de contorno", dá lugar a Y). Nesse sentido, é o processo cíclico que enfim chega a produzir ou "causar o resultado", principalmente como um *by-product* da atividade auto-organizadora do sistema causal. Assim, os processos "adaptativos" cíclicos descritos por Piaget em *Biologia e conhecimento* entre organismos e meio, em termos de unidade dinâmica de assimilação do meio ao organismo e de acomodação deste, seriam um caso de tal sistema cíclico. Isto é (A x A') → (B x B") → (C2 x C'") → (Z x Z') → (A x A') onde o primeiro componente do parêntese é o organismo e o segundo as condições ambientais, e "x" sua interação. Assim, A é o organismo e B" é uma modificação do meio B', o que leva a uma modificação do sistema, já que o C2 que aparece agora era um momento C anterior do ciclo. No ciclo da interação há um desenvolvimento porque muda o meio ou porque se transforma o próprio ciclo. Pode-se dizer que sob certas condições, o próprio sistema causal inova por si mesmo, incorporando uma nova parte, ou melhor, reorganizando as relações entre as partes do sistema (Maier e Valsiner, 1996).

O REFERENCIAL SISTÊMICO EM VYGOTSKY

No caso da perspectiva de Vygotsky, como se viu, a concepção sistêmica constitui o núcleo para interpretar o desenvolvimento das funções psicológicas. A caracterização dos processos de desenvolvimento como interconexão das "linhas" natural e cultural e dos sistemas funcionais como unidade de análise capital para apreender os processos psicológicos considera prioritária a atenção aos efeitos da interação dos componentes de um processo, de acordo com propriedades irredutíveis às dos elementos e sobre uma análise destes e de suas propriedades.

É interessante notar que esse enfoque ao mesmo tempo sistêmico e genético atravessa as diversas abordagens do desenvolvimento feitas por Vygotsky, e se expressa na escolha de diferentes unidades de análise de acordo com o fenômeno indagado. A chave se encontra, como já assinalamos, além do conteúdo ou da composição das unidades de análise definidas, ou no próprio fato de adotar uma perspectiva de unidades de análise em detrimento de uma perspectiva de análise de elementos. Desse modo, os sistemas funcionais, como unidades de análise para a compreensão dos processos psicológicos, prolongam-se na atividade intersubjetiva mediada semioticamente – entendida também como um sistema funcional de interações irredutível às características de seus componentes isolados –, quando se requer explicar geneticamente a constituição do plano de funcionamento interno ou intersubjetivo.

Apreender processos como os de desenvolvimento conceitual, como já mostramos, implica ponderar a co-determinação dos componentes de um complexo sistema de interação. O exame sobre as formas idiossincráticas do desenvolvimento da conceituação infantil merecia ser feito em diferentes níveis ou de diversos modos. Inicialmente, examinadas no contexto do desenvolvimento de conceitos artificiais, permitiria, e isto por um artifício metodológico e um esforço analítico, reconstruir formas de conceituação não redutíveis a formas transmitidas pelo entorno adulto.

Porém, um modo de exploração que controla e reduz as interações possíveis, assim como a natureza das ferramentas semióticas e seu uso, poderiam conduzir a uma espécie de "artefato" se as condições efetivas do desenvolvimento espontâneo infantil não se reconstruíssem posteriormente nos contextos sociais. Assim, a atividade espontânea de conceituação infantil, mesmo com seus componentes idiossincráticos – não redutíveis a uma influência da cultura adulta nem a um mero uso da linguagem – pode ser explicada apenas na direção tomada pelo processo de desenvolvimento conceitual em função do viés marcado pela interação e pela mediação semiótica, ou seja, do uso da linguagem regulando a atividade conjunta em contextos definidos. Nesse sentido, o desenvolvimento do significado ou do conceito na criança é o emergente da interação entre a atividade espontânea e idiossincrática infantil, a existência de significados sociais encarnados na cultura e a atividade particular, intersubjetiva e mediada, que implica a criança. Sem um desses componentes, o processo de desenvolvimento conceitual não existiria; ao mesmo tempo, ele não se explica como remate do desenvolvimento de um de seus componentes analisado de forma separada.

Como sugere Overton (1994), dentro de uma perspectiva sistêmica – talvez mais esboçada do que elaborada expressamente no referencial vygotskiano – o desenvolvimento da significação deve enfrentar o paradoxo ou tensão de que, na ontogênese, "a criança cria significação" e de que, na ordem natural, o significado está "à espera" de ser criado. Em sentido estrito, a natureza do problema da significação é inseparável da emergência dos pólos objetivo-subjetivo, corporal-mental, social-individual, a partir de um campo biocultural inicial de onde emergem. Ou seja, a necessidade de articular as esferas do individual e do social só existe quando se parte de uma perspectiva dualista que se vê obrigada a buscar um sistema de correspondências entre as representações individuais, culturais e o mundo objetivo. Sem negar a possibilidade de que cada uma delas constitua um nível de tratamento legítimo, o que a perspectiva sistêmica requer e não parece *a priori* incompatível com a posição vygotskiana é a necessidade de não cindir na gênese os pólos que serão o resultado ou o emergente da atividade. Como já discutimos, e ainda voltaremos a isso, a propósito da categoria de internalização, esta só pode ser a criação de um plano e de uma ordem internos como produto exclusivo ou emergente do funcionamento intersubjetivo mediado semioticamente.

De certa forma, as interpretações mais "instrucionais" ou "construtivistas" (Moll, 1993; Hatano, 1993; Rowlands, 2000) da categoria de Zona de Desenvolvimento Proximal e o lugar atribuído às práticas de ensino – como caso particular de interações sociais e mediação semiótica – obedecem à ponderação ou não do caráter sistêmico das unidades de análise utilizadas, e ainda à consideração de que os componentes de uma unidade podem ter uma gravitação diferente ou assimétrica.

Como dissemos ao nos referirmos aos sistemas funcionais, o caráter sistêmico de uma unidade não implica o caráter homogêneo e simétrico dos componentes e sua interação; na verdade, a chave se encontra nas formas que assumem as regras que regulam a interação entre as diferentes funções e sua variação no tempo. Dessa maneira, ao mesmo tempo em que não se pode reduzir o funcionamento de um processo a outro e nem aos seus componentes, tampouco se podem ignorar os vieses particulares que imprime no sistema a relação particular que se estabelece entre os componentes. Isto foi desenvolvido em resposta à questão da diversidade como problema inerente ao modelo de desenvolvimento vygotskiano. A cegueira, a surdez, etc. devem ser compreendidas pelo viés e pela característica diferencial que propõem – em relação aos sujeitos "normais" – sobre o conjunto do desenvolvimento e dos sistemas funcionais que constituem.

Em suma, a perspectiva sistêmica na abordagem dos processos superiores tem origem na necessidade de encontrar unidades de análise eficazes na explicação de como, a partir de um subsistema lógico de regulação do comportamento, tal como o que expressariam os processos de tipo elementar, conseguem se constituir em processos de regulação mediante a internalização de práticas sociais mediadas semioticamente. A constituição de processos superiores é, em última instância, a constituição de sistemas de regulação psicológica possibilitados pelo desenvolvimento natural, embora explicáveis somente a partir da interação com os sistemas de regulação social. Como afirma Overton (1994), se a tensão entre "natural e cultural", por exemplo, é paradoxal, a solução não reside em suprimir a tensão, reduzindo-a a um de seus componentes, mas sim em conceber o fenômeno indagado em um nível mais abrangente que mostre exatamente o jogo de suas relações e tensões.

AS CRÍTICAS A PIAGET

Qual é a natureza das diferenças entre a concepção dos *patterns* de atividade e a que corresponde a Piaget e Vygotsky? Tentar uma resposta a essa pergunta nos permitirá avançar na elucidação do significado da dialética para a explicação do desenvolvimento.

Em primeiro lugar, consideremos as críticas ao programa piagetiano formuladas a partir da versão dos *patterns*. Segundo Oyama (1999), a perspectiva "estruturalista" em biologia e em psicologia do desenvolvimento difere em aspectos importantes da perspectiva "situacionista". Na primeira, postula-se, por um lado, um mecanismo biológico endógeno que substitui a adaptação externa; por exemplo, a fenocópia piagetiana na biologia evolucionista; por outro lado, uma reconstrução interna (por abstrações) das experiências com o mundo no campo do conhecimento. Como dissemos, trata-se de uma dinâmica de auto-organização de um sistema (biológico ou cognitivo) que é perturbado pelas "condições de contorno". Desse modo, estaríamos supondo um "interior" do processo de mudança para a vida orgânica ou para o processo cognitivo. Ao contrário, o situacionismo propõe um sistema singular constituído pelo organismo e seu meio em diferentes escalas de desenvolvimento. Estas vão desde as relações propriamente biológicas até o papel integral da contextualização cultural. Em outras palavras, esse enfoque elimina as "condições de contorno" ou as limitações para o desenvolvimento de um sistema interno (seja biológico ou cognitivo) e, portanto, rechaça a existência de um desenvolvimento cognitivo "interior" de um sistema de coordenações, ações e observáveis. Em vez de situá-las em diferentes níveis de análise, afirma a força formadora ou causal no desenvolvimento das relações recíprocas de interno e externo, pertencentes à mesma rede vincular.

No programa piagetiano original, o sistema cognitivo individual alcança níveis de pensamento necessário (logicamente necessário, como a matemática), com uma progressiva independência das contingências externas. Ao contrário, no situacionismo dos *patterns*, as contingências externas poderiam afetar seriamente a mudança cognitiva, incrementando a diversidade e a variabilidade do sistema em desenvolvimento. No programa piagetiano renovado como "sistema complexo", mantém-se uma certa especificidade do processo construtivo da ciência em sua história e das formas lógicas nos indivíduos. Contudo, parece diminuir aquela tendência da razão imanente ao pensamento abstrato e necessário. Vimos que as interações entre sistemas (onde cada um conserva sua relativa autonomia) dão lugar a uma certa indeterminação quanto às formas que deve assumir o sistema cognitivo (individual ou científico).

Além disso, a concepção dos *patterns* apresenta suas próprias dificuldades para conformar uma explicação interativa do desenvolvimento cognitivo. Sobretudo, porque ao suprimir a delimitação entre processo "interno" e exterioridade, por provisória que seja, entre atividade cognoscitiva e mundo a ser conhecido; entre os subsistemas cognitivo, biológico e social, tem dificuldades para explicar as interações dinâmicas. Em particular, surge a pergunta sobre se, em uma tal perspectiva, há espaço para o pensamento dialético. Ou seja, para falar de diferenciação e integração de conceitos ou de relativização das propriedades ou retroações dos conceitos sobre a ação prática, é imprescindível assumir algum tipo de "interior". Isto é, alguma atividade cognoscitiva com aspectos dinâmicos que lhe são específicos, como o conflito de certas crenças com outras ou com o mundo empírico, sua validação e sua revisão crítica. E isto, mesmo que um sistema cognitivo seja inseparável de suas condições de funcionamento. Do contrário, os psicólogos correm o risco de indiferenciar o interno e o externo, ainda que postulem suas relações recíprocas, de modo que não seja possível explicar a emergência de novas potências cognitivas, para além da recorrência mais ou menos genérica à interação.

AS CRÍTICAS A VYGOTSKY

Com relação ao pensamento sistêmico de Vygotsky, da perspectiva situacionista, Oyama (1999) suspeita do dualismo subjacente à hipótese de internalização defendida por Valsiner (Lawrence e Valsiner, 1993; Valsiner, 1998b). De modo mais decisivo, de uma posição contextualista e com argumentos muito sólidos, Matusov (1998) questiona diretamente a tese vygotskiana de internalização. Consideremos mais detidamente essas posições.

Em nossa opinião, a concepção de Valsiner acerca da hipótese vygotskiana da interinalização constitui outro claro exemplo de uma leitura de *autor*. Basicamente, Valsiner sustenta que a internalização não resulta do impacto das ferramentas culturais sobre um indivíduo passivo, de uma socialização por simples transmissão das ferramentas culturais. Trata-se antes de um processo evolutivo durante o qual ele transforma ativamente as ferramentas culturais que lhe são transmitidas. Nessa perspectiva, postula-se explicitamente a existência de fenômenos intrapsíquicos, em um nível não analisável de modo independente da internalização, mas associado constitutivamente a esse processo.

Oyama (1999) considera que nessa interpretação perdura a idéia de um indivíduo com um interior – também atribuído ao pensamento piagetiano – e, inclusive, a idéia de um externalismo sociogenético. As recorrências de Valsiner à "transmissão" cultural e à "transformação" que faz o indivíduo daquilo que internaliza suporiam algo como representações internas de um mundo já dado, e por isso essa perspectiva não teria superado um certo dualismo entre indivíduo e cultura. A leitura dos textos de Vygotsky permite rechaçar a crítica de Oyama e sustentar a posição antidualista baseando-se justamente no enfoque dialético.

No pensamento antidualista próprio da psicologia discursiva e de algumas posições contextualistas, não se diferencia entre dualidade e dualismo. Este último constitui uma separação prévia e excludente entre os termos: indivíduo e sociedade, corpo e mente, natureza e cultura, enquanto que a dualidade consiste em uma separação não excludente desses termos, entre os quais se pode tecer uma relação imprescindível para pensar um desenvolvimento. Nesse sentido, qualquer aproximação dialética para conceber o desenvolvimento implica alguma dualidade ou separação dos opostos (Valsiner, 1998b).

Essa diferença entre dualismo e dualidade, formulada por Valsiner (1998b), é relevante para caracterizar o pensamento dialético. A posição dualista, com a qual discutimos insistentemente aqui, depende, para esse autor, de uma estratégia metaconceitual que ele qualifica como "separação exclusiva". Segundo esta, pode-se examinar a pessoa enquanto entidade separada do meio (ainda que se postule que exista neste último) e, de modo semelhante, pode considerá-la em sua dissociação da sociedade. Essa estratégia de separação é análoga à que chamamos de "estratégia do *split* que, em nossa opinião, é responsável pelo dualismo filosófico e que subjaz à indagação dos efeitos causais da variação de um fenômeno sobre outro, como vimos. Mais ainda, alguns psicólogos que a adotam falam de relações dialéticas entre os fenômenos dissociados, como pessoa e meio ou indivíduo e cultura, quando o recurso é meramente retórico. De fato, poderíamos dizer que não é possível estabelecer contradições ou oposições entre termos que previamente foram dissociados (Valsiner, 1998b).

Valsiner defende, ao contrário, a estratégia da "separação inclusiva" entre cultura e natureza ou entre indivíduo e sociedade, ao estudá-los em sua separação e em sua unidade simultaneamente. Para examinar as relações entre os fenômenos, é imprescindível isolá-los ou distingui-los, ainda que de um modo não excludente, a fim de tornar inteligível o processo de sua constituição. A dialética dos fenômenos que se separam e, ao mesmo tempo, se unem possibilita essa dualidade. Enquanto Oyama não está convencida de que ao propor essa estratégia se tenha superado o dualismo, nós a consideramos relevante para esse propósito. Aqueles que propõem a "separação exclusiva" eliminam qualquer possibilidade de pensamento dialético, justamente porque rechaçam a unidade dos opostos; por sua vez, o pensamento dialético supõe aquela "separação inclusiva", como distinção dos opostos que mantêm relações entre si.

Matusov (1998) considera que a tese da internalização envolve intrinsecamente uma posição dualista, isto é, que as relações entre indivíduo e sociedade, como as propõe Vygotsky, supõem a preexistência independente de ambos. Vamos discutir essa posição dos críticos contextualistas de Vygotsky e defender a tese de que, sem dualidade, não é possível pensar em contradições.

Segundo Matusov (1998) a hipótese de internalização da cultura pelos indivíduos depende de uma série de dualismos conectados entre si: o indivíduo e a sociedade, o organismo e o meio, a natureza e a cultura. Hipótese que responde a esta pergunta: "Como o social chega a ser individual?". E, embora Vygotsky tenha postulado influências e interações entre condutas internas e externas, sua teoria do desenvolvimento envolve uma distinção qualitativa, que ele quer destacar através de um mecanismo mediador que vincula o social ao individual. Nesse sentido, a dificuldade para caracterizar a vinculação entre esses planos é reveladora da natureza dualística da distinção, pelo fato de que a passagem do social ao individual implica que o plano social existe previamente à ontogênese do plano individual e, de modo separado deste último, a conexão postulada será ou individual ou social.

Ao contrário, a perspectiva contextualista privilegia a participação em lugar da internalização. A separação entre os planos individual e social expressaria os diferentes tipos de participação dos protagonistas de uma prática sociocultural própria das sociedades industriais. Ou seja, um aspecto "de uno" e outro "de união" da atividade sociocultural.

Em Rogoff, encontra-se uma crítica matizada aos usos possíveis da noção de internalização. Concordando em parte com a crítica de Matusov, essa autora adverte para o risco de um dualismo entre os planos individual e social. Contudo, para além deste, insiste nos riscos simétricos tanto da metáfora da aquisição quanto da metáfora da internalização. Nesse caso, a noção, além de conotar o suposto dualismo, coisificaria os processos de conhecimento ao concebê-los como pacotes transferíveis de um exterior a um interior, e comportaria uma suspeita idéia de "propriedade" sobre os saberes, de que "algo é transferido e adequado ou acondicionado às necessidades do novo proprietário". Porém, assinala Rogoff, da noção de internalização de Vygotsky infere-se também a idéia da reestruturação profunda da operação psicológica intenalizada (Rogoff, 1993, 1997; Wertsch, 1998; Baquero, 1996, 2002).

Nesse sentido, é claro que a noção volta a remeter, como assinalamos, à geração de um espaço de regulação interior e não à transferência de conteúdos. Mas, se efetivamente, como sugere Rogoff, isso implica que a metáfora da "transferência" é fatalmente estreita, e ao mesmo tempo, supõe que a reconstrução radical de uma função em outro nível – como ocorre com a fala interior a partir da fala social – inaugura uma dinâmica de funcionamento diferenciável, embora não remeta a uma cisão ontológica nem genética.[5]

É provável que em certas posições ou argumentações contextualistas, o zelo em conservar uma unidade de análise para o desenvolvimento que transcenda o indivíduo descuide por alguns momentos de dar a atenção necessária ao funcionamento do plano ou nível do indivíduo, sem que isso implique, como procuramos mostrar, retroceder necessariamente a perspectivas elementaristas ou dualistas.

Nessa direção, é de se esperar a observação de Rogoff a respeito de que a metáfora da apropriação participativa, em vez de aquisição ou internalização, pode refletir uma dupla característica. Por um lado, o agenciamento singular e ativo por parte de um sujeito cujo processo, em última instância, será incompreensível caso se abstraia seu vínculo a unidades maiores, como as dos eventos ou das atividades. Reciprocamente, dado que os sujeitos não apenas "tomam parte" de uma situação de modos variáveis – segundo a figura clássica da participação – mas, em sentido estrito, "são parte" da situação, as mudanças operadas no nível do indivíduo têm ressonância na situação. Dito de outro maneira, o desenvolvimento, constatável no nível do indivíduo com traços idiossincráticos e singulares é, no entanto, o emergente da dinâmica de uma situação dada – que inclui o indivíduo, obviamente – e que produz ou não o desenvolvimento. Seguindo o jogo de metáforas, o desenvolvimento do sujeito pode ser descrito como variações nas formas de compreender a situação e participar dela. Como sugere Overton (1998), deve-se manter a possibilidade de focalizar em processos individuais ou intersubjetivos sem que isso implique subscrever o dualismo, segundo os termos de Valsiner.

Os autores contextualistas procuraram evitar o dualismo, mas com freqüência promoveram um aplainamento das relações entre os fenômenos, até fundi-los em uma totalidade ("o sistema singular" de Oyama ou "a atividade participativa" de Matusov). Estes psicólogos não reconhecem a oposição e a unidade, mas apenas separações mais débeis dentro daqueles sistemas. Por isso, acreditamos que não podem dar conta da emergência das novidades. Diferentemente deles, Vygotsky formulou uma distinção entre fenômenos intrapsíquicos (a linguagem interna, como vimos) e interação externa com os outros (a linguagem externa), assim como sua "oposição interna". O processo dialético que vai de um pólo a outro (da interação externa ao domínio interno da linguagem) equivale à própria formação do novo fenômeno intrapsíquico. Desse ponto de vista, a internalização supõe a dualidade entre os fenômenos, mas de nenhum modo o dualismo, e, o que é fundamental, atribui-se sentido à novidade.

UMA SÍNTESE DA DISCUSSÃO

Autores como Matusov e Oyama questionaram corretamente a separação excludente dos fenômenos da vida psicológica, mas, ao fazê-lo, estenderam suas suspeitas a qualquer separação. Como dissemos, não distinguiram com clareza o dualismo das dualidades que são a base do pensamento dialético. Provavelmente, essa confusão cria a impressão de insatisfação com certas concepções contextualistas do desenvolvimento psicológico. Sem dúvida nenhuma, essas concepções contribuíram de forma decisiva para o reconhecimento de que toda conduta é constitutivamente vinculada a um contexto. Mas é preciso algo mais para explicar o desenvolvimento dos conhecimentos ou das funções psicológicas superiores. Fundamentalmente, como assinala Valsiner (2000), para avançar nesses estudos, deve-se distinguir as pessoas de seu meio social, ao mesmo tempo em que se mantém sua interdependência dinâmica, uma totalidade que inclui os opostos.

A concepção situacionista distingue-se em aspectos importantes do pensamento de Piaget e de Vygotsky quanto ao lugar do pensamento dialético. Como mostramos, a tese de um sistema único onde entram o organismo com seu meio, mas sem diferenciações suficientes. Em outra escala de análise, as intenções individuais em seu contexto têm pouco espaço para postular algum tipo de relação dialética entre a atividade individual e suas condições sociais. Já o programa piagetiano, renovado pela incorporação da noção de "sistema complexo", afirma uma relativa autonomia do sistema cognitivo em suas relações "abertas" com outros sistemas. Particularmente, o sistema de observáveis e coordenações envolve interações construtivas que os modificam e que podem ser explicados. Aqui adquirem pleno sentido os conflitos cognitivos e as inferências dialéticas. Finalmente, ao examinar o pensamento vygotskiano, fica claro que a internalização da cultura ou a transformação dos vínculos exteriores em vínculos "internos" só pode ser caracterizada como "unidade de sua identidade e de sua oposição". A própria idéia de sistema psicológico superior é inerente a uma perspectiva dialética de raiz hegeliana.

NOTAS

1 Denominou-se "metanarrativa" um certo nível metateórico dos discursos sobre o mundo: por um lado, encontra-se um discurso sobre observações no senso comum; depois, o discurso teórico, que reflete sobre as observações e fala acerca das entidades de um campo de conhecimento (por exemplo, a teoria da evolução); finalmente, há discursos que se referem ao próprio nível teórico ou à interpretação teórica. Esse nível metateórico inclui valores ontológicos sobre o mundo que se pesquisa, assim como valores epistemológicos sobre a teoria, ao dar conta de como se conhece (por exemplo, a generalização da teoria darwiniana a um amplo espectro de domínios não considerados na teoria originária). Como se verá, estender à psicologia a suposição de que os acontecimentos orgânicos aparecem "cindidos" do mundo exterior implica dividir ontologicamente o mundo. Trata-se, nas palavras de Overton, da "metanarrativa" da cisão e de sua alternativa, a metanarrativa relacional (Overton, 1998), relatos de uma importância crucial para orientar a pesquisa psicológica. Em outras partes do texto, utilizamos o termo "referencial epistêmico" para caracterizar esses pressupostos.
2 James Baldwin (1895) é o precursor da perspectiva relacional, visto que postulou uma atividade do organismo no meio como constitutiva do desenvolvimento psicológico. Sua tese central é a "reação circular", segundo a qual a atividade sobre o meio proporciona ao organismo estímulos modificados, e este modifica sua ação, pela qual a atividade produz uma diferenciação progressiva do meio e do mundo intrapsicológico. Mais recentemente, Werner (1957) focalizou sua obra na emergência tanto do sujeito da ação como de seu objeto, a partir de um estado de indiferenciação. Ou seja, concebe o desenvolvimento como uma progressiva diferenciação e articulação hierárquica dos processos psicológicos.
3 Segundo García, o predicado "complexo" aplica-se aos sistemas nos quais o processo que determina seu funcionamento resulta da interação de múltiplos fatores, de modo que estes últimos não podem ser estudados isoladamente (García, 2000).
4 As conexões do sistema neurológico são "moduladas" pela informação proveniente do mundo externo, como verificaram Hubel e Wiesel. Assim, a privação da informação visual em animais de experimentação, em certo momento do processo maturativo, impede justamente a maturação das conexões neuronais do sistema visual.
5 Na perspectiva vygotskiana, a fala interior possui características estruturais diferenciáveis daquelas da fala social; porém, por ser esta precursora genética daquela, instaura-se uma série de tensões entre mecanismos de regulação e conexão entre os funcionamentos interiores ou individuais e públicos ou sociais. Por exemplo, o caráter abreviado da fala interior mediante o mecanismo da "predicatividade" – o fato de que é uma fala de comentários sobre o já dito ou suposto – alude à origem genética desse plano interior a partir do funcionamento intersubjetivo. Ou, analisada a reestruturação da fala no plano semântico, o fato

de que a fala interior seja regida predominantemente por um regime de sentidos, em detrimento daquele de significados convencionais, estabelece uma sutil relação entre aspectos singulares, sociais e situacionais. Evidentemente, os sentidos são bastante instáveis de acordo com as propriedades situacionais ou o contexto – interno ou externo – do pensamento, mas mantêm relações de inerência com os significados convencionais, que constituem as zonas mais estáveis do sentido singular. A ativação de significados, por sua vez, é inseparável das situações; contudo, é impossível reduzir o nível interior do pensamento verbal a uma ativação de significados por parte de um "entorno".

ALGUMAS CONCLUSÕES GERAIS

A intenção básica deste livro foi caracterizar os traços do pensamento dialético nas obras de Piaget e Vygotsky, na perspectiva da história da filosofia. Esse projeto foi desenvolvido em pelo menos três níveis de análise: o modo como eles conceberam a história das idéias científicas, esboçaram uma dinâmica metodológica da pesquisa psicológica e deram conta dos processos de desenvolvimento cognitivo. A comparação sistemática dos traços do pensamento dialético nos permitiu estabelecer convergências e divergências entre as interpretações formuladas pelos dois autores. Finalmente, recorremos à categoria para rever o conceito de explicação na psicologia do desenvolvimento e para legitimar a busca de uma perspectiva. A principal conclusão que se tira desse estudo é que a dialética, tal como a apresentamos, constitui a ferramenta fundamental de uma crítica às tentativas dualistas de explicação das aquisições do desenvolvimento cognitivo. Mais ainda, parece ser um componente central daquilo que chamamos de "explicações sistêmicas" da aquisição de novidades no desenvolvimento.

As articulações dinâmicas esboçadas adquirem particular significação na atual conjuntura do pensamento contemporâneo, onde predomina um forte ceticismo a respeito da sustentabilidade de qualquer tentativa de ressuscitar uma orientação dialética para os processos de conhecimento, da história ou das lutas sociais. Aqui recuperamos essa orientação, destacando que as dialéticas de nossos autores provêm do exame metódico da história das idéias ou da ontogênese do conhecimento. Ou seja, não foram impostas *a priori* à "matéria" de estudo. A diversidade nas formas que adota o pensamento dialético quando se considera a conformação dos processos psicológicos superiores e os sistemas lógico-matemáticos é justamente um testemunho do procedimento de elaboração.

É possível que uma conseqüência teórica central das idéias expostas nestas páginas seja que a dialética pode ser uma ferramenta válida para a psicologia, mas sob uma condição: ao estudar os processos de um campo de conhecimento ou de uma dimensão de um processo como o desenvolvimento psicológico não de deve pressupor que todos os campos ou dimensões seguem o mesmo percurso e devem ser pensados do mesmo modo. A análise das obras de Piaget e Vygotsky indica que hoje é insustentável uma única dialética, no sentido de uma legalidade que atravesse todos os nossos conhecimentos sobre os processos de mudança ou que seja possível oferecer uma série de traços que os caracterizem definitivamente. Isso não impede, porém, que se possa afirmar uma certa universalidade débil, dado o estado atual dos conhecimentos, no sentido da inter-relação dos fenômenos, ao invés de sua cisão; que a interação dos termos seja crucial para dar conta das superações que mantêm os traços anteriores e, ao mesmo tempo, vá além deles; que é possível identificar em todos os casos um movimento que leva à "novidade" específica do processo que se considera.

As idéias de Piaget e Vygotsky foram enfocadas do ponto de vista dos problemas que se colocam atualmente na psicologia do desenvolvimento. Apesar dos avanços feitos pelos psicólogos na pesquisa dos conhecimentos "de domínio", na identificação de saberes inatos ou na indagação sobre a mudança conceitual, os problemas da explicação da natureza do processo de mudança não foram resolvidos. Desde que se assuma a pertinência dos questionamentos conceituais e empíricos desses autores, o enfoque dialético não apenas perdura como se torna indispensável para abordar esses problemas.

O modo como identificamos e apresentamos nestas páginas os traços do pensamento dialético piagetiano e vygotskiano dependeu das perguntas que essa problemática permite fazer às obras dos autores. Em outras palavras, e como dissemos no início do livro, procuramos fazer uma leitura de *autor* dos textos. Esse mesmo espírito presidiu as revisões e ampliações de algumas hipóteses centrais vinculadas à dialética; no caso de Valsiner, a respeito de Vygotsky; no caso de García, em relação a Piaget. Em seu conjunto, os esforços foram no sentido de formular as idéias explícitas dos pensadores diante dos problemas que enfrentaram, mas indo além: o que teriam a dizer da reformulação contemporânea dos problemas, o que deveriam rever para encarar as questões tal como as vemos hoje.

Finalmente, um comentário sobre as relações entre Piaget e Vygotsky. Sabe-se que para a versão estandarte dos intérpretes da obra desses pensadores, estamos frente a dois programas incompatíveis de psicologia do desenvolvimento e da aprendizagem. Um exame cuidadoso das perguntas a que cada programa pretendeu responder, assim como à dinâmica de suas transformações, permite reconhecer que as diferenças são profundas e inelimináveis. Contudo, pode-se postular que, se consideramos o modo de colocar os problemas do desenvolvimento, da aprendizagem e da vinculação entre indivíduo e sociedade (Castorina, 1996), as hipóteses principais não são incompatíveis. Pode-se aprofundar na tese de uma compatibilidade entre eles recorrendo-se à metodologia dialética que identificamos e elucidando o modo como funcionou nos programas. Em outras palavras, os contornos da dialética, mesmo em sua diferença, destacam um referencial epistêmico básico que permite iluminar de outro modo as relações entre seus programas (Bidell, 1988). Pode-se considerar que a reconstrução do pensamento dialético de nossos autores equivale a uma reintegração do sentido global da problemática e da metodologia dos programas de pesquisa a que deram origem.

Nossas análises do pensamento dialético e de seu impacto para renovar a explicação em psicologia do desenvolvimento são inteiramente provisórios, visto que não examinamos cuidadosamente os variados ensaios que promovem a interpretação sistêmica do desenvolvimento, nem suas vinculações com o pensamento de Piaget e de Vygotsky. Temos a impressão de que as correntes da psicologia "sistêmica" devem produzir mais pesquisa empírica para apoiar a reconstrução dialética. Mais ainda, acreditamos que seria conveniente utilizar de modo explícito o espírito dialético de Piaget e de Vygotsky para estudar a mudança conceitual das crenças das crianças ou dos estudantes, assim como a reorganização das funções psicológicas. É preciso reconhecer que são escassas as tentativas atuais de reconstruir com tal disposição metodológica os processos de mudança. De qualquer modo, seu interesse como procedimento reside em que não está desvinculado do material originado nas pesquisas psicológicas de tipo empírico, ainda que mantenha sua própria especificidade de trabalho teórico acima daquele plano. A nosso ver, trata-se de uma promessa sustentável, mas que ainda deve mostrar seus títulos no exame concreto de situações concretas, enfrentando os múltiplos desafios que propõe a aquisição de conhecimentos e a reorganização das funções psicológicas em novos cenários.

REFERÊNCIAS

Agamben, G. (2001) *Infância e historia,* Buenos Aires: Adriana Hidalgo Editora.
Althusser, L. (1968) *La revolución teórica de Marx,* México: Siglo XXI.
Althusser, L. (1973) *Para una crítica de la práctica teórica. Respuesta a John Levais,* México: Siglo XXI.
Althusser, L. (1987) «Materialismo histórico y materialismo dialéctico», en A. Badiou y L. Althusser, *Materialismo histórico y materialismo dialéctico,* Buenos Aires: Pasado y Presente.
Apostel, L. (1967) «Lógique et dialectique», en *Logique et connaissance scientifique.* París; Gallimard.
Aréchaga, H. (1997) «Los fundamentos neurobiológicos de la teoria de Piaget sobre la génesis del conocimiento», en R. Garcia, organizador, *La epistemología genética y la ciência contemporânea,* Barcelona: Gedisa.
Bachelard, G. (1928) *Essai sur la connaissance approchée.* París: Vrin.
(1951) *L'activité racionaliste de la physique contemporaine,* París: PUF.
(1971) *Le nouvel esprit scientifique.* París: PUF.
(1972) *L'engagement racionaliste,* París: PUF.
(1973) *La filosofia del no,* Buenos Aires: Amorrortu. [Trabajo original publicado en 1940.]
Badiou, A. (1987) «El (re)comienzo del materialismo dialéctico», en A. Badiou y L. Althusser, *Materialismo histórico y materialismo dialéctico,* Buenos Aires: Pasado y Presente.
Baillargeon, R. (2000) «La connaissance du monde physique par le bébé. Héritages piagétiens», en O. Houdé y C. Meijac, *L'esprit piagétien.* París: PUF.
Baldwin, J. M. (1895) *Mental Development in the Child and the Race,* Nueva York: Macmillan.
Baquero, R. (1996) *Vigotsky y et aprendizaje escolar,* Buenos Aires: Aique.
(1997a) «Sobre instrumentos no pensados y efectos impensados: algunas tensiones en Psicologia Educacional», *Revista del Instituto de Investigaciones de Ciências de la Educación de la Universidad de Buenos Aires.*
(1997b) «Diversidad y convergência. Algunos problemas del desarrollo cultural en la psicologia de Vigotsky», *Versiones, 7,* p. 19-27.

(1998) «La categoria de trabajo en la teoria del desarrollo de Vigotsky», *Psykhe*, vol. 7, n° l, mayo de 1998, PUC de Santiago, Chile.
(2001) *Angel Rivière y la agenda post-vigotskiana de la psicologia del desarrollo*, en R. Rosas, ed., *La mente reconsiderada: En homenaje a Angel Rivière*, Santiago: Psykhe Ediciones.
(2002) «Del experimento escolar a la experiencia educativa. La "transmisión" educativa desde una perspectiva psicológica situacional», *Perfiles Educativos*, tercera época, vol. XXTV, n° 97-98, p. 57-75.
Bertalanffy, L. von (1968) *General System Theory*, Nueva York: Baziller.
Bhaskar, R. (1994) *Plato. Etc. The Problems of Philosophy and their Resolution*, Londres: Verso.
Bidell, T. (1988) «Vygotsky, Piaget and the Dialectic of Development», *Human Development*, 31, p. 329-348.
Boesch, E. E. (1991) *Symbolic Act, Theory and Cultural Psyclology*, Berlín: Springer-Verlag.
Bourdieu, P. (1997) *Méditations Pascaliennes*, París: Seuil.
(1999) *Intelectuales, política y poder*, Buenos Aires: EUDEBA.
Brainerd, C. J. (1978) «The Stage Question in Cognitive-developmental Theory», *The Behavioral and Brain Sciences*, 2, p. 173-182.
Bronckart, J. P. (1999) «La conscience comme "analyseur" des épistémologies de Vygotski et Piaget», en Y. Clot, dir., *Avec Vygotski*, París: La Dispute.
(2000) «Las unidades de análisis en psicologia y su interpretación: ¿interaccionismo social o interaccionismo lógico?», en A. TryphonyJ. Vonèche, comps., *Piaget- Vygotsky: la génesis social del pensamiento*, Barcelona: Paidós. [Trabalho original publicado em 1996.]
Bruner, J. (1986) *El habla del niño*, Barcelona: Paidós.
Brunschvicg, L. (1912) *Lês étapes de la philosophie mathématique*. París: Alcan.
Buscaglia, M. (1993) «Preface à biologie et connaissance de Jean Piaget» para la edición de *Biologie et connaissance*. París: Gallimard.
Carey, S. (1985) *Conceptual Change in Childhood*, Cambridge: MIT Press.
(1999) «Sources of Conceptual Change», en E. Scholnick, K. Nelson y S. Gelman, *Conceptual Duuviopment*, Londres: Lawrence Erlbaum.
Carretero, M. (1996) *Construir y enseñar. Las ciências experimentales*, Buenos Aires: Aique.
Castorina, J. A. (1996) «El debate Piaget-Vigotsky: la búsqueda de un critério para su evaluación», en *Piaget-Vigotsky: contribuciones para replantear el debate*, México: Paidós.
Castorina, J. A. e Aisenberg, B. (1989) «Psicogénesis de la s ideas infantiles sobre la autoridad presidencial: un estúdio exploratório», en *Problemas en psicologia genética*, Buenos Aires: Miño y Dávila.
Castorina, J. A. e Falgenbaum, G. (2002) «The Epistemological Meaning of Constraints in the Development of Domain Knowledge», *Theory & Psychology*, vol. 12, 3, p. 315-334.
Castorina, J. A., Lenzi, A. e Femández, S. (1985) «Alcances del método de exploración crítica en psicologia genética», en *Psicología Genética*, Buenos Aires: Miño y Dávila.
Cazden, C. (1991) *El discurso en el aula. El lenguaje de la enseñama y del aprendizaje*, Barcelona: Paidós. [Trabalho original publicado em 1987.]
Chapman, M. (1988a) *Constructiv Evolution*, Cambridge: University Press.
(1988b) «Contextuality and Directionality of Cognitive Development», *Human Development*, 31, págs. 92-106.

Cole, M. (1999) *Psicologia cultural,* Madrid: Morata. [Trabalho original publicado em 1996.]
Coll, C. (1988) *Conocimiento psicológico y práctica educativa. Introducción a las relaciones entre psicologia y educación,* Barcelona: Barcanova.
Colletti, L. (1982) *La superación de la ideologia,* Madrid: Cátedra.
Curi, U. (1997) «La crítica marxiana de la economia política en la *einleitung*», en K. Marx, *Introducción general a la crítica de la economia política,* México: Siglo XXI. [Trabalho original publicado em 1857.]
Delia Volpe, G. (1965) *Las claves de la dialéctica histórica,* Buenos Aires: Proteo.
Dialéctica: International Review of Philosophy of Knowledge, Neuchâtel: Editions du Griffon, 1947.
Ellias, N. (1983) *Engagement et distanciation.* París: Fayard.
Engels, F. (1961) *Dialéctica de la naturaleza,* La Habana: Progreso. (Trabalho original publicado em 1883.)
— (1973) *Anti-Dühring. La subversión de la ciência por el senor Dühring,* Buenos Aires: Cartago.
Engeström, Y. (1987) *Learning by Expanding: An Activity-theorical Approach to Developmental Research,* Helsinski: Orienta-Konsultit.
Femández Liria, C. (1998) *El materialismo,* Madrid: Síntesis.
Ferreiro, E. (1986) *El proceso de alfabetización. La alfabetizacion en proceso,* Buenos Aires: Centro Editor de América Latina.
Fischer, K. W. e Bidell, T. R. (1998) «Dynamic Development of Psychological Structures in Action and Thought», en W. Damon y R. Lemer, eds., *Handbook of Child Psychology,* Nueva York: John Wiley & Sons.
Flavell, J. (1985) *El desarrollo cognitivo,* Madrid: Visor.
Fodor, J. (1979) «Fijación de creencias y adquisición de conocimientos», en N. Chomsky e J. Piaget, *Teorías del lenguaje. Teorias del aprendizaje,* Barcelona: Crítica.
Foucault, M. (1988) «El sujeto y el poder», *Revista Mexicana de Sociologia,* ano n° 3, p. 13-26.
Foucault, M. (1999) *Estratégias de poder. Obras esenciales,* vol. II, Barcelona: Paidós.
Gadamer, H. G. (2000) *La dialéctica de Hegel,* Madrid: Cátedra.
Garcia Barceló, A. (1971) *Hegel y la dialéctica científica de Marx,* Buenos Aires: Centro de Estúdios.
Garcia, R. (1971) «Sobre la contradicción en la dialéctica de la naturaleza», en *La explicación en las ciências,* Barcelona: Martínez Roca.
— (1989) «Lógica y epistemología genética», en J. Piaget y R. Garcia, *Hacia una lógica de la s significaciones,* México: Gedisa. (Trabalho original publicado em 1987.1
— (1992) «The Structure of Knowledge and the Knowledge of Structure», en H. Beilin y P. Pufall, comps., *Piaget's Theory Prospects and Possibilities,* Hove y Londres: Lawrence Erlbaum.
— (1996) «Crear para comprender. La concepción piagetiana del conocimiento», *Substratum,* vol. III, n. 8-9, p. 53-62.
— (1998) «La propuesta constructivista de Jean Piaget», en R. Garcia, coord. gral., *La epistemología genética y la ciência contemporânea,* Barcelona: Gedisa.
— (2000) *El conocimiento en construcción,* Barcelona: Gedisa.
Giddens, A. (1997) *Política, sociologia y teoria social,* Barcelona: Paidós.

Goldmann, L. (1947) *Investigaciones dialécticas,* Caracas: Facultad de Humanidades y Educación, Universidad Central de Venezuela.
(1975) *Marxismo y ciências humanas,* Buenos Aires: Amorrortu.
Gómez, R. (*.1995) Neoliberalismo y seudociencia,* Buenos Aires: Lugar Editorial.
Gonseth, F. (1937) *Qu'est-ce que la logique?.* París: Hermann.
Hatano, G. (1993) «Time to Merge Vygotskyan and Constructivist Conception of Knowledge Acquisitíon», en E, Forman, N. Minick y C. Addison Stone, eds., *Contexts for Learning,* Nueva York: Oxford University Press.
Hegel, G. W. (1966) *Fenomenología del espíritu,* Buenos Aires-México: Fondo de Cultura Económica. [Trabalho original publicado em 1807.]
(1968) *La ciência de la lógica,* Buenos Aires: Solar. [Trabalho original publicado em 1948.]
(1999) *Enciclopédia de las ciências filosóficas,* Madrid: Alianza. [Trabalho original publicado em 1817.]
Hempel, K. (1965) *La explicación científica. Estúdios sobre filosofia de la ciência,* Buenos Aires: Paidós.
Hendriks-Jensen, H. (1996) *Catching Ourselves in the Act,* Cambridge: MIT Press.
Inagaki, K. e Hatano, G. (1996) «Young Children's Recognition of Commonalities between Animals and Plants», *Child Development,* 67, p. 2823-2840.
Inhelder, B. e Piaget, J. (1979) «Procédures et structures», *Archives de Psychologie,* XLVII, p. 165-176.
Inhelder, B., Bovet, M. e Sinclair, H. (1975) *Aprendizaje y estructuras de conocimiento,* Madrid: Morata.
Juckes, T. (1991) «Equilibration and Leaming Paradox», *Human Development,* 34, p. 261-272.
Kant, I. (1970) *La crítica de la razónpura,* tomo I, Buenos Aires: Losada. [Trabalho original publicado em 1781.]
(1992) «Ensayo para introducir las magnitudes negativas en filosofia», en *Opúsculos de filosofia natural,* Madrid: Alianza. [Trabalho original publicado em 1763.]
Karmiloff-Smith, A. (1994) *Más allá de la modularidad,* Madrid: Alianza.
Kitchener, R. (1986) *Piaget's Theory of Knowledge,* Londres: Yale University Press.
Kozulin, A. (1994) *La psicologia de Vygotsky,* Madrid: Alianza.
Laclau, E. e Mouffe, C. (1985) *Hegemony and Socialist Strategy,* Londres: Verso.
Lave, J. (2001) «La práctica del aprendizaje», en S. Chaiklin y J. Lave, comps., *Estudiar las prácticas, perspectivas sobre actividad y contexto,* Buenos Aires: Amorrortu.
Lawrence, J. e Valsiner, J. (1993) «Conceptual Roots of internalization: From Transmission for Transformation», *Human Development,* 36, p. 150-167.
Lecourt, D. (1970) *L'epistémologie historique de Gaston Bachelard.* París: Vrin.
Lemoyne, G. (1996) «La enseñanza de las matemáticas a la luz de la epistemología genética», *Perspectivas,* vol XXVI, n° l, p. 169-194.
Lenin, V. I. (1963) *Cuadernos filosóficos,* Buenos Aires: Estúdio. [Trabalho original publicado em 1933.]
Lenzi, A. e Castorina, J. A. (2000) «Algunas reflexiones sobre una investigación psicogenética en conocimientos sociales: la noción de autoridad escolar», en J. A. Castorina y A. Lenzi, comps., *La formación de los conocimientos sociales en los niños,* Barcelona: Gedisa.

Leontiev, A. N. (1991) «Artículo de introducción sobre la labor creadora de L. S. Vygotski», en L. Vigotsky, *Obras escogidas*, tomo I, Madrid: Visor-MEC.
Lewontin, R. C. (2000) *Genes, organismo y ambiente*, Barcelona: Gedisa.
Maier, R. e Valsiner, J. (1996) «Presuppositions in Tutoring: Rethorics in the Concept», *Archives de Psychologie*, 64, p. 27-39.
Marcuse, H. (1994) *Razón y revolución*, Madrid: Alianza.
Marková, I. (2003) «La presentación de la s representaciones sociales; diálogo con Serge Moscovici», en J. A. Castorina, comp., *Representaciones sociales: problemas teóricos y conocimientos infantiles*, Barcelona: Gedisa.
Martí, E. (1996) «Piaget en la escuela: el desafio socio-cultural», *Perspectivas*, vol. XXVI, n. 1, UNESCO, p. 149-168.
(2000) «Los mecanismos de internalización y externalización del conocimiento en las teorias de Piaget y de Vygotsky», en A. Trypon y J. Vonèche, comps., *Piaget-Vygotsky: la génesis social del pensamiento*, Barcelona: Paidós. (Trabalho original publicado em 1996.]
Marx, K. (1971) *El capital*, México: Fondo de Cultura Económica. [Trabalho original publicado em 1894.]
(1975) «Tesis sobre Feuerbach», en Engels, F., *Ludwig Feuerbach y el fin de la filosofia clásica alemana*, Buenos Aires: Anteo.
(1997) *Introducción general a la crítica de la economia política*, México: Siglo XXI. [Trabalho original publicado em 1857.]
(1999) *El capital*, México: Siglo XXI, tomo I. [Trabalho original publicado em 1894.]
Marx, K. e Engels, F. (1968) *La ideologia alemana*, Montevideo: Pueblos Unidos. [Trabalho original publicado em 1847.]
Maturana, H. e Varela, F. (1987) *De máquinas y seres vivos. Autopoiesis: la organización de lo vivo*, Santiago de Chile: Editorial Universitária.
Matusov, E. (1998) «When Solo Activity Is not Privileged: Participation and Internalization. Models of Development», *Human Development*, 41, p. 326-349. Merleau-Ponty, M. (1985) *La fenomenología de la percepción*, Barcelona: Planeta-Agostini. (Trabalho original publicado em 1949.]
Moll, L. (comp.) (1993) *Vygotsky y la educación*, Buenos Aires: Aique.
Nagel, E. (1961) *La estructura de la ciência*, Barcelona: Paidós.
Negri, T. (1992) *Fin de siglo*, Barcelona: Paidós.
Newman, D., Griffin, P. y Cole, M. (1991) *La zona de construcción del conocimiento*, Madrid: Morata. [Trabalho original publicado em 1989.]
Newman, F. e Holzman, L. (1993) *Lev Vygotsky: Revolutionary Scientist*, Londres y Nueva York: Routiedge.
Nowinski, C. (1967) «Biologie, théories du dévelopement et dialectique», en *Logique et connaissance scientifique*. París: Gallimard.
Overton, W. (1994) «Contexts of Meaning: The Computational and the Embodied Mind», en W. Overton y D. Palenno, *The Nature and Ontogenesis of Meaning*, Hillsdale, New Jersey: Lawrence Erlbaum.
(1998) «Developmental psychology: Philosophy, concepts and methodology», en W. Damon y R. M. Lemer, eds., *Handbook of Child Psychology*, Nueva York: Wiley.
Oyama, S. (1999) «Locating Development: Locating Developmental Systems», en E. Scholnick, K. Nelson, S. Gelman y P. Miller, eds., *Conceptual Development*, Londres: Lawrence Erlbaum.

Palau, G. (2002) *Introducción filosófica a las lógicas no clásicas,* Barcelona: Gedisa.
Piaget, J. (1947) *La géometrie spontanée chez l'enfant,* París: PUF.
(1955) *Sociological Studies,* Londres y Nueva York: Routledge. (Edição original publicada em 1965, *Etudes sociologiques,* Suiza: Librairie Droz.]
(1963) «Introducción» a *la filiation des structures.* París: PUF.
(1967a) «L'épistémologie et sés variétés», en *Logique et connaissance scientifique,* París: Gallimard.
(1967b) *Biologia y conocimiento,* México: Siglo XXI.
(1967c) «Les courants de l'epistémologic scientifique contemporaine», en *Logique et connaissance scientifique.* París: Gallimard.
(1967d) «Les données genétiques», en *Logique et connaissance scientifique.* París: Gallimard.
(1967e) «Les problèmes principaux de l'épistémologie dês mathématiques», en *Logique et connaissance scientifique.* París: Gallimard.
(1968) *Le structuralisme,* París: PUF.
(1969) *El nacimiento de la inteligência en el niño,* Buenos Aires: Aguilar.
(1970a) *La psicologia de la inteligência,* Buenos Aires: Psique.
(1970b) Seis *estudios de psicologia,* Madrid: Six Barral. [Trabalho original publicado em 1964.]
(1970c) *Épistémologie dês sciences de l'homme,* París: Gallimard.
(1971) «Introducción» a *La explicación en las ciências,* Barcelo-na: Martínez Roca.
(1974) *Réussir et comprendre.* París: PUF.
(1975) *Introducción a la epistemología genética,* vols. I, II y III. Buenos Aires: Paidós. [Trabalho original publicado em 1950.]
(1977) «Chance and Dialectic in Biological Epistemology», en W. Overton y J. M Gallagher, eds., *Knowledge and Development,* vol. l, Nueva York: Plenum.
(1978a) *La representación del mundo en el niño,* Madrid: Morata. (Trabalho original publicado em 1933.]
(1978b) *La equilibración de las estructuras cognoscitivas. Problema central del desarrollo,* México: Siglo XXI. [Trabalho original publicado en 1975.)
(1978c) *Recherches sur la généralisation.* París: PUF.
(1978d) *Investigaciones sobre la contradicción,* México: Siglo XXI. (Trabalho original publicado em 1974.]
(1979) *Investigaciones sobre la abstracción reflexionante,* Buenos Aires: Huemul. (Trabalho original publicado em 1977.]
(1982) *Los formas elementales de la dialéctica,* Barcelona: Gedisa. [Trabalho original publicado em 1980.]
(1983) *Le possible et le nécessaire,* vols. I y II, París: PUF. (1995a) *The Moral Judgment of the Child,* Nueva York: Free Press Paperbacks. [Trabalho original publicado em 1932.]
1995b) *Sociological Studies,* Londres: Routledge. [Trabalho original publicado em 1965.]
Piaget, J. e Fraisse, P. (1976) *Historia y método de la psicologia experimental,* Buenos Aires: Paidós. [Trabalho original publicado em 1970.]
Piaget, J. e Garcia, R. (1981) *Psicogénesis e historia de la ciência,* México: Siglo XXI.
(1989) *Hacia una lógica de las significaciones,* Barcelona: Gedisa.
Platão (1960) *Parménides,* Madrid: Ediciones Ibéricas.

Popper, K (1967) *El desarrollo del conocimiento científico,* Buenos Aires: Paidós.
Posner, G., Strike, K., Hewson, P. e Gertzog, W. (1982) «Acomodación de una concepción científica: hacia una teoria del cambio conceptual», *Science Education,* 66 (2), p. 221-227.
Pozo, I. (1989) *Teorias cognitivas del aprendizaje,* Madrid: Morata.
Prawat, R. S. (1999) «Cognitive Theory at the Crossroads: Head Fitting, Head Splitting, or Somewhere in Between?», *Human Development,* 42, p. 42-59.
Prigogine, I. (1961) *Introduction to Thermodynamics of irreversible Processes,* Nueva York: John Wiley & Sons.
Putnam, H. (1975) *Mind, Language and Reality,* Cambridge: Cambridge University Press.
Rivière, A. *(1988) La psicología de Vigotsky,* Madrid: Aprendizaje Visor.
Rogoff, B. (1993) *Aprendices del pensamiento: el desarrollo cognitivo en el contexto social,* Barcelona: Paidós.
(1997) «Los três planos de la actividad socio-cultural: apropiación participativa, participación guiada y aprendizaje», en J. Wertsch, P. del Rio y A. Alvarez, eds., *La mente socio-cultural. Aproximaciones teóricas y aplicadas,* Madrid: Fundación Infância y Aprendizaje.
Rosa, A. e Ochaita, E. (1993) *Psicologia de la ceguera,* Madrid: Alianza.
Rowlands, S. (2000) «Turning Vygotsky on His Head: Vygotsky's "Scientifically Based Method" and the Socioculturalisfs "Social Other"», *Science Education,* vol. 9, p. 537-757.
Sartre, J. P. (1979) *Crítica de la razón dialéctica,* Buenos Aires: Losada.
Scribner, S. e Cole, M. (1981) *The Psychology of Literacy,* Cambridge, MA: Harvard University Press.
Sève, L,. (1999) «Quelles contradiction? A propos de Piaget , Vigotyky et Marx», en Y. Clot, dir., *Avec Vygotski,* París: La Dispute.
Silvestri, A. e Blanck, G. (1993) *Bajtín y Vigotsky: la organización semiótica de la conciencia,* Barcelona: Anthropos.
Sisto, M. (1998) «Aproximación a la comprensión de la dialéctica hegeliana», en *Cuatro concepciones de la dialéctica,* La Plata: Editorial de la Universidad Nacional de La Plata.
Taylor, Ch. (1995) *Philosophical Arguments,* Cambridgc: Harvard University Press.
Thelen, E. e Smith, L. (1998) «Dynamic Systems Theories», en W. Damon y R. Lerner, eds., *Handbook of Child Psychology,* Nueva York: John Wiley & Sons.
Tinianov, J. (1991) «La evolución literária», en T. Todorov, comp., *Teoria de la literatura de los formalistas rusos,* México: Siglo XXI.
Tryphon, A. e Vonèche, J. (comps.) (2000) *Piaget-Vygotsky: la génesis social del pensamiento,* Barcelona: Paidós. [Trabalho original publicado em 1996.]
Valsiner, J. (1998a) «The Development of the Concept of Development: Historical and Epistemological Perspectives», en W. Damon y R. Lerner, eds., *Handbook of .Child Psychology,* Nueva York; John Wiley & Sons.
(1998b) *The Guided Mind. A Sociogenetic Approach to Personality,* Cambridge, MA: Harvard University Press. (2000) *Culture and Human Development,* Londres: Sage.
Van der Veer, R. (2000) «Estructura y desarrollo. Reflexiones de Vygotsky», en A. Tryphon y J. Vonèche, comps., *Piaget-Vygotsky: la génesis social del pensamiento,* Barcelona: Paidós. [Trabalho original publicado em 1996.]
Van der Veer, R. e Valsiner, J. (1991) *Understanding Vigotsky: a Quest for Synthesis,* Oxford: Blackwell.

Van Oers, B. (1998) «The Fallacy of Descontextualization», *Mind, Culture and Activity,* 5(2), p. 135-142.
Varela, F. (2000) «Cuatro pautas para el futuro de las ciências cognitivas», en F. Varela, *El fenómeno de la vida,* Santiago: Dolmen.
Vigotsky, L. (1972) *Psicologia del arte,* Barcelona: Barral.
(1988) *El desarrollo de los procesos psicológicos superiores,* México: Crítica Grijalbo.
(1991a) «El significado histórico de la crisis de la psicologia», en L. Vigotsky, *Obras escogidas,* tomo I, Madrid: Visor-MEC. [Trabalho original publicado em 1927.]
(1991b) «Sobre los sistemas psicológicos», en L. Vigotsky, *Obras escogidas,* tomo I, Madrid: Visor-MEC.
(1991c) «Prólogo a la edición rusa del libro de W. Kohler, *Investigaciones sobre la inteligência de los monos antropomorfos*», en *Obras escogidas,* tomo I, Madrid: Visor-MEC.
(1991d) «La conciencia como problema de la psicologia del comportamiento», en L. Vigotsky, *Obras escogidas,* tomo I, Madrid: Visor-MEC. [Trabalho original publicado em 1925.]
(1993) «Pensamiento y lenguaje», en L. Vigotsky, *Obras escogidas,* tomo II, Madrid: Visor-MEC. [Trabalho original publicado en 1934.)
(1994) «Thinking and Concept Formation in Adolescence», en R. van der Veer y J. Valsiner, eds., *The Vygotsky Reader,* Oxford: Blackwell.
(1995a) *Historia del desarrollo de las funciones psíquicas superiores, Obras escogidas,* tomo III, Madrid: Visor. [Trabalho original publicado em 1931.]
(1995b) «Fundamentos de defectología», en *Obras completas,* tomo V, La Habana: Pueblo y Educación.
Vigotsky, L. e Luria, A. (1993) *Studies on the History of Behavior: Ape, Primitive and Child,* NJ: Lawrence Erlbaum. [Trabalho original publicado em 1930.]
Vonèche, J. y De Paolis, P. (1990) «Processi cognitivi ed acquisizione del contenuti; rapporto con l'impostazione piagetiana», en *Conoscer per pensam,* Turín: Loüscher Editore.
Waddington, Ch. (1975) «Canalization and the Development of Quantitative Character», en Ch. Waddinton, ed., *The Evolution of an Evolutionist,* Ithaca, Nueva York: Cornell University Press.
Weiss, P. (1970) *The Living System: Determinism Stratified,* en A. Koestler y J. Smithies, eds., *Beyond Reductionism: New Perspectives in the Life Sciences* (3-55), Nueva York: Macmillan.
Werner, H. (1957) «The Concept of Development from a Comparative and Organismic Point of View», en D. B. Hams, ed., *The Concept of Development,* Minneápolis: University of Minnesota Press.
Wertsch, J. (1988) *Vigotsky y la formación social de la mente,* Barcelona: Paidós.
Wertsch, J. (1993) *Vocês de la mente. Un enfoque socio-cultural para el estúdio de la acción mediada,* Madrid: Visor.
(1998) *La mente en acción,* Buenos Aires: Aique.
Wohlwill, J. F. (1973) *The Study of Behavioural Development,* Nueva York: Academic Press.
Yaroshevsky, M. (1989). *Lev Vygotsky,* Moscú: Progress Publishers.
Zeleny, J. (1974) *La estructura lógica de* El capital *de Marx,* México: Grijalbo.
Zinchenko, V. P. (1997) «La psicologia socio-cultural y la teoria psicológica de la actividad: revisión y proyección hacia el futuro», en J. Wertsch, P. del Rio y A. Alvarez, eds., *La mente socio-cultural,* Madrid: Fundación Infância y Aprendizaje.